SAN FRANCISCO
샌프란시스코 홀리데이

글 · 사진 이미랑

꿈의지도

CONTENTS

008 프롤로그
010 〈샌프란시스코 홀리데이〉 100배 활용법
012 샌프란시스코 전도

SAN FRANCISCO BY STEP
여행 준비&하이라이트

STEP 01
PREVIEW
샌프란시스코를 꿈꾸다
014

016 샌프란시스코 MUST SEE
022 샌프란시스코 MUST DO
026 샌프란시스코 MUST EAT

STEP 02
PLANNING
샌프란시스코를 그리다
028

030 걸어서 누비는 구석구석 도보 여행
032 미식가의 천국에서 맛에 눈뜨다 미식 여행
034 내 생애 최고의 로맨틱 허니문 여행
036 내 아이에게 주는 최고의 선물 가족 여행
038 자연 속 힐링, 교외로 떠나자! 근교 여행
040 샌프란시스코 여행 만들기
042 샌프란시스코 대중교통 완전 정복
048 지하철·바트·스트리트카 주요 노선도&주요 버스 노선도

STEP 03
ENJOYING
샌프란시스코를 즐기다
050

052 시원한 도시의 풍광 전망 좋은 곳 BEST 4
056 명품 다리 골든 게이트 브리지 감상 포인트 BEST 3
060 길이 예술이다! 샌프란시스코의 걷고 싶은 길
064 아이와 함께 가기 좋은 가족 여행 BEST 4
068 도심 속 여유 광장과 공원 BEST 5
072 히피 문화의 발상지를 찾아서
074 자전거로 즐기는 샌프란시스코 도시 여행
076 페리와 유람선을 타고 즐기는 샌프란시스코
082 렌터카로 떠나는 드라이브 여행 BEST 3
088 도시에서 즐기는 특별한 나이트 라이프

	092	예술을 사랑한다면 꼭 가볼 만한 뮤지엄
	096	젊음의 열정이 가득한 명문 대학 탐방하기
	098	감동 두 배, 재미 두 배! 영화 속 샌프란시스코

	102	샌프란시스코 최고의 커피를 찾아서
	106	아침과 점심 사이의 행복, 브런치
STEP 04	110	비싸지만 꼭 한 번 즐기고 싶은 파인 다이닝
EATING	116	꼭 먹어봐야 하는 해산물 요리, 어디가 좋을까?
샌프란시스코를 맛보다	120	간단하고 저렴한 한 끼
100	124	감각 충전 팍팍! 스타일 좋은 레스토랑
	128	빵을 사랑하는 사람들을 위한 특별한 베이커리
	132	맛 GOOD! 에너지 UP! 달콤한 추천 간식
	136	선셋 칵테일 한 잔 즐길 수 있는 곳

	142	샌프란시스코 쇼핑의 모든 것
STEP 05	148	개성 있는 로컬 브랜드숍, 셀렉트숍
SHOPPING	152	빈티지 아이템을 살 수 있는 보물창고
샌프란시스코를 사다	154	사랑스러운 주방 용품이 가득한 숍
140	156	기념품으로, 선물용으로 딱 좋은 제품
	158	캘리포니아의 저렴하고 괜찮은 와인 리스트

STEP 06	162	샌프란시스코 숙소에 관한 Q&A
SLEEPING	166	샌프란시스코 호텔 추천 리스트
샌프란시스코에서 자다	172	배낭 여행자를 위한 호스텔
160	174	근교 지역 호텔 추천 리스트

CONTENTS

SAN FRANCISCO BY AREA
샌프란시스코 지역별 가이드

01
유니언 스퀘어 부근
180

- 182 PREVIEW
- 184 MAP
- 188 SEE
- 202 EAT

02
시빅 센터 부근
212

- 214 PREVIEW
- 216 MAP
- 218 SEE
- 226 EAT

03
골든게이트 파크
236

- 238 PREVIEW
- 240 MAP
- 242 SEE
- 245 EAT

04
프레시디오 &
시 클리프
246

- 248 PREVIEW
- 250 MAP
- 252 SEE
- 255 EAT

SAN FRANCISCO SUBURBS BY AREA
샌프란시스코 근교 지역 가이드

01
소살리토
258

- 260 PREVIEW
- 262 SAUSALITO TRAVEL INFORMATION
- 263 MAP
- 264 SEE
- 266 EAT
- 268 더 가보면 좋을 북부 지역 명소

02 버클리
270

- 272 PREVIEW
- 273 MAP
- 274 SEE
- 276 EAT
- 279 더 가보면 좋을 오클랜드 레스토랑

03 나파 밸리 & 소노마 밸리
280

- 282 PREVIEW
- 284 MAP
- 285 MAP
- 286 SEE
- 293 ENJOY
- 294 EAT

04 몬트레이
300

- 302 PREVIEW
- 304 MAP
- 305 SEE
- 308 MAP
- 310 더 보고 싶은 카멜 바이 더 시의 볼거리
- 312 EAT

05 요세미티 국립공원
316

- 318 PREVIEW
- 320 MAP
- 321 SEE
- 322 요세미티 밸리의 주요 볼거리
- 324 ENJOY
- 325 EAT

06 그 외 추천 근교 지역
326

- 328 MAP
- 329 SEE
- 330 스탠퍼드 대학교 주요 볼거리

- 335 여행 준비 컨설팅
- 350 인덱스

프롤로그

〈I Left My Heart in San Francisco〉라는 토니 베넷Tony Bennet의 노래처럼 샌프란시스코는 많은 사람들의 마음을 빼앗은 도시로 유명합니다. 미국 내에서도 꼭 가고 싶은 도시 1위를 차지하고 있는 곳이지요. 일 년 내내 반짝이는 햇살과 온화한 날씨와 푸른 바다가 어우러져 감탄을 자아낼 만큼 다채로운 풍경을 연출하는 곳. 사뭇 다른 분위기의 한적한 교외로의 여행이 편리한 곳. 그토록 많은 사람들이 꼭 가보고 싶은 도시로 꼽는 것은 어쩌면 당연한 것일지도 모르겠습니다.

안개가 잔뜩 끼었다가도 바람 한 번 불면 어느새 청명한 햇살이 내리쬐는 신비한 도시. 하루에도 몇 차례씩 바뀌는 오묘한 날씨의 매력에, 발가락이 살짝 보이는 토슈즈와 부들부들 퍼로 된 조끼를 입는 믹스매치 패션스타일이 가능한 도시. 근교에 실리콘밸리가 있어서 IT의 수도로 불리며 최첨단의 기술력을 자랑하지만, 100년이 넘은 케이블카와 스트리트카들이 거리를 활보하는 아날로그적인 감성이 넘치기도 하는 도시. 미국인지 중국인지 헷갈리는 차이나타운, 진한 에스프레소 향기 가득한 이탈리안 동네 노스 비치, 열정적인 색감과 제스처가 느껴지는 라틴 동네 미션 디스트릭스, 일본 정취가 느껴지는 재팬타운 등 여러 나라에서 유입된 이민자들이 자신들만의 고유한 정서를 풍기며 살아가는 모습이 참 인상적입니다. 길 곳곳에 보이는 세련된 컬러, 인형의 집처럼 아기자기 예쁜 빅토리안 하우스, 에드워디안 하우스 등 제각각의 모습들이 묘하게 조화를 이룹니다.

이 도시에서 제가 가장 특별하게 느낀 것은 다양성에 대한 존중과 관용이었습니다. 타인의 문화를 이해하려고 노력하고 자신의 전통성을 지키려는 모습, 그 안에서 서로를 존중하며 어우러져 살아가는 모습은 이 도시가 특별해질 수밖에 없는 이유인 듯합니다. 이러한 존중의 문화는 이곳이 무력과 잔인함에 반기를 들고, 반전쟁과 사랑, 그리고 평화를 노래했던 히피 문화의 본고장이기 때문이 아닐까요? 그래서 성적소수자들에게도 편견 없이 대하는 도시로 유명한가 봅니다. 수많은 예술가들이 사랑했고 지금도 그들의 흔적이 여기저기에서 느껴지는 샌프란시스코! 당신이 이곳에서 만들어갈 추억들은 어떠할지 궁금합니다. 이 도시를 사랑한 사람들의 염원처럼 느껴지는 하트 조형물과 클레스 올덴버그Claes Oldenburg의 멋진 화살 조형물도 놓치지 마세요. 그리고 마음 한 켠을 꽉 누른 스트레스가 있었다면, 훌훌 털어버리세요. 마마스 앤 파파스The Mamas&the Papas의 〈Be Sure to Wear Flowers in Your Hair〉 노래처럼 샌프란시스코에서는 무기와 한숨을 내려놓고, 머리에 꽃을 꽂으세요. 상냥하게 웃으며 평화와 사랑과 자유를 노래하세요. 이곳은 샌프란시스코니까요.

그동안 이 도시의 구석구석을 누비며 모았던 정보들을 이 책에 고스란히 담았습니다. 부디, 샌프란시스코의 숨 막히는 매력이 이 책을 만나는 모든 분들께 오롯이 전해지길 바랍니다. 당신의 마음을 홀딱 빼앗을지도 모를 샌프란시스코 여행길에 〈샌프란시스코 홀리데이〉가 친절한 길잡이가 되면 좋겠습니다.

Special Thanks to

모든 영광을 세계 어디를 가든지 지켜주신 하나님께 돌립니다.
든든한 지원자이자 내 인생의 동반자인 남편 Salomon과 항상 믿어주시고 응원해주시는 사랑하는 나의 부모님, 남동생 동화, 늘 기도로 후원해주시는 시어머님과 세계 곳곳에 있는 가족들에게 감사를 전합니다.

더욱 풍성한 정보와 사진 수록이 가능하도록 도와주신 캘리포니아 관광청 배준형 담당자님과 관계자분들, 기꺼이 취재에 응해주신 현지 레스트랑, 숍, 호텔, 호스텔의 관계자분들, 꿈의지도 김산환 대표님, 편집자 정보영 님의 열정과 지도에도 감사드립니다. 지칠 때마다 기운을 불어넣어 주었던 친구들과 샌프란시스코까지 직접 날아와 준 미상 언니와 서윤이에게도 고마움을 전합니다. 책 한 권이 나오는 데에는 참 많은 사람들의 노력과 열정, 기대가 필요하다는 생각이 듭니다. 누군가에게 도움이 되고자 하는 마음의 에너지들이 모여 한 권의 책이 탄생하는 것 같습니다. 너무 많은 사람들의 도움이 있었기 때문에 모두 일일이 열거할 수 없지만 제 마음속에 감사함으로 남아 있는 많은 분들의 좋은 에너지 덕분에 〈샌프란시스코 홀리데이〉가 출간될 수 있었습니다. 정말 감사합니다.

아름다운 샌프란시스코에서 이미랑

〈샌프란시스코 홀리데이〉 100배 활용법

샌프란시스코 여행 가이드로 〈샌프란시스코 홀리데이〉를 선택하셨군요!
'굿 초이스'입니다. 샌프란시스코에서 뭘 보고, 뭘 먹고,
뭘 하고, 어디서 자야 할지 더 이상 고민하지 마세요. 친절하고 꼼꼼한 베테랑
〈샌프란시스코 홀리데이〉와 함께라면 당신의 샌프란시스코 여행이 완벽해집니다.

1) 샌프란시스코를 꿈꾸다
❶ STEP 01 » PREVIEW 를 먼저 펼쳐보세요.
샌프란시스코 하면 떠오르는 상징적인 것들이 한눈에 펼쳐집니다. 샌프란시스코에 발을 디뎠다면 이것만은 꼭 보고, 이것만은 꼭 하고, 이것만은 꼭 먹어보세요. 놓쳐서는 안 될 핵심 요소들을 사진으로 정리했어요.

2) 여행 스타일 정하기
❷ STEP 02 » PLANNING 을 보면서 나의 여행 스타일을 정해보세요. 누구와 함께 갈 건지, 샌프란시스코에 가서 무엇을 가장 해보고 싶은지에 따라 여행 계획이 달라집니다.
아이와 함께 간 가족 여행에서 와이너리만 찾아가는 스케줄은 곤란하니까요!

3) 할 것, 먹을 것, 살 것 고르기
여행의 밑그림을 다 그렸다면, 구체적으로 여행을 알차게 채워갈 단계입니다. ❸ STEP 03 » ENJOYING 부터 ❹ STEP 05 » SHOPPING 까지 펜과 포스트잇을 들고 꼼꼼히 체크해두세요. 먹어보고 싶은 음식, 꼭 가보고 싶은 공원, 꼭 사 오고 싶은 쇼핑 아이템까지 찜해놓으면 됩니다.

4) 숙소 정하기
어디서 자느냐가 여행의 절반을 좌우합니다. 허니문인데 호스텔에서 잘 수 없고, 배낭 여행을 가는데 매일 밤 최고급 호텔에 묵을 수는 없겠죠? 자신의 상황과 여행 스타일에 맞는 숙박을 찾아보세요. 샌프란시스코 숙박의 모든 정보가 ❺ STEP 06 » SLEEPING 안에 있습니다.

5) 지역별 일정 짜기

꼭 해보고 싶고, 먹어보고 싶은 것들을 찜해 놓았는데 이것들이 숙소에서 차로 5시간 떨어진 곳에 있다면 곤란하잖아요. 스케줄을 정하기 위해서는 지역별로 내가 찜해놓은 것들을 묶어봐야 합니다. ⑥ SAN FRANCISCO BY AREA 에서는 샌프란시스코 도심의 구역별로 가봐야 할 명소와 식당들을 알아보기 쉽게 보여줍니다. 또 샌프란시스코는 가까운 근교에 가볼 만한 곳이 많은 만큼, 근교 여행지만 따로 묶어서 정리했어요. 여행 일정이 허락된다면, ⑦ SAN FRANCISCO SUBURBS BY AREA 를 통해 근교 여행 일정을 짜보세요.

6) D-day 미션 클리어

여행 일정까지 완성했다면 책 마지막의 ⑧ 여행 준비 컨설팅을 보면서 혹시 빠뜨린 것은 없는지 챙겨보세요. 여행 50일 전부터 출발 당일까지 날짜 별로 챙겨야 할 것들이 리스트 업 되어있습니다.

7) 홀리데이와 함께 최고의 휴가 즐기기

자, 그럼 모든 여행 준비가 끝났어요! 이젠 태평양 건너 샌프란시스코로 날아갈 일만 남았죠. 그러나 아직 책에서 손을 떼지는 마세요. 여행에서 돌아올 때까지 〈샌프란시스코 홀리데이〉를 내려놓아서는 안 돼요. 여행 중에 혹시라도 카드나 여권을 잃어버렸을 때, 렌터카 사고가 났을 때 그 모든 ⑨ 위급한 상황에 대한 대처 요령, 전화번호 까지도 이 책 안에 다 있어요. 〈샌프란시스코 홀리데이〉는 당신의 여행을 끝까지 책임질 테니까요!

Step 01
PREVIEW

샌프란시스코를 꿈꾸다

01 샌프란시스코 MUST SEE
02 샌프란시스코 MUST DO
03 샌프란시스코 MUST EAT

STEP 01
PREVIEW

PREVIEW 01
샌프란시스코 MUST SEE

1
붉은색으로 빛나는 샌프란시스코의 랜드마크
골든 게이트 브리지(058p)

3
한때 지옥의 섬으로 불렸던
알카트라즈 아일랜드(077p)

4
빈 공간은 어디라도 채워주는
에너지 넘치는 미션 지역의 벽화(062p)

푸른 바다 위에서 붉게 빛나는 골든 게이트 브리지.
샌프란시스코의 상징이자 아름다운 다리의 대명사다.
반짝반짝 빛나는 골든 게이트 브리지처럼
샌프란시스코가 품은 눈부신 보석들이 펼쳐진다.

2
샌프란시스코가 한눈에 바라다보이는
트윈 픽스(053p)

5
세계에서 가장 구불구불한 특별한 꽃길
롬바드 스트리트(061p)

6 궁전처럼 아름다운 자태가 인상적인
샌프란시스코 시청(218p)

7 도시 어디에서나 볼 수 있는
트랜스 아메리카 피라미드(190p)

8 페인티드 레이디로 불리는 빅토리안 스타일의 건물 알라모 스퀘어(223p)

9 큐피트도 이 도시를 향해 활을 쏘았다! 링컨 파크(200p)

10 여기가 미국이야? 중국이야? 미국에서 가장 규모가 큰 차이나타운(192p)

11 볼 것 많고 살 것 많은 페리 빌딩 마켓플레이스(200p)

12
황홀한 선셋을 감상할 수 있는
오션 비치(255p)

16
싱싱한 해산물이 넘쳐나는 부두,
피셔맨즈 워프(198p)

13
샌프란시스코에서
가장 오래된 성당 미션 돌로레스(225p)

14
사랑과 평화, 반전을 외치던 히피 문화의 발상지
헤이트&애시버리 로드(073p)

15
게으른 자세로 누워 있는
피어 39의 바다사자(199p)

17
산책을 즐기기에 딱 좋은,
로맨틱한 분위기의 팰리스 오브 파인 아트(071p)

STEP 01
PREVIEW

PREVIEW 02

샌프란시스코
MUST DO

때로는 초록 잔디 위에 누워서,
때로는 자전거를 타고 씽씽 누비며,
때로는 멋진 해안 도로를 달리며
온몸으로 느끼는 자유와 낭만의 도시.
그곳이 바로 샌프란시스코.

1 그들처럼 풀밭을 뒹굴고 싶어!
공원에서 여유 있게 피크닉 즐기기(068p)

3 자동차 광고 속 한 장면처럼! 빅스비 다리를 건너 아찔한 절경을 감상하며
빅 서어 지역 1번 해안 도로 드라이브하기(083p)

2 자전거 타고 골든 게이트 브리지가 보이는 해안 도로 달려보기(074p)

4 자연사 박물관 캘리포니아 아카데미 오브 사이언스에서 직접 만져보며 해양 생물과 친해지기(243p)

5 샌프란시스코 느낌 가득한 엽서에 사랑하는 이들에게 편지쓰기

STEP 01
PREVIEW

6 종소리를 울리며 언덕길을 누비는
샌프란시스코의 명물 케이블카 타기(042p)

9 동화 속 마을에 온 것 같아! 카멜 바이 더 시의
예쁜 마을 산책하고 이국적인 음식 즐기기(309p)

7 뮤어 우드 국립기념지의 깊고 깊은
레드우드 나무숲에서 산림욕하기(080p)

8 나파 밸리와 소노마 밸리의
와인 향에 취해보기(280p)

10 상쾌한 바닷바람과 부서지는 햇살을 느끼며
해변 산책하기

11 페리를 타고 바다를 누비며
풍경 즐기기(081p)

STEP 01
PREVIEW

PREVIEW 03
샌프란시스코 MUST EAT

태평양의 풍미가 가득한
던지니스 크랩
크랩 하우스 앳 피어 39(119p)

샌프란시스코에서 가장 맛있는
브런치로 가장 유명한
마마스(107p)

북미 최고의 와인 산지에서
맛보는 와인의 향기
나파 밸리(286p)

예쁜 모양과 황홀한 맛으로
천사도 반하게 할 컵케이크
카라스 컵케이크(133p)

입 안에서 사르르 녹는
최고의 바나나 크림 타르트
타르틴 베이커리(129p)

세상에서 가장 특별한 커피,
민트 모히토 아이스커피
필즈 커피(103p)

차이나타운이 잘 발달한
도시에서 즐기는 딤섬!
양크 싱(203p)

빵 속에 게살이 가득한
클램 차우더
보딘 사워도우 베이커리(130p)

소금물로 만든
말랑말랑한 사탕
캔디 배럴(209p)

컵케이크부터 북미 최고의 와인까지….
달콤하고, 우아하고, 따뜻하고, 차가운 샌프란시스코의 맛.
일곱 가지 색, 일곱 가지 멋을 가진 연인처럼!

둘이 먹다 하나가 죽어도
모를 신선한 굴맛
호그 아일랜드 오이스터(117p)

차이나타운에 가면 꼭 먹게
되는 에그 커스터드 타르트
골든 게이트 베이커리(131p)

골라 먹는 재미가 있는
40여 종의 치즈케이크
치즈케이크 팩토리(133p)

패스트푸드라
얕보지 마라
인 앤 아웃 버거(123p)

수제 아이스크림의 유혹
바이 라이트 크리머리
아이스크림(134p)

진한 초콜릿과 생크림의
부드러운 조화
기라델리 아이스크림(135p)

이런 스테이크 처음이야!
입안에서 살살 녹는 스테이크
하우스 오브 프라임 립(126p)

이탈리안 빵을 찍어 먹는
지중해식 스튜 치오피노
소토 마레(118p)

멕시코에서 먹는 것보다
더 맛있는 부리토와 타코
타쿼리아 바랄타(122p)

Step 02 샌프란시스코를 그리다
PLANNING

01 걸어서 누비는 구석구석 도보 여행
02 미식가의 천국에서 맛에 눈뜨다 미식 여행
03 내 생애 최고의 로맨틱 허니문 여행
04 내 아이에게 주는 최고의 선물 가족 여행
05 자연 속 힐링, 교외로 떠나자! 근교 여행
06 샌프란시스코 여행 만들기
07 샌프란시스코 대중교통 완전 정복

STEP 02
PLANNING

PLANNING **01**

걸어서 누비는 구석구석 **도보 여행**

구석구석 볼 것 많은 샌프란시스코. 대중교통 이용이 편리해 차 없는 여행자도, 나 홀로 여행자도 즐겁게 여행할 수 있다. 도심 곳곳에 걷기 좋은 길이 많다. 귀에 이어폰을 꼽고 좋아하는 음악 들으며 샌프란시스코 거리를 걸어보자.

PLAN 자신의 취향대로 스케줄을 자유롭게 정할 수 있다는 것이 도보 여행의 장점. 지역마다 대중교통으로 이동해 도보로 샅샅이 둘러보자. 볼 것 많은 샌프란시스코 구석구석을 누비다 보면 심심할 겨를조차 없다.

숙소 물가가 높아 숙박비도 비싸다. 근사하고 깔끔한 호텔을 찾는다면 그만큼의 비용을 지불해야 한다. 비용을 절약하고 싶다면 유스호스텔에 머무르자. 위치는 교통이 편리한 파웰역 근처나 유니언 스퀘어 지역을 추천한다.

식사 미국 내에서도 식도락의 도시로 유명한 샌프란시스코에는 맛집이 무궁무진하다. 일행 없는 사람을 위한 바Bar 테이블이 있는 레스토랑도 많다. 저렴한 식사부터 고급 레스토랑까지 종류도 다양하다.

이동 버스, 케이블카, 스트리트카, 지하철 등 다양한 대중교통 수단이 있어서 필요에 따라 선택하면 된다. 케이블카와 스트리트카 등은 교통 수단이자 존재 자체가 샌프란시스코의 명물이다.

주의사항 관광지 주변으로 늘 경찰이 배치되어 있지만 치안에 주의하자. 특히 늦은 밤에 혼자 다니는 것은 삼간다. 시청 근처인 시빅 센터, 다운타운 쪽에 위치한 텐덜리온, 미션 지역은 가장 위험한 지역이다.

TIP 샌프란시스코는 일교차가 큰 편. 햇빛이 있는 곳은 따갑지만 그늘 안에는 서늘하다. 특히 바닷바람이 부는 곳은 상당히 쌀쌀한 편. 카디건이나 재킷 등 긴 옷은 필수!

[1일]
- **08:45** 유니언 스퀘어 하트 조형물에서 사진 찍기
- **10:00** 케이블카를 타고 롬바드 스트리트 도착
- **10:30** 샌프란시스코 아트 인스티튜트의 디에고 리베라 갤러리 방문하기
- **11:40** 기라델리 스퀘어 둘러보기. 부에나 비스타의 아이리시 커피, 기라델리 아이스크림 등 즐기기. 인 앤 아웃 햄버거로 간단하게 점심 식사하기
- **12:30** 자전거 또는 버스 타고 팰러스 오브 파인 아트 가기
- **13:20** 자전거 타고 골든 게이트 브리지 건너서 소살리토까지 가기. 뮤어 우드 국립기념지, 소살리토 플로팅 하우스, 티뷰론은 선택 사항!
- **19:30** 크랩 하우스 앳 피어 39에서 저녁 먹기
- **23:00** 어거스트 홀 나이트 클럽에서 놀기

[2일]
- **08:45** 브런치 레스토랑 마마스에서 아침 먹기
- **10:00** 코잇 타워에 올라가 도시 전경 감상하기
- **11:30** 시티 라이츠 북스토어 둘러보기. 트랜스 아메리카 피라미드 건물 구경하기
- **12:00** 뉴 선 홍콩 레스토랑 위의 벽화 앞에서 사진 찍기. 차이나타운 둘러보기
- **13:00** 샌프란시스코 현대 미술관 또는 유대인 현대 미술관 가기. 주변 레스토랑에서 점심 식사하기
- **16:00** 샌프란시스코 시청 방문하기
- **17:00** 알라모 스퀘어에서 빅토리안 하우스 감상하기
- **19:30** 하우스 오브 프라임 립에서 저녁 식사하기(예약 필수)

[3일]
- **09:30** 클레리언 앨리 벽화 둘러보기
- **10:00** 타퀘리아 바랄타에서 부리토, 타코 맛보기
- **12:00** 미션 돌로레스 방문하기
- **13:30** 피제리아 델피나에서 피자로 점심을 먹고 바이 라이트 크리머리 수제 아이스크림을 먹으며 돌로레스 파크에서 휴식하기
- **15:00** 트윈 픽스에 올라 전망 감상하기
- **19:30** 프랜시스에서 저녁 식사하기(예약 필수)

[4일]
- **08:30** 파크 차우에서 아침 식사하기
- **09:30** 골든 게이트 파크의 캘리포니아 아카데미 오브 사이언스, 드 영 뮤지엄, 재패니즈 가든 방문하기
- **12:00** 뮤지엄 또는 과학관 카페테리아에서 점심 식사하기
- **14:00** 리전 오브 아너에서 예술 작품을 감상하기
- **17:00** 클리프 하우스에서 칵테일 한잔하기
- **19:30** 노스 비치 지역의 소토 마레에서 저녁 식사하기
- **21:30** 클럽 후가지에서 공연 관람하기 (공연 시간은 요일마다 다름)

[5일]
- **08:00** 페리 빌딩 파머스 마켓 구경
- **08:45** 알카트라즈 아일랜드로 가기(예약 필수)
- **12:00** 페리 빌딩 마켓플레이스에서 점심 식사. 블루 보틀 커피 마시며 링컨 공원 둘러보기
- **13:30** 바트로 이동, 버클리 대학교 관광하기
- **19:30** 블루바드 레스토랑에서 파인 다이닝 또는 AT&T 경기장에서 프로 야구 보기

[6일]
- **08:30** 나파 밸리 와인 트레인역으로 가기
- **11:00** 와인 트레인을 타고 식사하며 풍경 감상. 와이너리 방문 및 시음(예약 필수) 즐기기
- **19:00** 샌프란시스코 피어 39 선착장 도착

STEP 02
PLANNING

© The French Laundry, Deborah Jones

PLANNING 02

미식가의 천국에서 맛에 눈뜨다 **미식 여행**

해산물과 채소, 과일 등 싱싱한 식재료가 넘쳐나는 도시. 다양한 국적의 이민자들이 살고 있고, 북미 최고의 와인 산지가 있는 곳. 음식 문화가 발달할 수 밖에 없다. 퀄리티 좋은 요리들이 당신을 기다리고 있다.

PLAN 샌프란시스코에는 맛집이 많고, 요리 종류도 다채롭다. 가벼운 음식과 푸짐한 음식을 번갈아 먹으며 샌프란시스코의 맛을 섭렵해보자. 식사 후에는 소화도 시킬 겸 주변 여행지를 돌아보는 관광 코스도 넣어보자. 식도락과 관광, 두 가지 모두 만족시키는 코스가 될 것이다.

숙소 숙소의 가격은 천차만별. 취향, 예산에 따라 숙소 선택은 달라진다. 먼저 우선 순위를 꼽은 다음, 가장 가까운 곳에서 예산에 맞는 숙소를 고르면 된다. 파웰역 근처가 교통이 편리하기 때문에 좋다. 바다 근처를 원한다면, 엠바카데로역 근처나 피셔맨즈 워프 지역도 괜찮다.

식사 샌프란시스코에서 꼭 먹어야 하는 메뉴를 미리 선정해서 섭렵하자. 다양한 민족이 모여 사는 도시답게 메뉴가 다채롭다. 특히, 태평양에서 나는 해산물을 이용한 요리는 꼭 먹어줘야 한다. 파인 다이닝에서는 예산에 맞는 나파 밸리나 소노마 밸리 산 와인도 곁들이자.

주의사항 레스토랑에서는 직원의 안내 없이 마음대로 자리에 앉는 것은 금물! 종업원의 안내를 받아 자리에 앉자. 항상 음식값의 15~20% 정도를 팁으로 내야 한다는 점을 기억하자.

TIP 이름값을 하는 유명 레스토랑들은 예약이 필수다. 예약을 받지 않는다면 긴 줄을 서야 한다. 주말은 특히 붐빈다. 가능하면 평일에 방문하는 것이 긴 줄을 피하는 방법.

[1일]

- 08:30 브런치 맛집 마마스에서 아침 식사하기
- 10:30 워싱턴 스퀘어 둘러보고 코잇 타워에서 샌프란시스코 전경 감상하기
- 11:30 시티 라이트 북스토어를 방문하고, 트랜스아메리카 피라미드 건물 구경하기
- 12:30 소토 마레에서 치오피노로 점심 식사하기
- 14:00 롬바드 스트리트 걷기
- 15:30 부에나 비스타에서 아이리시 커피 한 잔. 기라델리 아이스크림에서 간식 즐기기
- 17:00 포트 포인트에서 골든 게이트 브리지 구경하기
- 18:00 피셔맨즈 워프, 피어 39 돌아보기
- 20:00 크랩 하우스 앳 피어 39에서 게 요리로 저녁 식사하기

[2일]
08:30 미션의 타르틴 베이커리에서 아침 먹기
09:30 포 배럴 커피숍에서 커피 마시기
10:00 미션 지역의 벽화를 감상하고, 발렌시아 거리 상점 구경하기
12:00 포린 시네마에서 점심 식사 즐기기
13:30 바이 라이트 크리머리에서 아이스크림을 먹고 돌로레스 파크에서 휴식 취하기
15:00 샌프란시스코에서 가장 오래된 성당인 미션 돌로레스 방문하기
17:00 카스트로거리 걸어보며 상점 구경. 필즈 커피에서 커피 한 잔하고, 핫 쿠키에서 야식용 쿠키 사기
19:00 프랜시스에서 저녁 식사하기

[3일]
09:00 브렌다스 프렌치 소울 푸드에서 아침 먹기
10:20 샌프란시스코 시청 둘러보기
11:40 사이트글라스 커피에서 커피 한 잔 즐기기
13:00 100년 전통의 해산물 레스토랑 스완 오이스터 디포에서 점심 식사하기
15:30 고딕 양식이 멋진 그레이스 성당 구경하기
16:15 차이나타운 둘러보며 골든 게이트 베이커리의 에그타르트와 골든 게이트 포천 쿠키 팩토리 행운의 쿠키 등 간식 맛보기
18:00 유니언 스퀘어 주변 쇼핑가 둘러보기
19:45 하우스 오브 프라임 립에서 저녁 식사 만끽하기

[4일]
08:30 파크 차우에서 아침 식사. 비너리에서 커피 한 잔하기
09:45 골든 게이트 파크 산책하기
11:45 알라모 스퀘어 돌아보기
12:30 노파에서 인기 브런치 메뉴 맛보기
14:30 샌프란시스코 현대 미술관과 유대인 현대 박물관 관람하기
17:00 호그 아일랜드 오이스터에서 샴페인 한 잔과 굴 한 접시 맛보기
19:00 파인 다이닝 블루바드에서 저녁 먹기
21:00 유니언 스퀘어 치즈케이크 팩토리에서 야경을 보며 치즈케이크로 하루를 마무리하기

[5일]
08:30 렌터카 타고 나파 밸리 가기
10:00 오퍼스 원이나 로버트 몬다비 와이너리 방문 및 시음 즐기기
11:30 베린저 와이너리 방문 및 시음하기
12:30 나파 밸리 최고급 식당 프렌치 런드리에서 점심 식사. 비스트로 쟌티, 에드 훅, 루더포드 그릴도 추천!
15:00 비엔사 와이너리 방문하기
16:30 소노마 시청 근처에 위치하고 있는 선플라워 카페에서 간식 먹고 휴식 만끽하기
18:30 마린 헤드랜드에서 골든 게이트 브리지 전망 감상하기
19:45 슬랜티드 도어에서 저녁 식사하기 (예약 필수)
21:30 트레저 아일랜드에서 야경 만끽하기

[6일]
08:30 호텔에서 조식 먹고 몬트레이로 출발!
10:30 몬트레이 캐너리 로드를 따라 걸어보기
11:00 올드 피셔맨즈 그라토에서 클램 차우더 맛보기
12:00 카멜 바이 더 시 마을 둘러보기
13:00 카멜 카사노바에서 점심 식사하기
15:00 17마일 드라이브 달려보기
17:00 빅스비 브리지 건너기
17:30 포스트 렌치 인 호텔 내 시에라 마르 레스토랑에서 저녁 식사하기
19:30 샌프란시스코로 돌아가기

PLANNING 03

내 생애 최고의 로맨틱 **허니문 여행**

미국에서도 신혼여행지로 손꼽히는 샌프란시스코. 도시 자체도 아름답고, 근교 여행지도 넘쳐난다. 화창한 캘리포니아의 햇살을 즐기며 바닷가를 거닐거나 나파 밸리에서 와인 향기에 취해보자. 평생 기억에 남을 낭만적인 허니문을 책임진다.

PLAN 조금은 느긋하고, 여유 있는 일정을 잡는다. 영화 촬영 장소를 찾아 추억을 탐닉하거나 유람선을 타고 도시를 돌아보는 것도 좋겠다. 근교에 있는 나파 밸리 등을 찾아 최고의 음식을 맛보고 입맛에 맞는 와인을 고르는 것도 즐겁다. 야경을 즐기는 것도 잊지 말자. 단, 바닷가의 밤바람은 다소 쌀쌀하니 옷차림에 유의하자.

숙소 도심의 호텔은 가격대별로 천차만별. 원하는 스타일의 숙소로 정하면 된다. 근교의 나파 밸리는 로맨틱한 휴가를 보내기에 적격. 하루 정도 나파 밸리에 머물기를 권한다.

식사 식도락의 도시답게 맛집이 많다. 낭만적인 디너를 책임져주는 파인 다이닝은 꼭 가보자. 식사에서 와인은 필수!

이동 샌프란시스코는 대중교통이 잘 갖춰져 있다. 도심은 대중교통을 이용하는 게 좋다. 근교 여행을 하고 싶다면 렌터카를 권한다.

주의사항 럭셔리한 숙소와 식사만 고집하다가는 여행 경비 폭탄을 맞을 수도 있다. 서비스 비용이 비싼 점을 감안하자. 샌프란시스코에는 걸어 다녀도 사랑하는 사람과 함께라면 감동적인 곳이 널려 있다.

[1일]

- 10:00 그레이스 성당 구경하기
- 11:00 케이블카 타고 롬바드 스트리트 가기
- 12:00 샌프란시스코 아트 인스티튜트의 디에고 리베라 갤러리 방문하기
- 13:30 부에나 비스타 카페에서 점심 먹기
- 15:00 팰러스 오브 파인 아트 산책하기
- 16:00 포트 포인트에서 골든 게이트 브리지 감상하기
- 19:30 하우스 오브 프라임 립에서 저녁 식사 즐기기

[2일]
- **10:00** 샌프란시스코 시청 관광하기
- **11:30** 브렌다스 프렌치 소울 푸드에서 브런치 즐기기
- **13:00** 알라모 스퀘어 둘러보기
- **14:00** 헤이트&애시버리 거닐며 쇼핑, 레코드숍 아메바 뮤직 둘러보기
- **17:45** 코잇 타워에 올라 도시 전경 감상하기
- **20:00** 노스 비치의 소토 마레에서 치오피노로 저녁 식사하기

[3일]
- **10:00** 샌프란시스코 현대 미술관 관람하기
- **12:30** 앵커 앤 홉에서 점심 먹기
- **14:30** 카스트로 스트리트를 걸어본 후 필즈 커피에서 쉬어가기
- **15:30** 샌프란시스코에서 가장 오래된 성당인 미션 돌로레스 구경하기
- **16:45** 바이 라이트 크리머리에서 아이스크림을 사고 돌로레스 파크에서 휴식 취하기
- **18:00** 클레리언 앨리 미션 벽화 감상하고 발렌시아 스트리트의 상점 구경하기
- **19:00** 포린 시네마에서 저녁 식사하기(예약 필수)
- **21:30** 클럽 후가지 저녁 시간 보내기

[4일]
- **10:00** 페리 타고 소살리토 가기
- **12:00** 소살리토 스피니커에서 점심 식사하기
- **14:00** 뮤어 우드 국립기념지에서 레드우드 산림욕 만끽하기
- **19:00** 샌프란시스코 페리 빌딩 마켓플레이스에서 쇼핑하기
- **20:00** 블루바드에서 저녁 먹기(예약 필수)
- **22:00** 톱 오브 더 마크에서 야경을 보며 칵테일 한 잔 즐기기

[5일]
- **10:30** 재패니즈 티 가든 산책하기
- **12:00** 드 영 뮤지엄 구경하기
- **15:00** 리전 오브 아너에서 예술품 감상하기
- **17:30** 랜즈 엔드와 오션 비치 거닐기
- **18:00** 클리프 하우스에서 석양 보며 저녁 먹기
- **19:30** 캘리포니아 아카데미 오브 사이언스 나이트 클럽 즐기기

[6일]
- **08:30** 렌터카 타고 나파 밸리 와인 트레인역으로 가기(예약 필수)
- **11:00** 와인 트레인 타고 가며 점심 및 풍경 감상, 미리 선택한 와이너리 방문 및 시음하기
- **18:00** 나파 밸리 욘트빌에 위치한 프렌치 런드리에서 저녁 먹기(예약 필수)
- **19:00** 욘트빌 마을 산책하기
- **20:00** 나파 밸리 호텔에서 하루 머물기

[7일]
- **08:30** 호텔에서 느긋한 아침 식사하기
- **10:00** 열기구 탑승 또는 칼리스토가 인디언 스프링스에서 스파하며 휴식 취하기
- **13:30** 선 플라워 카페에서 점심 식사, 소노마 시청 주변 산책하기
- **16:00** 비엔사 와이너리 방문 및 시음하기
- **19:00** 팜 하우스 레스토랑에서 저녁 식사 즐기기(예약 필수)
- **22:00** 트윈 픽스에서 야경 감상하기

[8일]
- **09:00** 샌프란시스코에서 빅 서어로 출발!
- **12:00** 포스트 렌치 인 호텔 내 시에라 마르 레스토랑에서 점심 식사 즐기기
- **14:00** 카멜 바이 더 시 상점 구경하고 마을 돌아보기
- **16:00** 17마일 드라이브 달려보기
- **18:00** 샌프란시스코로 돌아가기

PLANNING 04

내 아이에게 주는 최고의 선물 **가족 여행**

머릿속 지식은 돌아서면 잊혀지지만, 피부로 느낀 추억은 평생 기억한다. 내 아이에게 가장 멋진 여행의 추억을 선물하자. 무리한 일정보다는 즐겁게, 충분히 즐기며!

PLAN 최대한 아이들에게도 흥미로울 만한 곳으로 정하자. 가급적 걷는 시간을 줄이는 게 좋다. 사람이 적은 곳을 찾아가는 것도 좋은 방법. 되도록 느긋하게 스케줄을 잡는 게 중요하다.

숙소 아이가 있다면 렌터카를 이용한 여행을 추천한다. 다운타운보다는 비교적 운전이 편하고, 주차 공간도 있는 피셔맨즈 워프 지역의 호텔이나 도심 외곽 쪽 숙소를 잡는 것도 괜찮다. 레지던스형 호텔이나 현지인의 집을 빌리는 식의 에어비앤비와 같은 숙소는 취사가 가능하기 때문에 가족 단위 여행객들에게 인기있다.

식사 아이들의 입맛에 익숙한 음식을 선택하는 것이 좋다. 낯선 음식에 아이들이 배탈이라도 나면 곤란하다. 호기심 가득한 식욕은 잠시 접어두고 평소 접해보았던 메뉴로 선정하자. 아이들이 편하게 배불리 먹을 수 있어야 여행의 피로가 덜하다.

이동 비용이 들더라도 렌터카를 빌리는 것을 추천한다. 대중교통 이용 시 도보 이동 거리가 길어 아이들에게는 체력적으로 무리다. 택시를 이용하는 것도 고려할 수 있지만 요금이 비싸다. 초등학교 고학년이면 대중교통 이용도 무난하다.

주의사항 샌프란시스코는 일교차가 큰 편. 특히 바닷가는 바람이 쌀쌀하다. 가급적 따뜻하게 옷을 입자. 도심의 경우 걷는 양이 꽤 많다. 편안한 신발은 기본!

[1일]
- 10:00 유니언 스퀘어 하트 조형물에서 사진 찍기
- 10:45 구불구불한 롬바드 스트리트 걷기
- 11:30 기라델리에서 아이스크림이나 초콜릿 간식 즐기기
- 12:30 포트 포인트에서 골든 게이트 브리지 바라보기
- 14:00 인 앤 아웃 버거로 점심 식사하기
- 15:00 피셔맨즈 워프와 피어 39에서 바다사자 구경. 보딘 사워도우 베이커리에서 클램 차우더 등 간식 먹기, 유람선도 추천!
- 19:00 크랩 하우스 앳 피어 39에서 저녁 먹기

[2일]
- 10:00 마마스에서 아침 식사하기
- 11:30 워싱턴 스퀘어 둘러본 후 코잇 타워에서 샌프란시스코 전경 감상하기
- 13:00 미션 지역의 피제리아 델피나에서 점심 식사 만끽하기
- 14:30 샌프란시스코에서 가장 오래된 성당인 미션 돌로레스 방문하기
- 16:00 바이 라이트 크리머리 수제 아이스크림을 먹은 후 돌로레스 파크에서 휴식 취하기
- 17:00 클레리언 앨리 미션의 벽화 구경하기
- 18:30 카스트로 지역의 프랜시스에서 저녁 식사 즐기기

[3일]
- 09:30 파크 차우에서 아침 먹기
- 11:00 골든 게이트 파크의 뮤지엄, 과학관 탐방하기. 캘리포니아 아카데미 오브 사이언스는 강력 추천! 드 영 뮤지엄, 재패니즈 티 가든, 컨서버토리 오브 플라워 등은 선택 사항. 점심 식사는 과학관, 미술관 내 카페테리아에서 해결!
- 17:00 알라모 스퀘어 풍경 감상하기
- 18:30 유니언 스퀘어에서 쇼핑한 후 치즈케이크 팩토리에서 저녁 식사하기

[4일]
- 10:00 흥미로운 체험 과학관 익스플로라토리움 방문하기. 점심도 여기서 해결!
- 14:00 알카트라즈 아일랜드 방문(예약 필수)
- 18:00 페리 빌딩 마켓 플레이스에서 상점 구경. 오샤 타이에서 저녁 식사하기
- 19:15 AT&T 경기장에서 프로 야구 관람하기

[5일]
- 09:00 버클리 대학교 방문하기
- 15:00 샌프란시스코 현대 미술관, 유대인 현대 박물관 관람하기
- 17:00 예르바 부에나 파크에서 쉬었다 가기
- 18:30 테즈 스테이크하우스에서 저녁 먹기

[6일]
- 08:00 랜터카 타고 몬트레이로 출발!
- 10:30 몬트레이 베이 아쿠아리움 구경하기
- 12:00 몬트레이 캐너리 로드 근처 레스토랑에서 간단한 점심 식사 즐기기
- 14:00 17마일 드라이브 달리기
- 15:30 빅 서어 빅스비 브리지 들러보기
- 17:00 카멜 바이 더 시의 아기자기한 상점 돌아보기
- 18:00 라 비시클렛에서 저녁 식사 먹기
- 20:00 샌프란시스코로 돌아가기

[7일]
- 08:00 샌프란시스코에서 요세미티 국립공원으로 출발(약 4시간 소요)
- 12:00 요세미티 국립공원 관광하기
- 16:30 샌프란시스코로 돌아가기

PLANNING 05

자연 속 힐링, 교외로 떠나자! 근교 여행

샌프란시스코 주변에는 당일치기 근교 여행을 갈 만한 곳이 많다. 유명 와인 산지를 방문하고, 1번 해안 도로를 달려보자. 스탠퍼드대학 등 명문 대학을 방문하거나 요세미티 국립공원에서 하루를 보내는 것도 좋겠다. 아름다운 풍경 속에서 있다 보면 몸과 마음이 정화된다.

숙소 샌프란시스코에 숙소를 잡고 당일치기로 다녀와도 충분하다. 1박 2일로 일정을 잡으면 좀 더 여유롭게 즐길 수 있다.
숙소는 호텔을 이용하는 것이 무난하다. 빅 서어 지역은 캠핑장을 이용해보는 것을 추천한다.

식사 나파 밸리와 카멜 바이 더 시는 맛집이 많은 곳이다. 한 끼는 꼭 먹어보자. 빅 서어, 몬트레이는 맛집이 숨어 있어서 바쁜 여행자에게는 불편하다. 요세미티 국립공원은 먹을 것이 별로 없다. 샌드위치 등을 준비해 가는 것을 권한다. 이동 시간 중 먹을 간식도 미리 준비하자.

이동 근교 여행은 대중교통을 이용하면 시간이 많이 소요된다. 렌터카로 다녀오는 것을 추천한다. 도심을 벗어나면 운전하기도, 길 찾기도 어렵지 않다.

1번 해안 도로 풍경을 즐기는 1박 2일

[1일]
- 08:00 샌프란시스코에서 몬트레이로 출발!
- 10:00 몬트레이 도착. 몬트레이 베이 아쿠아리움 구경하기
- 12:30 캐너리 로드에서 간단한 식사 및 산책, 또는 올드 피셔맨즈 그라토 해산물 레스토랑에 가보기
- 14:30 17마일 드라이브 달리기
- 16:00 빅 서어 빅스비 브리지 건너며 해안 도로 감상하기
- 19:00 카멜 바이 더 시 구경 및 저녁 먹기
- 20:00 카멜 바이 더 시에서 하루 머물기

[2일]
- 09:00 조식 후 호텔 체크아웃하기
- 10:00 길로이 아웃렛 쇼핑. 아웃렛 내 인 앤 아웃 버거에서 간단히 점심 먹기
- 13:00 스탠퍼드 대학교 구경하기
- 16:30 하프문 베이 리츠 칼튼 호텔 산책하기
- 19:00 샌프란시스코 트윈 픽스에서 도심 감상하기
- 19:30 샌프란시스코 호텔로 돌아가기

나파 밸리~소노마 밸리 당일 여행
- 09:00 샌프란시스코에서 나파 밸리로 출발
- 10:30 로버트 몬다비 와이너리 방문하기
- 11:45 베린저 와이너리 방문하기
- 14:00 욘트빌의 프렌치 런더리, 에드 훅, 부숑 베이커리, 비스트로 잔티 등에서 점심 먹기
- 15:00 비엔사 와이너리 방문하기
- 17:00 소노마 시청 앞에 위치한 선플라워 카페에서 휴식. 주변 쇼핑가 구경하기
- 19:00 샌프란시스코로 돌아오기

요세미티 국립공원 당일 여행
- 07:30 요세미티 국립공원으로 출발!
- 11:30 요세미티 국립공원 도착
- 12:00~16:00 요세미티 밸리 중심으로 여행하기
- 16:00 샌프란시스코로 출발
- 20:00 샌프란시스코 도착

 렌터카를 이용하려면 국제운전면허증과 한국운전면허증, 반드시 2개 모두 있어야 한다. 길거리 주차장을 이용할 때는 25센트 동전이 필요하다. 항상 몇 개씩 가지고 다니자.

💬 Talk
여행 일정 짜기 노하우

여행의 목적을 확실히 정하자!

관광, 미식, 쇼핑? 여행의 목적에 따라 동선이 달라진다. 모두를 충족시킬 수 있다면 가장 좋은 여행이 되겠지만 돌아가야 할 시간이 정해져 있다는 게 모든 여행자들의 현실. 고로 어느 것에 비중을 두느냐는 각자의 선택에 달려 있다. 현지인들의 생활을 엿보고자 한다면, 거주 지역 주변이나 시장, 마트 등을 돌아보는 것도 좋겠다. 쇼핑을 원한다면, 쇼핑몰을 위주로 돌고 식사는 쇼핑몰에서 동선을 짜는 게 최고! 미식이 목적이라면 맛집 위주로 포인트를 찍고 주변 관광지를 돌아보는 동선을 짜는 것이 좋다.

누구와 가느냐에 따라 '작전'은 달라진다.

연인끼리라면 분위기 좋은 여행지와 맛집, 로맨틱한 카페 등이 좋겠다. 친구와 함께 간다면 저렴하면서도 인기 있는 음식점을 찾아 다니고, 뚜벅뚜벅 걷는 여행을 추천한다. 아이가 있다면 상황이 달라진다. 어린 아이와 함께 한다면 렌터카를 추천한다. 동행자에 따라 작전을 달리 짜보자.

PLANNING 06
샌프란시스코 여행 만들기

알짜배기 정보야말로 여행의 질을 높여주는 열쇠! 어떤 것이 필요하고, 어떤 것을 따져봐야 할까? 자신에게 맞는 여행의 스타일은 무엇일까? 여행 형태를 결정하는 것부터 일정에 맞춘 항공 티켓 예매까지! 똑 부러지게 준비해보자.

여행의 형태와 여행 기간을 정하자

스스로 만드는 자유 여행과 가이드가 붙는 단체 패키지 여행. 그중 어떤 것이 자신에게 더 잘 맞는지 고민해보고 여행의 형태를 결정하자. 여행 기간은 개개인의 상황에 따라 천차만별.
이 지역을 충분히 제대로 느끼고 싶다면 샌프란시스코 도심 여행 5일, 근교 여행 2~3일로 분배하는 것이 최상이다. 샌프란시스코에서 당일치기로 다녀올 수 있는 근교 여행지도 많다. 주요 관광지만 볼 경우 도심 여행은 2박 3일로도 가능하다.

여행 시기, 언제가 가장 좋을까?

일조량이 긴 4~11월 초가 좋다. 훈풍이 불어와 따뜻한 날씨가 지속되는 10~11월 초순까지의 인디언 섬머 기간도 추천한다. 12~1월 초는 우기라서 비가 간간이 내리고 해가 짧다.

미국 화폐와 여행 예산

화폐

미국의 공식 화폐는 달러와 센트다. 미국에서 사용하는 지폐는 종류에 상관없이 모두 같은 크기이다. 사용 시 금액을 잘 확인하자. 환율은 1달러가 약 1,209원(2019년 9월 기준)이다. 물가는 우리나라보다 높은 편이다.

신용카드

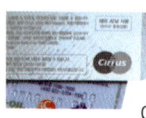

마스터MASTER, 비자VISA, 아멕스AMEX 등을 사용할 수 있다. 하지만 작은 상점이나 작은 레스토랑의 경우, 현금 결제만 가능한 곳도 많으니 참고하자. 신용카드마다 해외 사용 한도, 수수료, 마일리지 적립 등 혜택이 다르다. 꼼꼼히 체크하자.

항공권 가격은 얼마 정도?

성수기와 비수기에 따라 가격이 다르다. 특히 여름 방학과 겨울 방학 기간은 휴가철과 연말이 겹치기 때문에 요금이 급 상승한다. 이코노미 클래스의 비수기 평균 가격은 80~120만 원 정도가 보통. 성수기 때는 50~80만 원 정도 더 비싸다. 수하물과 날짜 변경 등에 따라 비용이 추가되는지 잘 따져보자.

숙박비는 얼마 정도?

가장 저렴한 숙박은 호스텔의 도미토리다. 하루 28~40달러 정도. 공동 침실에서 침대 하나를 빌려 사용하는 형태의 숙소이다. 안락한 시설의 호텔 숙박을 원한다면 150~250달러 정도는 예상하는 것이 좋다. 100달러 이하 호텔도 있으나 좋은 퀄리티를 기대하기는 어렵다.

1일 여행 비용은 얼마 정도?
항공료와 숙박, 쇼핑을 뺀 하루 경비를 50~80달러 정도 잡는다. 하루 경비에 체류 날짜를 곱하면 총 예상 경비를 어림잡을 수 있다. 2시간 이상 거리의 근교 여행을 계획할 경우 렌터카나 투어 비용으로 인해 추가 금액이 발생한다. 하루 120~180달러 정도 예상하면 된다.

비자는?
2008년 11월부터 미국비자 면제 프로그램Visa Waiver Program이 실행되었다. 덕분에 최대 90일간 비자 없이 방문할 수 있다. 단, 유효 기간이 6개월 이상 남은 전자여권 소지가 필수이며, 사전에 전자여행 허가제ESTA를 신청한 후 승인받아야 한다.

비자 면제 프로그램Visa Waiver Program 이용 순서
❶ 전자여권 발급 받기(유효 기간이 6개월 이상 남은 전자여권 소지하고 있다면 이 단계 생략)
❷ 전자여행 허가제ESTA 웹사이트(esta.cbp.dhs.gov)에 접속 후 절차에 따라 전자여행 허가 승인 신청하기(개인당 10달러, ESTA 신청서 처리 수수료 4달러 발생)
❸ 입국 승인 받기(2년간 유효. 만약, 이때 입국이 거부가 되었다면 별도로 주한미국 대사관에 방문하여 비자를 발급 받아야 함)
❹ 신청 번호 확인 및 해당 내용 프린트

> **Tip** 만약 이전에 미국에 입국 거부, 추방되었거나 비자가 거절된 적이 있는 여행자는 비자 면제 프로그램Visa Waiver Program을 이용할 수 없다. 주한미국대사관(www.korean.seoul.usembassy.gov)에서 비자를 발급 받아야 한다.

어떤 증명서를 발급 받을까?

국제학생증
학생이라면 국제학생증을 발급 받자. ISIC, ISEC 두 가지가 있고 둘 다 사용이 가능하지만, 미국에서의 혜택은 ISEC가 더 유용하다. 온라인 신청과 대리점 방문을 통해 발급 받을 수 있다.
ISEC Web www.isecard.co.kr
(수수료 1년 1만 7,500원, 2년 3만 500원)
ISIC Web www.isic.co.kr
(수수료 1년 1만 7,000원, 2년 3만 4,000원)
필요 서류 재학증명서, 주민등록증, 증명사진

여행자 보험
미국의 의료비는 상상을 초월할 만큼 비싸다. 만약을 생각해 가입을 권한다. 도난·상해 등에 대한 보상 내역을 꼼꼼히 따져서 보험사 상품을 선택하도록 하자.

국제운전면허증·국내운전면허증
렌터카를 이용할 계획이라면 국제운전면허증은 필수! 유효기간은 1년이다. 캘리포니아 주의 경우, 국제·국내운전면허증을 함께 가지고 다녀야 하므로 2개 모두 챙기도록 하자.
발급 장소 운전면허시험장 또는 지정된 경찰서
필요 서류 신청서, 국내운전면허증, 여권, 여권용 사진 또는 증명사진 1매, 수수료 8,500원

전자여권과 국제운전면허증

PLANNING 07
샌프란시스코 대중교통 완전 정복

샌프란시스코는 미국에서도 대중교통이 편리한 도시로 손꼽힌다. 도심 여행은 대중교통만으로 충분하다. 케이블카 등은 여행자라면 꼭 한 번 타봐야 하는 관광 아이콘이다. 당일부터 한 달까지 사용할 수 있는 다양한 패스도 있어 잘만 선택하면 알뜰하게 여행할 수 있다.

케이블카 Cable Car

샌프란시스코의 상징으로 여행자라면 꼭 타봐야 한다. 케이블카는 언덕이 많은 샌프란시스코에서는 꼭 필요한 교통 수단이다. 현재 파웰~하이드 노선Powell~Hyde Line, 파웰~메이슨 노선Powell~Mason Line, 캘리포니아 노선California Line 등 3개 노선이 운행 중이다. 케이블카 종점에는 회전식 턴테이블이 있어 두 명이 직접 케이블카의 방향을 돌리는 모습을 볼 수 있다.

노선 파웰~하이드 노선은 유니언 스퀘어, 그레이스 성당, 롬바드 스트리트, 부에나 비스타 카페, 빅토리아 파크 정류장까지 운행된다. 관광지가 많은 곳을 지나가는 노선이기 때문에 인기만점. 처음 이 도시를 방문한 여행자에게 가장 추천하는 노선이다.

파웰~메이슨은 유니언 스퀘어에서 피셔맨즈 워프, 피어 39 등을 방문할 때 편리하다. 캘리포니아 노선은 하얏트 리젠시 호텔~노브힐~파이낸셜 디스트릭트 구간을 운영하며, 케이블카 노선 중 가장 짧다. 언덕 오르내리는 것이 무서운 여행자에게 추천할 만하다. 마켓 스트리트에서 출발해 반 네스 에비뉴Van Ness Ave까지 운행된다.

베이 브리지를 가장 높은 곳에서 보고 싶다면 캘리포니아 스트리트 앤 메이슨 스트리트California St & Mason St 정류장에서 내리자.

요금 편도 7달러(환승 불가능), 4세 이하 무료
이용 방법 케이블카가 지나가는 곳 아무데서나 손을 흔들면 멈춰서 편리하게 승차할 수 있다. 좌석이 없을 경우에는 케이블카가 정차하지 않는데, 유니언 스퀘어 지역은 사람이 많아 늘 붐벼 정차하지 않는 경우가 대부분이다. 온몸으로 샌프란시스코를 느끼고 싶다면 케이블카 난간에 올라 선 채로 차량 바깥쪽 손잡이를 잡고 서서 타는 것을 추천한다. 다만, 이동 거리가 길 경우 상당히 체력 손실이 있다는 점은 알아두자.

티켓 구매 현금을 미리 준비한 후 케이블카 안에서 직접 내거나 대중교통 패스권 소지자는 검표원에게 표를 보여주면 된다.

> **Tip** 케이블카가 정류장에 다다르면 그립맨(케이블카 운전사)이 거리의 이름을 외치므로, 내릴 때가 되었다면 귀를 기울이자. 주요 관광지는 좀 더 강조해서 외치는 경향이 있으니 내릴 정류장에 대해 걱정하지 않아도 된다.

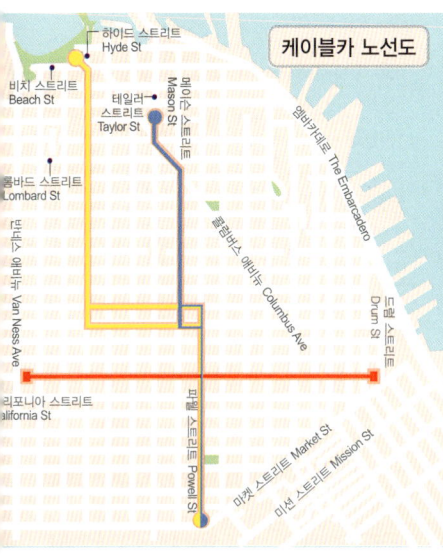

케이블카

뮤니 버스

뮤니 버스 Muni Bus

샌프란시스코 도심 구석구석을 누빌 때에 가장 효과적인 교통 수단이며, 비교적 저렴하다. 노선에 따라 24시간 운영되기도 한다. 배차 간격도 짧고 노선이 다양해 샌프란시스코 주민들에게 가장 사랑 받는 대중교통이다. 자세한 버스의 운행 경로와 번호, 배차 시간은 웹사이트에서 알 수 있다. 클리퍼 카드(047p)사용 시 할인 혜택이 있다.

Web www.sfmta.com/cms/asystem/routelist.php

주요 관광지를 지나는 뮤니 버스 노선

5, 21 시빅 센터, 알라모 스퀘어
21, 71 골든 게이트 파크
30 차이나타운
108 트레저 아일랜드
28 골든 게이트 브리지
30 롬바드 스트리트, 피셔맨즈 워프
38 클리프 하우스, 재팬타운
30, 45 코잇 타워

요금 성인 3달러, 노인과 5~17세 어린이는 1.50달러, 4세 이하는 무료다. 탑승 시간 기준으로 90분 동안 버스, 메트로, 스트리트카로 환승할 수 있다. 환승 시에는 티켓을 운전사에게 보여주면 된다. 단, 케이블카로는 환승할 수 없다.

이용 방법 '뮤니MUNI'라고 적힌 버스정류장에서 타면 된다. 환승 가능 시간은 탑승 시간 기준으로 90분이지만, 보통 100~130분 정도 여유가 있도록 티켓을 발급해준다.

티켓 구매 버스에 탑승할 때 운전사에게 구입한다. 해당 요금을 탑승할 때 운전사 앞에 있는 기계에 돈을 넣으면 티켓이 발급된다. 거스름돈은 주지 않으니 반드시 미리 준비하자.

> **Tip** 뮤니 버스나 뮤니 스트리트카에서 하차를 원할 때에는 버스 전체를 감싸고 있는 줄을 당기면 된다. 줄을 당기면 운전사 옆에 달려 있는 종이 울린다. 내릴 때에는 뒷문 계단에서 한 칸을 내려서야 문이 열린다. 한 칸 아래로 내려서지 않으면 문이 열리지 않는다. 정류장에 대한 별도의 안내 방송은 거의 없다. 하차 지점을 모른다면 주변에 도움을 청하자.

뮤니 스트리트카 Muni streetcar

차도 위의 레일을 달리는 전차 형식의 친환경 교통 수단이다. 공중에 달려있는 전기선을 통해 전력을 공급받는다. 세계 각국에서 수입한 전차를 원산지 디자인 그대로 복원해 사용하는데, 개성 있는 색감과 디자인이 운치를 더한다.

요금 성인 2.75달러, 노인과 5~17세 어린이는 1.35달러, 4세 이하는 무료. 탑승 시간 기준으로 90분 동안 버스와 스트리트카로 환승할 수 있다. 환승 시에는 티켓을 운전사에게 보여준 후 탑승하면 된다. 단, 케이블카로는 환승할 수 없다.

이용 방법 교통 패스를 가지고 있을 경우 운전사에게 보여주고 탑승한다. 원칙적으로는 환승 시간은 탑승 시간 기준 90분이지만, 보통 100~130분 정도 여유 있게 티켓을 발급해준다.

티켓 구매 탑승할 때 운전사에게 구입한다. 요금을 운전사 앞에 있는 기계에 넣으면 티켓이 발급된다. 거스름돈은 주지 않는다.

Web www.sfmta.com/sites/default/files/maps/Muni-web-shelter-8-12v7.pdf

뮤니 메트로 Muni Metro

총 6개의 노선이 있으며 지상과 지하를 오가며 운행한다. 뮤니 메트로는 도심에서는 지하로, 외곽 지역에서는 지상으로 운행한다.

운행 시간 월~금 05:00~다음 날 01:00, 토 06:00~다음 날 01:00, 일 08:00~다음 날 01:00

요금 성인 2.75달러. 탑승 시간 기준으로 90분 간 버스와 스트리트카로 환승 가능.

이용 방법 메트로는 지하철과 노면 전차로 나뉘어 있다. 지하철 구간에서는 개찰구를 통과해서 승하차를 하고, 지상에서는 앞문으로 승하차한다.

티켓 구매 지하 구간에서는 기계를 이용해서 티켓을 구입한다. 지상을 다니는 메트로를 타게 되면 제일 앞쪽 칸에 있는 운전사에게 가서 2달러를 내고 티켓을 받으면 된다.

택시 Taxi

거리에 비례해 미터기 요금이 올라간다. 기본 요금은 3.50달러. 요금 외에 15~20%의 팁을 추가로 내는 것이 관례다. 특히 트렁크에 짐을 실은 경우 1개당 1~2달러 정도 추가로 지불한다. 손을 들어 택시를 잡는다.

전 세계 택시 요금 계산 사이트
Web www.worldtaximeter.com

샌프란시스코 콜택시
올 시티즈 캡
Tel 650-616-9999
Web www.allcitiescab.com

더 택시 캡
Tel 415-3330-3310
Web www.thetaxicabs.com

옐로 택시 캡
Tel 650-771-6796
Web www.ayellowtaxi-cabs.com

우버
Web www.uber.com

프리미엄 콜택시
스마트폰을 이용해서 가장 가까운 곳에 있는 택시를 호출 할 수 있는 콜택시 서비스이다. 기존의 콜택시에 비해 50% 정도 가격은 높지만, 신용카드 결제가 가능하고 안전하다.

바트 Bart

도심과 교외를 잇는 고속지하철이다. 샌프란시스코에서 버클리 Berkeley나 밀브레 Millbrae 등 근교를 여행하거나 샌프란시스코 국제공항을 갈 때 편리하게 이용할 수 있다. 총 5개의 노선이 있으며, 요금은 가고자 하는 거리에 비례해 결정된다. 다운타운에서 샌프란시스코 국제공항까지는 30분 정도 소요된다.

요금 거리에 비례하여 지불한다. 바트역 내의 티켓 자동판매기에서 원하는 도착지까지의 요금을 체크할 수 있다. 샌프란시스코 다운타운~샌프란시스코 국제공항 편도 8~9달러.

이용 방법 이용 방법은 우리나라 지하철과 비슷하다. 단, 목적지의 방향을 제대로 알고 승강장에 서는 것이 중요하다. 전광판을 통해 반드시 목적지를 확인하고 탑승하자.

티켓 구매 역 내 티켓 자동판매기에서 구입한다.

티켓 구매 방법
❶ 티켓 판매기를 찾는다.
❷ 가고자 하는 목적지까지의 비용이 얼마인지 확인한다(티켓 판매기에 가격표가 있다).
❸ 신용카드 또는 체크카드를 넣거나 현금을 넣는다(신용, 체크카드 이용 시 비밀번호를 입력하라는 표시가 나올 수도 있다).
❹ 티켓 가격은 20달러로 설정되어 있다. 〈Add〉 또는 〈Subtract〉 버튼을 눌러서 원하는 금액이 되도록 조정한다. 원하는 금액이 되면 티켓 프린트를 누른다.
❺ 원하는 금액이 맞는지 한번 더 확인한 후 〈Yes〉 버튼을 누른다.
❻ 티켓을 발급받는다. 티켓에 자신이 선택한 금액이 찍혀 있는지 확인한다.

칼트레인 Caltrain

스탠퍼드 대학교, 실리콘밸리, 길로이 프리미엄 아웃렛 등 근교 외곽 지역에 갈 때 편리하게 이용할 수 있는 기차형 교통 수단이다. 샌프란시스코~팔로 알토 Palo Alto~스탠퍼드 Stanford~마운틴 뷰 Mountain View~산호세 San Jose~길로이 Gilroy까지 운행된다. 역 이름은 홈페이지를 참고하도록 한다.
Web www.caltrain.com

요금 거리에 따라 비례한다. 팔로 알토역 성인 편도 7달러.

이용 방법 역에 도착해서 티켓을 구매한 후 승강장에서 열차를 타면 된다. 보통 2층 열차로 되어 있으며 좌석은 자유석이다.

티켓 구매 역 내 티켓 자동판매기를 이용한다.

그레이 하운드 Greyhound

샌프란시스코 근교부터 미국의 대도시까지 갈 수 있는 고속버스. 길로이 프리미엄 아웃렛 등을 갈 때 이용하면 편리하다. 로스앤젤레스, 시애틀, 라스베이거스 등 미국 서부의 주요 도시도 오간다. 노선과 운행 시간은 홈페이지 참고.
Web www.greyhound.com

요금 거리에 비례한다.

이용 방법 바트 타고 엠바카데로 Embarcadero역 하차 후 도보 8분.

티켓 구매 버스 터미널 또는 인터넷(할인 혜택 있음)을 통해 구매 할 수 있다.

STEP 02
PLANNING

> ### 유용한 대중교통 패스
> 샌프란시스코에는 다양한 교통 패스가 있다. 1일권, 일주일권, 한달권 등 정해진 기간 동안 횟수에 제한없이 대중교통을 이용할 수 있는 패스가 있고, 박물관 입장 할인이 포함된 패스도 있다. 시간이 부족한 여행자들은 패스를 이용하는 것이 현명하다.

시티 패스 City Pass

대중교통 사용과 샌프란시스코의 명소 입장권이 포함된 패스다. 3일짜리 뮤니 패스포트의 기능과 샌프란시스코와 근교의 지정된 박물관, 과학관 등의 입장료가 포함된다. 일반적으로 여행자들이 가장 선호하는 패스다.

명소 입장은 개시일로부터 9일간, 교통권으로서의 기능은 연속적 3일간 가능하다. 이 패스로 입장 가능한 명소는 캘리포니아 아카데미 오브 사이언스, 아쿠아리움 오브 더 베이, 익스플로토리엄 또는 샌프란시스코 뮤지엄 오브 모던 아트 중 택1, 블루 앤 골드 플리 베이 크루즈이다.

요금 성인 89달러(정가 153달러), 5~11세 69달러(정가 113달러)

이용 방법 패스권의 앞 표지를 보면 날짜를 적는 란이 있는데, 사용하기 위해서는 반드시 볼펜으로 날짜를 적어야 한다. 박물관 등의 명소의 경우 개시일부터 9일간 사용 가능.

패스권 구매 샌프란시스코 국제공항이나 파웰역의 여행자 안내소 등에서 구입이 가능하다.

Web www.sfmta.com/cms/asystem/farevendpassport.php

Tip 렌터카 이용자라면 주목!

대중교통 패스는 필요 없고 샌프란시스코 명소 입장권 패스만 필요하다면, 샌프란시스코 고 카드San Francisco Go card를 추천한다. 25여 가지의 다양한 체험 장소의 입장권 기능을 하는 패스다. 이용자가 정한 기간 동안 원하는 곳을 자유롭게 입장할 수 있다.

요금 1일 패스 성인 78달러, 3~12세 64달러 / 2일 패스 성인 116달러, 3~12세 97달러 / 3일 패스 성인 146달러, 3~12세 122달러 / 5일 패스 성인 182달러, 3~12세 150달러

이용 방법 모바일로 해당 QR 코드를 다운로드한 후 입장 시 보여주면 된다.

패스권 구매 해당 웹사이트, 클룩(www.klook.com) 등에서 가능

Web www.gocity.com/san-francisco

뮤니 패스포트 Muni Passport

뮤니 버스, 뮤니 스트리트카, 케이블카, 뮤니 메트로를 일정 기간 동안 무제한 탑승할 수 있는 교통카드이다. 단, 공항이나 교외를 잇는 바트Bart 이용은 제외된다.

유용한 시티 패스

뮤니 패스포트

요금 성인 1일권 23달러, 3일권 34달러, 7일권 45달러
이용 방법 뮤니 패스포트에서 사용하는 날짜를 찾아서 동전으로 긁어서 벗기면 된다. 예를 들어 9월 17일, 7일권을 구매한 경우 왼편에서 9월에 해당하는 〈SEP〉, 오른편에 해당 날짜인 17~23까지의 번호를 동전으로 긁어서 사용하면 된다. 대중교통 탑승 시 운전자나 검표원에게 패스권을 보여 준다.
패스권 구매 샌프란시스코 국제공항과 파웰역 여행 안내소 등에서 구입할 수 있다. 그 외 지역에 대한 정보는 홈페이지에서 확인 가능.
Web www.sfmta.com/getting-around/transit/fares-passes/where-to-buy

> **Tip** 뮤니 패스포트 패스권에 기라델리 초콜릿 10% 할인권이 붙어 있으므로 이용 시 참고하자.

뮤니 월 패스 Muni Monthly Passes
한 달 이상 머무는 장기 여행자에게 적합한 카드이다. 한 달 동안 바트를 제외한 케이블카, 뮤니 버스, 뮤니 메트로, 뮤니 스트리카 등을 무제한 이용할 수 있다. 성인의 경우, 16달러를 추가하면 샌프란시스코 내에서 운영하는 바트도 이용할 수 있다.
요금 성인 78달러, 노인과 5~18세는 39달러, 4세 이하 무료
이용 방법 탑승 후 단말기에 클리퍼 카드를 찍으면 된다.
티켓 구매 클리퍼 카드를 구매해 충전해 사용한다. 충전은 모든 지하철역의 티켓 자동판매기와 클리퍼 카드 판매처에서 할 수 있다. 매달 1~16일에 그 달의 패스를 판매하며, 16일 이후부터는 다음달 패스권을 구입할 수 있다.

뮤니 데이 패스 Muni Day Pass
케이블카를 제외한 뮤니 메트로, 뮤니 버스, 뮤니 스트리트 카를 하루 동안 무제한으로 이용할 수 있다.
요금 5달러(매일 23:59분까지 유효)
이용 방법 뮤니 모바일 애플리케이션Muni Mobile App을 통해서만 이용 가능하다.

> **Tip** 시내 대중교통 이용 횟수가 1일 3회 이하일 때는 패스권보다 정액을 내고 이용하는 것이 더 저렴할 수 있다. 자신의 상황에 맞게 패스권 구입을 결정하자.

뮤니 모바일 Muni Mobile
앱스토어에서 뮤니 모바일 애플리케이션을 다운로드한 후 해당 이용권을 구매하면 된다. 뮤니 모바일 애플리케이션을 이용해 티켓을 구매하면, 현금가보다 50센트~5달러 정도 할인받을 수 있다. 클리퍼 카드처럼 할인되는 장점은 그대로 누리면서, 카드 보증금 없이 바로 이용 가능해서 편리하다.

클리퍼 카드
Clipper Card

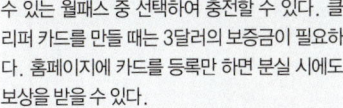

매회 1회 비용이 적용되어 사용하는 방법과 한 달 동안 자유롭게 사용할 수 있는 월패스 중 선택하여 충전할 수 있다. 클리퍼 카드를 만들 때는 3달러의 보증금이 필요하다. 홈페이지에 카드를 등록만 하면 분실 시에도 보상을 받을 수 있다.
샌프란시스코 국제공항과 파웰역 여행 안내소 등에서 구매할 수 있다. 홈페이지에 판매처 위치를 찾을 수 있다.
Web www.clippercard.com

01 시원한 도시의 풍광 전망 좋은 곳 BEST 4
02 명품 다리 골든 게이트 브리지 감상 포인트 BEST 3
03 길이 예술이다! 샌프란시스코의 걷고 싶은 길
04 아이와 함께 가기 좋은 가족 여행 BEST 4
05 도심 속 여유, 광장과 공원 BEST 5
06 히피 문화의 발상지를 찾아서
07 자전거로 즐기는 샌프란시스코 도시 여행
08 페리와 유람선을 타고 즐기는 샌프란시스코
09 렌터카로 떠나는 드라이브 여행 BEST 3
10 도시에서 즐기는 특별한 나이트 라이프
11 예술을 사랑한다면 꼭 가볼 만한 뮤지엄
12 젊음의 열정이 가득한 명문 대학 탐방하기
13 감동 두 배, 재미 두 배! 영화 속 샌프란시스코

STEP 03
ENJOYING

ENJOYING 01

시원한 도시의 풍광
전망 좋은 곳 BEST 4

탁 트인 전망은 마음 속까지 후련하게 해준다. 파란색 물감을 뿌려놓은 듯한 코발트블루 하늘과 넘실대는 바다, 그 자연과 어우러진 높고 낮은 건물들. 그림 같은 풍경이 당신 눈앞에 펼쳐진다. 언덕이 많은 샌프란시스코에는 도시 전경을 감상하기 좋은 장소가 곳곳에 많다.

시원한 풍경에 마음까지 확 트이는
트윈 픽스 Twin Peaks

샌프란시스코가 한눈에 내려다보이는 곳으로, 도시 풍경을 조망할 수 있는 최고의 장소다. 높이 281m 가량되는 2개의 봉우리가 쌍둥이처럼 서 있는 곳. 그래서 이름도 '트윈 픽스'다. 아름다운 전망은 높은 곳까지 올라온 노고를 말끔히 씻어준다. 단, 안개가 끼는 날씨는 방문을 피할 것. 올라가 봤자 아무것도 안 보인다.

고도가 높기 때문에 태평양에서 불어오는 차가운 바닷바람만 쌩쌩. 든든한 겉옷 준비는 필수다. 대중교통으로 방문할 때에는 버스에서 하차 후 약 10분간 오르막길을 걷는 수고를 해야 한다. 밤에는 치안이 좋지 않고 교통사고가 자주 일어나기도 한다. 대중교통을 이용할 예정이라면 되도록 낮에 가자.

Data Map 216 I
Access 뮤니 스트리트카 또는 뮤니 메트로 M, L, K, T 카스트로역 하차 후 마켓 스트리트 & 17th 스트리트 정류장에서 뮤니 버스 37번으로 환승한 다음 74 크레스트라인 드라이버 정류장 하차. 언덕길 도보 8분 **Add** 501 Twin Peaks Blvd

힘 들이지 않고 갈 수 있어서 더욱 좋은
코잇 타워 Coit Tower

360도로 펼쳐지는 환상적인 도시의 뷰를 볼 수 있는 곳이다. 버스로 전망대 건물 바로 앞까지 갈 수 있어서 더욱 편리하다. 1850년 전화 착신 장치가 개설된 후 텔레그래프 힐Telegraph Hill에 위치해 있다. 높이 64m의 원기둥 모양 타워다. 1933년 릴리 히치콕 코이트Lille Hitchcock Coit라는 여성 부호의 기부금으로 설립되었다. 1906년 지진으로 인한 대화재 당시, 사망한 소방관들을 기리기 위해 소방 호스노즐 모양의 원기둥으로 지었다는 설도 있으나 사실은 아닌 듯하다.

타워 안으로 들어가면 벽화가 고즈넉한 분위기를 자아낸다. 공공 근로 사업의 예술 프로젝트 일환으로 25여 명의 아티스트를 정부에서 고용하여 작업한 것이다. 20세기 초 캘리포니아의 사회, 경제적 상황들을 담은 작품들이다. 이 벽화들은 멕시코 출신 화가 디에고 리베라Diego Rivera의 사회 사실주의 영향을 받았다. 바쁜 금융가의 모습, 공장 근로자와 지배 계급 사이의 상황, 교통사고, 강도질을 하는 사람들 등 미국 현대사의 모습을 엿볼 수 있다. 1층 기념품숍에서 타워 꼭대기에 있는 전망대까지 올라가려면 티켓을 구입해야 한다. 전망대에 오르면 멀리 골든 게이트 브리지, 베이 브리지, 알카트라즈 아일랜드까지 감상할 수 있다.

Data **MAP** 187 C **Access** 뮤니 버스 39번 종점 하차 **Add** 1 Telegraph Hill Blvd **Tel** 415-249-0995 **Open** 5~10월 10:00~18:00, 11~4월 10:00~17:00 **Web** www.sfrecpark.org/coit-tower **Cost** 성인 9달러, 12~17세와 65세 이상 6달러, 5~11세 3달러, 4세 이하 무료

Tip 노스 비치 지역에서 코잇 타워가 있는 언덕으로 올라갈 때에는 39번 뮤니 버스를 이용하고, 내려올 때 시간 여유가 된다면 210여 개 정도의 계단을 걸어서 내려갈 것을 추천한다. 천천히 주변 풍경을 감상하는 행복을 누릴 수 있다.

반짝이는 야경이 마음까지 설레게 한다.
트레저 아일랜드 Treasure Island

일명 '보물섬'으로 불리는 곳. 1939년에 열린 국제 박람회를 위해 만든 인공 섬이다. 한때 미해군의 기지 역할을 하기도 했던 곳이며, 현재는 샌프란시스코 시에 편입되어 베이 브리지Bay Bridge를 통해 샌프란시스코 도심과 연결된다. 샌프란시스코의 다운타운에서는 버스 108번을 타고 갈 수 있다.
주거 비용이 저렴해서 학생들이 많이 거주한다. 화려한 조명의 베이 브리지와 도시의 불빛이 만들어내는 아름다운 야경으로 유명하다. 로맨틱한 데이트를 즐기고자 하는 연인들의 발걸음도 끊이지 않는 곳. 계절 관계없이 밤이면 바닷바람이 불어와 상당히 쌀쌀하다. 옷차림에 유의하도록 하자.

Data **Map** 187 D **Access** 빌 스트리트&폴섬 스트리트에서 뮤니 버스 108번을 타고 애비뉴 B&9th 애비뉴에서 하차(샌프란시스코의 도심인 파웰역 쪽에서 빌 스트리트&폴섬 스트리트로 갈 때에는 뮤니 버스 5, 38, 71번 등을 이용) **Add** Treasure Island

현지인들만 아는 최고의 비밀 장소
샌프란시스코 아트 인스티튜트 San Francisco Art Institute

이름난 예술 학교로 미래 아티스트들의 감각적이고 자유로운 예술 작품을 엿볼 수 있는 곳이다. 이 학교에 들어서면 무조건 안쪽으로 직진할 것. 학교 옥상에 다다르면 놀랄 만큼 아름다운 풍경을 만나볼 수 있다. 하늘과 구름, 아기자기한 건물의 조화로운 풍경은 마치 한 폭의 예술 작품 같다.
이곳은 현지인들 사이에서 미국 독립기념일에 불꽃놀이를 구경하는 장소로도 유명하다. 학교 안이지만 관광객들에게 어느 정도 개방하고 있으니 걱정 말고 자연스럽게 들어가면 되겠다. 학교 입구 쪽에 위치한 디에고 리베라Diego Rivera 갤러리에도 잠시 들러 작품을 감상하자. 옥상에 있는 카페테리아에서 즐기는 커피 한 잔도 즐겁다.

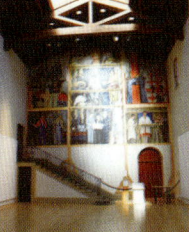

Data **Map** 186 B
Access 케이블카 파웰-하이드 라인 타고 하이드 스트리트&체스넛 스트리트에서 하차 후 도보 2분. 뮤니 버스 30번을 타고 콜럼버스 애비뉴&체스넛 스트리트에서 하차 후 도보 5분. 롬바드 스트리트에서 도보 5분 **Add** 800 Chestnut St **Tel** 415-771-7020
Open 09:00~17:00
Web www.sfai.edu **Cost** 무료

STEP 03
ENJOYING

ENJOYING 02

명품 다리 골든 게이트 브리지
감상 포인트 BEST 3

골든 게이트 브리지는 누구나 인정하는 샌프란시스코의 가장 유명한 다리. 골든 게이트라는 이름 때문에 반짝반짝 황금색의 다리를 기대했는가? 하지만 이 다리는 붉은색의 석양을 닮았다. 하루에도 몇 번씩 안개가 끼고, 태평양의 차가운 바닷바람이 매섭게 불며, 거센 조류 때문에 난파되는 배도 많았다고 하지만 풍경은 마음을 홀릴 만큼 참 멋지다.

골든 게이트 브리지와 바다의 풍경이 한눈에
포트 포인트 Fort Point

짙은 안개에 싸여 묘한 분위기를 풍기다가 어느새 청명한 하늘과 대조되는 붉은색을 뽐내고, 밤에는 은은한 조명으로 빛나는 다리. 명실상부 샌프란시스코의 상징으로 자리 잡은 골든 게이트 브리지Golden Gate Bridge. 한국어로 '금문교'라고 불린다. 많은 이들의 필수 관람 코스로 자리 잡은 샌프란시스코의 명소다. 1933년 착공하여 4년만인 1937년 5월에 완성되었고, 총 2,787m의 길이를 자랑한다. 이 다리 건설을 위해 투자된 돈은 3,500만 달러 정도. 투입된 인원도 어마어마하다. 특히 대규모의 중국 이주민들이 다리 건설 노동자로 고용되었다. 덕분에 현재 미국에서 가장 오래되고 큰 규모의 차이나타운이 샌프란시스코에 있다.
이 다리의 반전은 바로 다리 자체에 흔들림이 있다는 것이다. 거센 조류와 바람이 많은 지형 탓에 유연하게 설계되었기 때문. 힘들더라도 골든 게이트 브리지를 제대로 느끼려면 걷는 방법(약 40분 소요)이 최고다. 다리의 2개 탑을 제대로 볼 수 있다면 운이 정말 좋은 경우로, 그만큼 안개가 자주 끼고 바닷바람이 강하다. 옷은 되도록 따뜻하게 입고 갈 것.
포트 포인트의 한 켠에는 골든 게이트 브리지 건설 현장 관련 사진과 모형이 전시되어 있다. 자전거를 타고 건널 수도 있으며, 도보로 건널 경우 안전상 일광 절약제 기간(3월 둘째 주 일요일부터 11월 첫째 주 일요일까지)에는 오전 5시부터 저녁 9시, 그 외에는 오전 5시부터 오후 6시 30분까지만 통행이 가능하다. 차량으로 건널 경우에는 샌프란시스코로 들어올 때 통행료(8.20달러)를 지불해야 한다.

Data Map 251 B
Access 뮤니 버스 28번 버스 타고 골든 게이트 브리지&파킹 랏에서 하차 후 도보 14분
Add Marine Dr
Web www.nps.gov/fopo

대중교통으로는 갈 수 없는 구름 위 다리
마린 헤드랜드 Marin Headland

골든 게이트 브리지가 있는 멋진 풍경을 감상할 수 있다. 여러 개의 관람 포인트가 있지만, 특히 배터리 스펜서Battery Spencer 포인트는 가장 유명한 곳! 웅장한 느낌의 골든 게이트 브리지를 볼 수 있으며 날씨에 따라 다양한 모습의 풍경도 볼 수 있기 때문이다. 특히 샌프란시스코에 안개가 짙게 깔릴 때에는 마치 구름 위에 다리가 만들어진 것과 같은 묘한 풍경을 볼 수 있다. 때문에 사진 작가들에게는 필수 코스. 하지만 대중교통으로 갈 수 없다는 치명적인 단점이 있다.

이곳에서는 대포가 있던 옛 모습도 엿볼 수 있다. 지대가 높은 곳에 위치하고 있기 때문에 차갑고 센 바람이 부는 경우가 많으니 옷차림에 유의하자. 시간 여유가 된다면 호크 힐Hawk Hill까지 가볼 것. 배터리 스펜서Battery Spencer 포인트에서 콘슬맨Conselman 길을 따라 올라가면 된다(차로 5분).

Data **Map** 268 **Add** Conselman Rd&Kriby Cove **Access** 비스타 포인트에서 차로 8분

도심의 스카이라인과 골든 게이트 브리지를 한눈에
비스타 포인트 Vista Point

샌프란시스코 도심의 스카이 라인이 한눈에 보이는 장소. 소살리토 마을 입구에 위치한 전망 포인트이다. 샌프란시스코에서 소살리토 가는 방향으로 골든 게이트 브리지를 건너면 바로 오른편에 있다. 자전거를 타고 골든 게이트 브리지를 건넜다면 휴식도 할 겸 잠시 들러 보는 게 좋겠다. 그러나 차량으로 방문한 경우 특히 주말에는 주차할 곳 찾기 어렵다는 게 단점. 샌프란시스코 도시의 풍경과 골든 게이트 브리지가 한눈에 보이는 배경 삼아 기념사진을 꼭 남기자.

Data Map 268 Access 샌프란시스코 도시에서 소살리토 방향으로 골든 게이트 브리지를 건너면(도보 4분) 오른편에 위치 Add U.S. 101 Vista Point, Sausalito

> **Tip** 골든 게이트 브리지를 설계한 조셉 스트라우스는 누구?
>
>
>
> 포트 포인트 한 켠에 위치한 동상이 눈에 띈다. 두루마리로 된 도면을 들고 당당하게 서 있는 중년 남자의 동상. 골든 게이트 브리지를 만든 토목 기술자 조셉 스트라우스Joseph B. Strauss이다. 1933년 다리 공사 착공 당시 그의 나이 60세. 위험 천만한 조류와 거센 바람이 부는 지형 위에 다리를 건설하는 것은 당시의 기술로는 불가능하다고 여겨졌다. 하지만 스트라우스의 노력과 연구를 통해 골든 게이트 브리지가 만들어졌다. 그러나 그는 안타깝게도 준공 1년을 앞두고 세상을 떠났다.

골든 게이트 브리지Golden Gate Bridge에 대한 여러 가지 설에 대하여

골든 게이트 브리지는 인터내셔널 오렌지International Orange라고 불리는 붉은색으로 칠해져 있다. 그렇다면 어떤 이유로, 누가 보아도 붉은색인 이 다리에 '금색의 다리'라는 뜻의 골든 게이트란 이름이 붙여지게 된 것일까? 어떤 이들은 해질녘 석양에 의해 금색으로 다리의 색이 반짝이는 것을 볼 수 있기 때문이라고도 하고, 어떤 이들은 1848년에 제임스 마셜James W. Marshall에 의해 금이 발견된 후 샌프란시스코가 금을 찾아 나선 이들의 관문이 되었다는 의미라고도 말한다. 하지만, 정답은 골든 게이트 브리지가 위치한 해협의 만의 이름이 '골든 스테이트'로 정해지면서 그 해협의 만을 이어주는 다리이기 때문에 골든 게이트 브리지라는 이름이 붙여진 것이다.

차량 운행 시 잊지 말자, 통행료!

차량을 이용하여 다리를 건널 때에는 통행료(8.20달러)가 발생한다. 나갈 때는 적용되지 않고, 샌프란시스코 도심으로 들어오는 방향에만 적용된다. 통행료는 현금으로 지불할 수 없다. 통행 시 톨게이트에서 번호판을 인식하여 추후에 청구가 된다. 다리 위의 교통정체를 막기 위함이라고 한다. 렌터카의 경우, 보통 본인이 렌터카 회사에 결제 시 사용했던 신용카드로 나중에 결제가 된다. 수수료 등의 문의는 각 렌터카 회사를 통해서 하면 된다.

ENJOYING 03

길이 예술이다!
샌프란시스코의 **걷고 싶은 길**

샌프란시스코의 골목과 거리를 다녀보면 놀랄 만큼 멋진 길들이 있다. 풍경 좋고 분위기 좋은 길 이야기가 있고 역사가 있는 길, 그 특별한 길을 걸어보자. 사소한 것도 놓치지 않을 수 있다. 걷는 것은 여행지를 느끼는 가장 좋은 방법이다.

꼬불꼬불 신기한 길
롬바드 스트리트 Lombard Street

세계에서 가장 꼬불꼬불한 길로 알려진 이 길은 5m 간격으로 꺾어지는 형태의 지그재그 설계가 독특하다. 길 주변으로 심은 수국은 일 년 내내 꽃이 펴 '롬바드 꽃길'이라고도 불린다. 이 길은 원래부터 31.5도의 경사를 자랑하는 급경사 언덕길이었다. 좀 더 안전한 길을 만들고자, 1922년에 지그재그 모양의 일방통행 도로로 설계해 만들었다. 이 독특한 형태 덕분에 현재에는 샌프란시스코를 방문한 관광객들이 즐겨 찾는 관광 명소가 되었다.
차량을 이용해서 내려가 보고자 하는 이들로 늘 붐빈다. 높은 지대에 위치해 있어, 노스 비치 지역과 코잇 타워가 한눈에 보인다. 손에 잡힐 듯 펼쳐지는 풍경이 보는 이의 감탄을 자아낸다. 대중교통을 이용할 경우 케이블카가 롬바드 스트리트 바로 앞에 정차한다. 양쪽 갓길로 사람이 다닐 수 있는 길이 따로 나 있어서 충분히 걸어서 돌아볼 수 있다.

Data Map 186 F
Access 케이블카 파웰-하이드 라인 타고 하이드 스트리트 & 롬바드 스트리트에서 하차
Add 1099 Lombard St

> **Tip** 롬바드 스트리트의 양옆에 있는 주택에는 현지인들이 살고 있다. 너무 시끄럽지 않도록 에티켓을 지키자.

STEP 03
ENJOYING

살아있는 색감과 과감한 그래픽의 라틴 예술
발미 스트리트 뮤랄 Balmy Street Murals

샌프란시스코의 벽화 중 80%가 미션 지역에 있다. 다채로운 색깔과 직설적인 느낌이 살아 있는 벽화는 각자의 고민과 생각을 솔직하게 풀어놓은 듯, 에너지 넘치는 느낌의 벽화가 거리마다 빼곡하게 채워져 있다. 라틴 예술의 거장 디에고 리베라Diego Rivera의 영향으로 상당히 활성화된 벽화 미술. 벽화는 예술을 공공의 과제로 끌어내기에 가장 효율적인 예술 방식 중 하나다.

이 거리의 아티스트들이 벽화를 통해 소리치고 싶은 것은 과연 무엇일까? 이 거리 곳곳을 거닐며, 벽화를 감상하며, 그 의미를 생각해볼 수 있다. 1980년대, 노동자들의 삶과 민주화의 열망을 담았던 우리나라 민중예술 작품과도 상당히 흡사하다. 풍성한 예술적인 감각을 만끽할 수 있다. 단, 밤에는 치안이 상당히 좋지 않은 곳으로 유명하다. 반드시 낮에 갈 것.

Data Map 217 K **Access** 바트 24th 스트리트역 하차 후 도보 6분. 뮤니 버스 12번 이용 시 폴섬 스트리트&24th 스트리트에서 하차 후 도보 2분 **Add** 1 Balmy St

미션 지역의 벽화 예술 프로젝트
클레리언 앨리 Clarion Alley

1992년 미션 지역의 예술가들의 자발적인 참여로 시작된 벽화 예술 프로젝트를 볼 수 있는 골목길이다. 강렬한 색감과 과감한 형태가 메시지를 명확하게 전달해준다. 다인종, 다민족, 다문화 사람들이 거주하는 지역적 특성 덕에 미적 다양성을 추구하고자 한 데서 나온 결과물이다. 자유분방한 보헤미안적 문화가 느껴진다. 사회 비판적인 메시지가 전달되는 벽화, 몽환적인 색채의 벽화, 톡톡 튀는 감각적 그래픽이 재미있는 벽화 등 느낌도 다양하다. 자신에게 강렬하게 다가오는 그림을 찾아보는 재미가 있다.

발미 스트리트에 있는 벽화에 의해 영감을 받아 시작한 프로젝트라고 하니 기회가 된다면 둘 다 방문길 추천한다. 골목이라 따로 번지수가 없다. 2100 또는 2118 Mission St. 주소를 찾으면 이 골목을 찾기 쉽다. 벽화를 배경으로 사진을 남기는 것도 좋겠다.

Data Map 216 F
Access 바트 16th 역 하차 후 도보 3분. 또는 뮤니 버스 14, 33, 49번 이용 시 미션 스트리트&18th 스트리트 하차 후 도보 1분
Add Clarion Alley

Tip 샌프란시스코 내에 있는 다양한 벽화와 작가들의 이름을 알고 싶다면 아래 사이트를 참고하자.
Web www.sfmuralarts.com/neighborhoods.html

천국의 계단
모라가 스텝 Moraga Steps

모라가 스트리트와 16th 스트리트의 교차점에 위치하고 있는 계단이다. '16th 애비뉴 타일 스텝 프로젝트The 16th Avenue Tiled Steps Project'라고 부르기도 한다. 이곳은 수작업한 모자이크 타일로 아름답게 장식되어 있는 163개 층의 계단이다. 220가구의 주민들이 낸 기금과 예술가들의 창의성, 자원봉사자 300여 명의 노력에 의해 2004년 8월 18일 탄생했다.

샌프란시스코의 보조금 없이 이곳을 사랑하는 주민들의 마음을 모아 만든 곳. 한 사람 한 사람의 마음이 느껴지기 때문일까? 하나하나 더욱 아름답고 가치 있게 느껴진다.

Data **Map** 241 K **Access** 뮤니 버스 66번 타고 16th 애비뉴&모라가 스트리트에 하차. 또는 뮤니 메트로 N노선 타고 유다 스트리트&16th 애비뉴 하차 후 도보 10분
Add 1700 16th Ave **Web** www.tiledsteps.org/Default.asp

풍경과 함께 사색적 시간을 즐길 수 있는 곳
아쿼틱 파크 피어 Aquatic Park Pier

왼편에는 골든 게이트 브리지를 두고, 오른편에는 샌프란시스코 도심을 감상하며 천천히 걸어볼 수 있는 부둣가이다. 관광객들보다는 샌프란시스코 주민들에게 훨씬 잘 알려진 산책 코스. 아름다운 경치와 조용하고 고즈넉한 분위기 덕분에 힐링 플레이스로도 유명하다. 부둣가를 거닐다 보면 낚시를 하는 사람, 경치를 바라보는 사람, 조깅을 하는 사람들의 여유로운 모습을 볼 수 있다. 부둣가 끝에는 바다 위에 떠 있는 듯한 샌프란시스코 도시의 전경이 아름답게 펼쳐진다.

사색적인 시간이 필요한 사람에게도 강력히 추천한다. 단, 바람이 다소 차갑고 매섭다는 것을 알아두자. 산책길 위에서 좋아하는 음악 몇 곡 듣는다면 행복감은 더욱 커진다. 〈I Left My Heart in San Francisco〉라는 곡은 개인적으로 이 지역을 산책할 때 추천하는 음악이다. 원곡은 토니 베넷Tony Bennett이 불렀지만 줄리 런던Julie London이 부른 곡도 참 아름답다. 반 네스 애비뉴Van Ness Ave길 끝자락이 아쿼틱 파크 피어Aquatic Park Pier와 이어진다.

Data **Map** 186 B **Access** 케이블카 파웰-하이드 라인 타고 하이드 스트리트&비치 스트리트. 또는 스트리트카 F선 이용 시 존 스트리트&비치 스트리트 하차 후 도보 5분 **Add** Aquatic Park Pier

ENJOYING 04
아이와 함께 가기 좋은 **가족 여행 BEST 4**

어린이를 동반한 여행자들에게는 필수 코스! 과학적 호기심 풍부하고 역사에 관심이 많다면 놓치지 말자. 샌프란시스코의 역사를 볼 수 있는 뮤지엄부터 흥미진진한 과학의 세계를 경험할 수 있는 곳까지. 지적 호기심을 채워줄 수 있는 알짜배기 장소들이 우리를 반긴다. 세련된 건축물을 감상할 수 있는 행운은 덤.

흥미진진 볼거리 가득한 샌프란시스코의 과학관
캘리포니아 아카데미 오브 사이언스 California Academy of Sciences

파리 퐁피두 센터를 설계한 렌조 피아노Renzo Piano가 설계한 친환경 건축물이 인상적이다. 인간과 자연의 공존에 대한 고민이 그대로 드러나 있는 건물이다. 재생 콘크리트를 사용한 친환경적인 벽, 태양광을 이용한 에너지 사용, 건물 지붕에 심은 다양한 식물들에서 발생하는 에너지를 이용한 냉난방 시스템을 사용한다. 1989년 대지진으로 파괴된 건물을 증축하여 2008년 9월에 재개관했다.
서부 지역 최대 크기의 과학 아카데미로, 지진 설계도 완벽하다. 이 환경친화적인 건축물 안에는 아쿠아리움, 플래테리움, 열대 우림관 등 다채로운 전시관들이 있다. 어린이를 동반한 가족 여행자에게는 필수 코스. 전시관의 역할도 하지만 과학 아카데미도 겸하므로, 생생한 강의를 들을 수 있는 시간도 자주 마련된다. 1층 카페테리아에서는 간단한 식사가 가능하며 음식값은 비교적 저렴한 편. 지하 1층에는 고급스러운 유기농 레스토랑인 모스룸The Moss Room이 있다. 천문관Planetarium은 보통 대기 시간이 필요하다. 입장하자마자 천문관 입장권부터 받도록 할 것. 다른 곳들을 먼저 관람하다가 상영 시간에 맞춰서 돌아오는 식으로 시간 안배를 하는 게 좋다.

Data Map 241 H
Access 뮤니 버스 5 L노선 타고 풀턴 스트리트&10th 애비뉴 하차 후 도보 5분. 또는 뮤니 버스 71L 이용 시 링컨 웨이&19th 애비뉴에서 하차 후 도보 9분 **Add** 55 Music Concourse Dr
Tel 415-379-8000 **Open** 월~토 09:30~17:00 일 11:00~17:00(16:00 입장 마감)
Web www.calacademy.org **Cost** 성인 29~39달러, 3~17세 23~29달러, 65세 이상 26~35달러, 2세 이하 무료(날짜마다 입장료가 조금씩 다르다. 시티 패스, 샌프란시스코 고 카드 사용 가능)

> **Tip** 샌프란시스코 장기 거주자들을 위한 무료입장의 날이 있다(거주 중임을 증명할 수 있는 공과금 고지서 등의 영수증과 사진이 있는 신분증 필요). 해마다 날짜가 달라지므로 자세한 내용은 홈페이지를 참고하도록 하자.

다양한 해양 동물을 만날 수 있는 수족관
몬트레이 베이 아쿠아리움 Monterey Bay Aquarium

샌프란시스코에서 차로 2시간 정도 달리면 도착하는 도시 몬트레이는 캘리포니아의 옛 수도였던 바닷가 마을이다. 이 마을에서 가장 유명한 건물인 몬트레이 베이 아쿠아리움은 어린이를 동반한 여행객이라면 놓쳐서는 안 될 곳이다. 특히, 이곳은 세계 최초로 해류를 인공적으로 만들어낸 중앙 수족관이 유명하다. 바닷물을 직접 파이프로 끌어 올려 수족관의 수질을 관리하고 있다.
빛을 뿜어내며 유유히 물속을 움직이는 해파리의 움직임은 마치 한 폭의 예술 작품을 보는 듯한 느낌을 준다. 전시관마다 전시물과 어울리는 음악이 나온다. 상어, 가오리, 거북이, 메기류 등 600여 종의 다양한 해양 동물을 만날 수 있다. 직접 만져보며 관찰할 수 있는 체험 장소가 많고, 전문가들이 아이들의 수준에 맞게 설명도 해준다. 온종일 시간을 보내도 좋을 만큼 다채로운 프로그램을 제공하고 있다.

Data Map 305 A
Access 샌프란시스코에서 남쪽 방면, 차로 2시간
Add 886 Cannery Row, Monterey
Tel 831-648-4800
Open 09:30~18:00(월마다 조금씩 다름. 홈페이지 참고)
Web www.montereybay-aquarium.org
Cost 성인 49.95달러, 3~12세 29.95달러, 13~17세·65세 이상 39.95달러, 2세 이하 무료

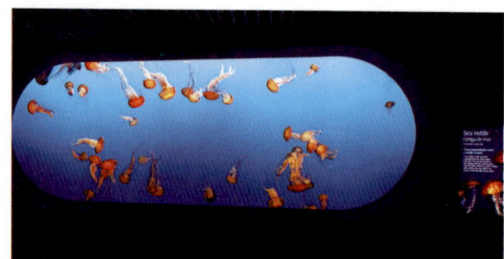

아이들이 자유롭게 뛰놀기 좋은
샌프란시스코 동물원 San Francisco Zoo

1929년에 오픈한 곳으로 이구아나, 토끼, 거북이 등을 직접 만져 볼 수 있는 체험 지역부터 플라밍고, 코뿔소, 기린, 호랑이, 곰, 펭귄, 침팬지 등 희귀동물을 볼 수 있는 지역까지 다양하게 구성되어 있는 동물원이다. 대략 200여 종의 동물들을 볼 수 있다. 동물원 내를 한 바퀴 도는 기차(2세 이상 7달러)와 커다란 나무, 빙하 등을 모티브로 해서 만든 놀이터도 어린이들에게 인기 만점이다. 태평양에서 바람이 불어와 일년 내내 쌀쌀한 기후를 유지하고, 거의 실외 장소로 이루어진 동물원이니 한여름에 방문하더라도 바람막이 점퍼 등 따뜻한 옷을 꼭 준비하자. 동물원 내 주차요금은 1일 11달러(평일), 13달러(주말)로 비싼 편이다. 도보 5~8분 거리에 위치한 슬로앗 블루바드 Sloat Blvd에 무료 주차 자리가 많으니 참고하자.

Data Map 12I
Access 뮤니 L선을 타고 47th 애비뉴&커틀러 애비뉴에서 하차 후 도보 2분
Add Sloat blvd. at the Great Highway
Tel 415-753-7080
Open 10:00~17:00
Web www.sfzoo.org
Cost 성인 23달러, 4~14세 17달러, 65세 이상 19달러, 3세 이하 무료(샌프란시스코 고 카드 사용 가능)

동심을 위한 상상력 꿈동산
월트 디즈니 패밀리 뮤지엄 The Walt Disney Family Museum

불결함의 상징이자 혐오스러움의 대명사인 생쥐! 그 생쥐를 어떻게 그렇게 깜찍하고 귀여운 미키마우스와 미니마우스로 그려낼 수 있었을까? 월트 디즈니의 상상력과 표현력은 참으로 놀랍다. 꿈과 희망을 노래하는 월트 디즈니 만화 캐릭터들에 대한 추억이 있다면 특히 더 흥미 있겠다. 디즈니의 습작, 완성작, 예술 작품 등이 전시되어 있다. 디즈니의 일생과 가족, 회사에 대한 이야기들을 볼 수 있으며, 디즈니가 직접 그린 캐릭터들의 스케치도 상당히 인상 깊다.

Data Map 251 C **Access** 뮤니 버스 43번 타고 레터맨 드라이버&링컨 블루바드 하차 후 도보 10분. 또는 뮤니 버스 30번 타고 시디비사데로 스트리트&프랜시스코 스트리트 하차 후 도보 20분. 뮤니 버스 45번 이용 시 리옹 스트리트&그린위치 스트리트에서 하차 후 도보 16분
Add 104 Montgomery St **Tel** 415-345-6800
Open 수~월 10:00~18:00(16:45 입장 마감) **Close** 화·주요 국경일
Web www.waltdisney.org **Cost** 성인 25달러, 6~17세 15달러, 학생·65세 이상 20달러, 5세 이하 무료(샌프란시스코 고 카드 사용 가능)

STEP 03
ENJOYING

ENJOYING 05

도심 속 여유 **광장과 공원 BEST 5**

피크닉을 즐길까? 일광욕을 즐길까? 푸른 잔디 위에 앉아 주변 경치를 즐기며 잠시 쉬어 가기 좋은 곳. 빼곡한 빌딩 속 도시 여행에서 만나는 초록의 여유가 반갑다. 향긋한 커피 한 잔 들고 느릿느릿 공원이나 광장을 거닐어보자. 어떤 럭셔리한 여행보다 따뜻하고 편안할 것이다.

패셔니스타라면 그냥 지나칠 수 없는 쇼핑 광장
유니언 스퀘어 Union Square

도심 빌딩 숲 사이의 휴식처. 만약 당신이 쇼핑으로 에너지를 충전하는 패션 피플이라면 이곳을 그냥 지나칠 수 없을 것이다. 광장을 둘러싼 화려한 명품숍과 백화점, 로컬 브랜드숍, 보석상가, 디자이너 부티크 등이 발길을 이끈다. 블랙 프라이데이 시즌에는 샌프란시스코 주민들도 이곳에서 쇼핑을 즐긴다.

미국 내 남북전쟁 당시 북부연합군인 유니언Union을 지지했던 사람들의 대규모 집회가 이 광장에서 열려서 지어진 이름이 유니언 스퀘어다. 광장 중심부에는 27m 높이의 월계관을 들고 있는 승리의 여신상 기둥이 있다. 1898년 필리핀 마닐라만에서 있었던 스페인과의 전쟁에서 승리를 이끈 조지 듀이George Dewey제독을 기념하기 위해 세워진 것이다.

 Map 187 K
Access 바트나 뮤니 메트로 파웰역 하차 후 도보 5분. 또는 뮤니 버스 2, 3, 4, 30, 76번 등 뮤니 스트리트카 F노선 타고 파웰 스트리트&마켓 스트리트 하차 후 도보 5분

> **Tip** 도시 곳곳에서 만나는 하트 조형물
> 토니 베넷Tony Bennett의 〈I Left My Heart in San Francisco〉는 샌프란시스코와 참 잘 어울리는 노래이다. 이 곡에 영감을 받아 2004년부터 이 도시의 곳곳에 하트 모양의 조형물이 만들어지게 되었다. 매년 아티스트들에 의해 새로운 모습으로 만들어져 공공장소에 전시되며, 그해 10월경에는 경매를 통해서 판매된다. 그 수익금 전액은 샌프란시스코 종합병원을 위해 쓰인다. 이 도시와 사랑에 빠진 사람들의 마음을 대변하는 듯하다.

STEP 03
ENJOYING

세계에서 가장 큰 규모의 인공 공원
골든 게이트 파크 Golden Gate Park

세계에서 가장 큰 규모를 자랑하는 골든 게이트 파크는 동서 방향 길이 약 5km, 남북 방향 길이 800m의 직사각형 인공 공원이다. 샌프란시스코 주민들에게는 여가 공간의 역할부터 허파 역할까지 톡톡히 해내고 있다. 어린이를 동반한 여행자에게도 인기 코스! 캘리포니아 아카데미 오브 사이언스, 드 영 박물관, 재패니즈 티 가든 등 주요 볼거리가 밀집되어 있다. 자연 속에서 푹 쉬며 즐기고 싶다면, 이곳에서의 하루를 계획해보자.

Data Map 241 G Access 뮤니 버스 5L번 타고 풀턴 스트리트&10th 애비뉴 하차 후 도보 5분. 또는 뮤니 버스 71L번 타고 링컨 웨이&19th 애비뉴에서 하차 후 도보 9분

우아한 빅토리아 양식의 집들이 옹기종기
알라모 스퀘어 Alamo Square

샌프란시스코의 주택가에 있는 집들은 참 예쁘다. 마치 동화 속에 나오는 집처럼 아기자기하다. 이러한 건축 양식을 페인티드 레이디Painted Ladies라고 부른다. 1850~1915년대 유행했던 빅토리아풍과 에드워디안풍의 집들을 일컫는 말이다. 이 동화같은 아름다운 주택의 자태를 가장 멋지게 볼 수 있는 최고의 포토존이 바로 알라모 스퀘어다. 이 광장에서 바로 보이는 여섯 채의 집들은 여섯 자매Six Sister라는 예명으로 불린다.
현재 역사적인 장소로 지정되어 국가 보호를 받고 있다. 때문에 사고팔고 하는 것은 집 주인 마음이지만, 개조는 절대 불가능하고 페인트 색을 바꾸는 것조차 주인 마음대로 하지 못한다.

Data Map 216 B
Access 뮤니 버스 21번 타고 헤이트 스트리트&스타이너 스트리트 하차. 또는 뮤니 버스 5번 타고 메칼리스터 스트리트&피어스 스트리트에서 하차 후 도보 6분, 뮤니 버스 22번 이용 시 필모어 스트리트&메칼리스터 스트리트에서 하차 후 도보 7분
Add Steiner St&Hayes St

궁전같은 느낌, 로맨틱한 분위기가 물씬
팰러스 오브 파인 아트 Palace of Fine Arts

숀 코너리 주연의 〈더 록The Rock〉이란 영화를 보고 '샌프란시스코에 이렇게 아름다운 곳이 있었나?' 하고 놀랐다는 사람들이 종종 있다. 그 영화에 나왔던 장소가 바로 팰러스 오브 파인 아트다. 그레코 로마네스크Greco Romanesque 양식을 이용한 둥근 원형 건축물의 자태가 마치 유럽 어느 왕의 별궁을 방문한 것 같다. 둥그런 돔형 지붕을 가진 메인 건축물을 로툰다Rotunda라고 한다.
화창한 날에는 호수 위로 햇살들이 빛나고, 오리와 백조의 행렬에 더욱 로맨틱한 풍경을 자아낸다. 샌프란시스코 연인들이 즐겨 찾는 데이트 장소이며, 결혼을 앞둔 예비 신랑신부의 웨딩 촬영 장소이자 결혼식 장소로도 인기 있는 곳이다.

Data Map 186 A **Access** 뮤니 버스 30번 타고 브로데릭 스트리트&베이 스트리트 하차 후 도보 6분. 또는 뮤니 버스 80번 타고 리처드슨 애비뉴&프랜시스코 스트리트에서 하차 후 도보 4분
Add 3301 Lyon St **Tel** 415-563-6504 **Web** www.palaceoffinearts.org

여유로운 휴식시간을 위한 곳
돌로레스 파크 Dolores Park

샌프란시스코의 도시 전경이 한눈에 보이며 초록빛 융단 같은 잔디밭은 자유로움을 선사한다. 여유를 즐기려면 평일에, 활동적인 에너지를 즐기고 싶다면 주말에 방문하길 추천한다. 간단한 도시락을 준비해서 소풍 기분을 내보는 건 어떨까? 잔디밭에서 즐기는 특별한 식사가 될 것이다. 공원 주위로 인기 있는 레스토랑, 아이스크림 가게 등이 있어서 편리함을 더한다.

Data Map 216 J
Access 뮤니 메트로 J노선 타고 라이트 오브 웨이&20th 스트리트에서 하차
Add 18th St&Dolores St
Web www.friendsofdolorespark.org

> **Tip** 피크닉 재료 구입은 어디서?
>
> 돌로레스 파크에서 피크닉을 즐길 예정이라면 비 라이트 마켓Bi Rite Market(**Add** 3639 18th St, 09:00~21:00, **Web** www.biritemarket.com)에서 장을 보자. 공원에서 도보 3분 거리에 위치한다. 샌드위치, 빵과 햄, 치즈, 제철 과일, 음료 등을 구매한 후 피크닉을 즐겨보자.

ENJOYING 06

히피 문화의 발상지를 찾아서

다양성을 존중하는 샌프란시스코에는 평화와 사랑을 노래하고 전쟁을 반대했던 히피 문화가 중심에 있다. 기성세대의 안일함을 비판하고, 다소 파격적이고 강렬한 표현 방식을 추구했던 문화 운동. 그 안에 샌프란시스코 도시의 정신적 뿌리가 녹아 있다.

히피문화의 시작점
시티 라이트 북스토어 City Lights Bookstore

제임스 딘의 영화 〈이유 없는 반항〉으로도 유명한 1945~1960년대 비트 세대 Beat Generation의 정신적 지주이면서, 그들의 아지트였던 장소다. 1953년 시인 로렌스 퍼랭게티 Lawrence Ferlinghetti가 오픈한 서점. 한 시대의 주요 운동에 대한 역사적 목격자로, 또는 증언자로 꿋꿋이 존재하는 공간이다.
특히 2층에는 시만 모아놓은 방이 따로 있다. 시의 방으로 불리는 곳이다. 엄청난 양의 시 컬렉션을 자랑한다. 소박해 보이는 의자에 앉아 시를 읽어보자.

Data Map 187 G
Access 뮤니 버스 8X 타고 콜럼버스 애비뉴&커니 스트리트 하차 후 도보 2분. 또는 뮤니 버스 10, 12번 이용 시 퍼시픽 애비뉴&커니 스트리트 하차 후 도보 1분, 파웰-하이드 라인 케이블카 이용. 파웰 스트리트&잭슨 스트리트 하차 후 도보 6분
Add 261 Columbus Ave
Tel 415-362-8193
Open 10:00~00:00
Web www.citylights.com

Data Map 187 G
Access 뮤니 버스 30, 45번 타고 스톡톤 스트리트&콜럼버스 애비뉴 하차 후 도보 4분
Add 255 Columbus Ave
Tel 415-362-3370
Open 06:00~다음 날 02:00
Web www.vesuvio.com
Cost 칵테일 7달러~

벽화가 멋진 예술가들의 아지트
베수비오 카페 Vesuvio Cafe

비트 문학을 이끌던 예술가들의 아지트. 시 낭송이 이뤄지고, 현대 재즈를 들으며 술을 마시던 그들만의 장소. 예술과 문학, 사회에 대한 토론을 하는 정기적인 모임이 있던 곳이다. 세월의 흐름을 고스란히 간직하고 있다. 그러나 지금은 카페 겸 레스토랑으로 운영된다. 카페 외관의 모자이크 벽화가 근사하고 실내 인테리어 장식이 멋지다. 음료만 주문하고 개인적으로 싸온 샌드위치를 먹어도 된다고 하니 저렴하게 점심을 해결하고 싶은 사람들에 대한 따뜻한 배려가 느껴진다.

히피문화의 시작점으로 유명한 길
헤이트&애시버리 Haight&Ashbury

〈올 유 니즈 이스 러브All You Needs is Love〉 노래가 흥얼거려지는 거리. 전쟁에 반대하고 평화와 사랑을 노래하던 히피 문화의 발상지다. 헤이트 애시버리 지역은 빈티지스러운 제품들이 많고, 타투와 피어싱을 할 수 있는 숍이 있으며, 세련되고 깔끔한 느낌보다는 자유롭고 편안한 분위기의 레스토랑과 카페가 즐비하다. 빈티지숍에서는 꽤 괜찮은 제품들을 괜찮은 가격대로 구매할 수 있어서 더 매력이 있다. 이 지역의 상징적인 이정표로 불리는 헤이트 애시버리Haight&Ashbury 길 표지판이 눈에 띈다. 요즘에는 히피보다는 노숙자가 많다.

Data Map 216 E **Access** 뮤니 버스 6, 71번 타고 헤이트 스트리트&메소닉 애비뉴 하차
Add Haight&Ashbury

ENJOYING 07
자전거로 즐기는
샌프란시스코 도시 여행

골든 게이트 파크, 프레시디오 파크 역시 자전거족을 위한 도로가 잘 마련되어 있다. 대부분의 대중교통이 자전거를 가지고 탑승할 수 있다는 점도 특별하다. 뮤니 버스는 앞 범퍼 쪽에 자전거 보관 공간이 있고, 바트도 출퇴근 시간을 제외하면 자전거를 갖고 탈 수 있다.

어디서 빌릴까?
유니언 스퀘어 지역과 피어 39 지역 주변으로 자전거 대여소가 많다. 호텔, 백화점, 공항 등에서 할인 쿠폰을 쉽게 구할 수 있으니 이용에 참고하자. 보통 하루 대여료는 30달러 정도이며 저녁 6시까지 반납해야 하는 경우가 많다. 반납 시간을 반드시 체크하자. 아래 홈페이지를 참고하여 비용과 대여소 위치를 알 수 있다.
Web www.blazingsaddles.com, www.baycitybike.com, www.bikerentalsanfrancisco.com

> **Tip** 장기 여행자의 경우, 포드 고 바이크Ford Go Bike 프로그램이 경제적이다. 홈페이지(www.fordgobike.com)를 통해 패스권을 구매하면 된다. 자전거를 타고 30분 이동한 후 도시 곳곳에 있는 자전거 주차장에 자전거를 주차한 후, 다시 30분 이용하면 패스권이 유효한 기간 내에는 무제한 이용할 수 있다. 만약 30분 내 주차하지 않으면, 15분당 3달러가 추가된다.
> 24시간 패스는 9.95달러, 72시간 패스는 19.95달러이다. 한 달 멤버십은 15달러이며, 1회 45분까지 탑승할 수 있다. 매달 멤버십이 자동 갱신된다. 30분 동안 1회성으로 탑승하면 2달러이다.

어떻게 빌릴까?
신용카드와 여권 등의 사진이 있는 신분증을 준비한 후 자전거 대여점에 가면 된다. 날씨가 좋은 날은 대여 가능한 자전거가 금방 소진되기도 하니 상태가 좋은 자전거를 빌리기 위해서는 오전 일찍부터 서두르는 게 좋다. 더불어 생수, 장갑, 긴바지, 바람막이 점퍼 등도 꼭 챙기자.

어디서 탈까?

초보자의 경우에도 비교적 편안하게 이용 가능한 2개 코스를 소개한다. A코스가 가장 대중적인 자전거 코스로 알려져 있다. 해안 쪽으로 만들어져 있는 자전거도로는 전망이 무척 아름답다. 자전거에 몸을 실어 달리다 보면 아름다운 풍경을 온 몸으로 감상할 수 있다.

A코스 해안 도로를 따라 달리는 피셔맨즈 워프Fisherman's Wharf~비스타 포인트Vista Point~소살리토Sausalito 코스. 돌아올 때는 페리를 이용하여 피어 39 쪽으로 돌아오는 코스(약 3시간 소요)가 가장 대중적이다. 아름다운 풍경을 자랑하는 해안 도로를 달리며 골든 게이트 브리지를 직접 건너보고, 아름다운 마을 소살리토를 방문한다. 돌아올 때는 페리에 자전거를 싣고 오기 때문에 비교적 체력 소모가 적다.

B코스 프레시디오Presidiao 지역~랜즈 엔드Land's end~골든 게이트 파크Golden Gate Park(약 4~5시간 소요). 자전거 타기가 익숙한 사람에게 추천한다. 초보자에게는 어려운 코스이지만, 자전거족들에게는 만족스러운 풍경을 즐길 수 있도록 해주는 길이다. 울창한 사이프러스와 유칼리나무 숲을 마음껏 달리고 싶어하는 사람에게 추천한다.

골든 게이트 브리지 자전거 도로 이용 가능 시간 (2019년 9월 기준)

	일광 절약 시간제(3/10~11/3)		(11/4~3/7)	
	일광 절약 시간제는 해마다 조금씩 날짜가 바뀐다.			
	월~금	토·일·공휴일	월~금	토·일·공휴일
동쪽 도로	05:00~15:30 21:00~다음 날 05:00	21:00~다음 날 05:00	05:00~15:30 18:00~다음 날 05:00	18:00~다음 날 05:00
서쪽 도로	15:30~21:00	05:00~21:00	15:30~18:00	05:00~18:00

저녁 시간에는 보안 게이트가 닫힌다. 문 근처에 있는 부저를 누르면 문이 원격으로 열린다. 보행자은 평소에는 05:00~18:30, 일광 절약 시간제 기간에는 05:00~21:00에 동쪽 인도를 이용할 수 있다. 그 외에는 안전상의 이유로 이용 불가.

Tip 알아두면 좋은 안전 수칙

❶ 어떠한 길에서도 무조건 보행자 우선 순위라는 것을 알아두자.
❷ STOP 사인이 있으면 무조건 일단 멈추고, 3초 후 출발해야 한다.
❸ 신호등을 잘 지킨다.
❹ 13세 이상의 경우 자전거를 타고 보도로 운행하는 것은 불법이다. 무조건 자전거 도로, 자동차 도로를 이용해야 한다.
❺ 밤에는 반드시 전조등을 달고 운행해야 한다.
❻ 자전거를 탈 때 이어폰은 반드시 한 쪽 귀에만 꽂아야 한다.

ENJOYING 08

페리와 유람선을 타고 즐기는 샌프란시스코

도시의 3면이 바다로 둘러싸인 샌프란시스코에서는 근교 지역을 갈 때 자주 페리를 이용한다. 도시는 어린이를 키우기에 좋지 않은 환경이라고 생각하는 샐러리맨들은 비교적 여유로운 근교 지역에 거주하면서 페리를 타고 샌프란시스코로 출퇴근을 하는 경우가 많다. 페리를 이용하면 교통 체증이 없고, 시간 관리에 효율적이며, 배 위에서 바라보는 아름다운 도시의 풍경도 감상할 수 있으니 일석이조 아니 일석삼조다.

Tip 누군가는 간절히 탈출하고 싶었던 그곳이 지금은 관광객들로 붐빈다. 알카트라즈 아일랜드를 방문할 계획이라면 미리미리 표를 구입하자. 표는 선착장의 매표소와 공식 홈페이지(www.nps.gov/alcatraz)를 통해 구입할 수 있다. 알카트라즈 아일랜드로 떠나는 페리는 피어 33Pier 33에서 출발한다. 볼거리가 풍부한 곳이니 최소한 3시간 이상을 보낼 계획을 갖자. 섬 안에는 제대로 된 식당이 없다. 식사는 출발 전에 하는 것이 좋다.

지옥의 섬으로 불리던 그 곳!
알카트라즈 아일랜드 Alcatraz Island

1920년대 미국에서는 흉악 범죄가 급증하고, 감옥에 수감된 범죄자들 사이에서 자주 문제들이 발생했다. 죄질이 특히 나쁘거나 교도소 안에서 문제를 일으키는 사람들을 따로 수용할 장소가 필요했는데, 이 때문에 1934년에 세워진 특별 교도소가 바로 이 섬이다. 알카트라즈 아일랜드는 주변 바다의 수온이 영하 7도 이하이고, 빠르고 거센 물살과 상어가 자주 출몰하는 곳으로 탈출이 불가능했다. 감옥으로서는 완벽한 조건을 갖춘 셈이다.

지정된 페리를 타고 섬에 갈 수 있으며, 예매 시 출발 시간을 정할 수 있다. 페리로 약 15분 가면 섬에 도착하게 되며, 자유롭게 돌아다니며 둘러볼 수 있다. 감옥이 있는 메인 건물에 들어서면 오디오 가이드 기기를 받을 수 있다. 실제로 간수로 일했던 사람들과 실제 갇혀 있다가 풀려났던 사람들이 직접 나레이션을 해서 생동감을 더해준다(한국어 가이드 기계는 더빙식으로 진행). 〈더 록〉, 〈알카트라즈의 탈출〉, 〈일급 살인〉 등 알카트라즈 아일랜드를 소재로 한 영화를 미리 보고 간다면 더욱 흥미로울 것이다.

Data Map 185 C
Access 스트리트카 F선 타고 더 엠바카데로&베이 스트리트 하차 후 페리 선착장에서 페리 승선
Add 알카트라즈 페리 선착장, Alcatraz(페리 탑승은 피어 33)
Tel 415-981-7625
Open 페리 출발 09:10부터 30분 간격(홈페이지 참고)
Web www.alcatrazcruises.com
Cost 성인·12〜17세 40달러, 5〜11세 25달러, 62세 이상 38달러, 가족(성인 2명+어린이 2명) 120.25달러, 4세 이하 무료

휴양이라는 단어와 잘 어울리는 예술가 마을
소살리토 Sausalito

고요하고 아름다운 풍경이 그림처럼 펼쳐진다. 샌프란시스코에서 골든 게이트 브리지를 건너면 바로 만날 수 있는 마을이다. 소살리토는 스페인어로 '작은 버드나무'라는 뜻. 사계절 화창한 날씨가 주를 이루고, 푸른 바다에 떠다니는 하얀 요트들이 마치 지중해의 어느 마을에 온 듯한 여유로움을 느끼게 한다. 그래서인지 소살리토를 휴양 도시로 알고 있는 사람들이 많다.

샌프란시스코 도심에서 페리로 30분 정도 떨어진 이곳은 휴식과 힐링, 그리고 예술이라는 단어와 잘 어울리는 마을이다. 마음에 드는 갤러리를 들러보거나 분위기 좋은 장소에서 커피 한 잔을 하고 산책을 하는 여유를 갖자. 자전거를 타고 1시간 정도 떨어져 있는 부촌 마을 티뷰론까지 달려보는 것도 좋다. 장만옥과 여명 주연의 〈소살리토〉라는 영화의 배경이 되었던 곳이기도 하다.

Data Map 268
Access 샌프란시스코 도심에서 페리로 약 25분, 자전거로 약 1시간 20분
Add 760 Bridgeway, Sausalito

> **Tip 소살리토에서 자전거를 탈 만한 추천 루트**
>
> ❶ **소살리토~티뷰론**
> 티뷰론에서 샌프란시스코로 돌아오는 길은 페리로 가능함, 자전거로 편도 약 1시간 소요.
>
> ❷ **소살리토~카발로 포인트**
> 골든 게이트 브리지가 보이는 곳. 풍경이 멋지다. 편도로 약 40분 소요.
>
> ❸ **소살리토~뮤어 우드 국립기념지**
> 언덕이 있고 길이 굽어져 있는 곳이 많으므로, 중급 이상 상급자들이 산악자전거를 이용하면 좋겠다. 편도로 1시간~1시간 20분 소요.

고급스러움이 물씬 풍기는 마을
티뷰론 Tiburon

인구 1만 명 정도가 사는 작은 도시 티뷰론. 규모는 작지만 백만장자들의 고급주택 지역이 형성되어 있는 부촌이다. 화창한 햇살과 고급스러운 분위기, 아름다운 경치 때문에 언제나 인기 있다. 페리 선착장에서는 샌프란시스코의 페리 빌딩이나 피어 41, 엔젤 아일랜드Angel Island로 가는 페리를 탈 수 있다.

이곳은 영화 〈원초적 본능〉의 매력적인 여배우 샤론 스톤의 저택 촬영지로도 유명하며, 우리에게는 현대자동차에서 나온 스포츠카 이름으로 익숙한 지명이다. 그 기업의 고위층 사람이 이 도시의 매력에 빠져 스포츠카의 이름을 티뷰론으로 지었다는 설이 있다. 샌프란시스코 피어 41, 페리 빌딩에서 티뷰론 선착장을 연결하는 페리가 자주 있다(소요 시간 30분, 요금 편도 12.50달러).

Data Map 268
Access 샌프란시스코 도심에서 페리로 약 30분, 소살리토 마을에서 자전거로 약 1시간
Add Main St, Tiburon

천년의 세월을 살아온 빼곡한 레드우드 나무들을 만나자
뮤어 우드 국립기념지 Muir Woods National Monument

샌프란시스코 북쪽으로 19km 떨어진 곳으로 국립기념지로 지정된 숲이다. 천년의 시간을 넘게 살아온, 세상에서 가장 키 큰 나무로 알려진 코스트 레드우드Coast Redwood(삼나무 일종)의 향기가 그윽하다. 그 향기를 즐기며 트레킹을 해보자. 유명한 자연 환경 운동가인 존 뮤어John Muir의 이름에서 따왔으며, 영화 <혹성탈출 : 진화의 시작> 편의 배경 장소로도 알려진 곳이다.

최대 2천년까지 생존한다는 코스트 레드우드는 키가 어마어마하게 크다. 가장 큰 나무의 높이는 35층 건물 높이와 같은 115m 정도라고. 덕분에 햇빛이 충분히 들어오지 않아 등산로는 약간 어두운 편이다. 한나절 걸으면서 2~3시간 정도 산림욕을 하기에 아주 좋다. 공원 내에 적당하게 먹을 거리가 없는 편이다. 미리 간식을 준비해서 가는 것을 추천하다.

Data Map 268
Access 소살리토 페리 선착장에서 버스로 약 50분, 소살리토에서 자전거로 약 1시간 20분
Add Muir Woods National Monument, Mill Valley **Tel** 415-388-2596
Open 08:00~해질 때까지(계절마다 다르다. 폐장 시간은 매표소 앞에 게시)
Web www.nps.gov/muwo/index.htm **Cost** 성인 15달러, 15세 이하 무료, 연간 패스권 45달러

Tip 뮤어 우드 국립기념지 방문을 계획했다면 반드시 미리 예약하자.
공원 내에 주차 공간이 협소하다. 개인 차량을 이용해서 방문할 경우 미리 주차 공간(일반 차량 8달러, 전기 자동차 11달러)을 예약해야 한다. 또는, 유료 셔틀버스(16세 이상 왕복 3달러, 15세 이하 무료)를 반드시 예약해야 한다. 예약 방법은 해당 웹사이트(www.gomuirwoods.com)에 접속한 후, 원하는 인원수를 기입 후 신용카드로 결제하면 된다. 예약을 마친 후 예약 확정 내용을 모바일에 저장하거나, 프린트해서 보관해 두었다가 입장 시 사용한다.

Theme
유람선을 타고 도시를 감상하는 여행

샌프란시스코 내항을 돌아보는 유람선을 타고 바다와 아름답게 어울리는 도시를 감상해보자.
블루&골드 플릿과 레드&화이트 플릿이 샌프란시스코의 대표적인 유람선이다.

블루&골드 플릿 Blue&Gold Fleet(Pier 39)

피어 39의 바다사자, 골든 게이트 브리지~살리토~엔젤 아일랜드가 보이는 지역~알카트라즈 아일랜드를 지나치면서 돌아오는 코스. 약 1시간 소요.

Data Access 피셔맨즈 워프 지역에 위치한 39번 선착장 Add Pier 39 Cost 성인 34달러, 5~11세 23달러, 12~18세·65세 이상 26달러, 5세 미만 무료(시티 패스 사용 가능)
Web www.blueandgoldfleet.com

레드&화이트 플릿 Red&White Fleet(Pier 43 1/2)

피어 43 1/2~노스 비치, 아쿼틱 파크~마리나 지역~프레시디오 전경~골든 게이트 브리지 아래~소살리토, 엔젤 아일랜드가 보이는 지역~알카트라즈 아일랜드를 지나치면서 돌아오는 코스. 약 1시간 소요.

Data Access 피셔맨즈워프 지역에 위치한 43 1/2 선착장 Add Pier 43 1/2 Cost 성인 34달러, 5~17세 25달러, 5세 미만 무료, 한국어로 된 오디오 가이드 기계 무료 제공, 13:15~15:45은 가장 붐빈다. Web www.redandwhite.com

선상에서 즐기는 브런치 또는 디너

해지는 풍경을 감상하며 즐기는 디너는 가격대는 높지만, 샌프란시스코 바다 위에서 아름다운 풍경을 바라보며 즐기는 식사는 정말 특별하다. 선상 브런치는 선택하는 상품의 배 일정에 따라 선착장이 바뀐다. 반드시 미리 예약하도록 하자. 약 2시간 소요.

Data Web www.hornblower.com(브런치 성인 81달러, 저녁 식사 110~135달러, 세금과 팁 별도)
Web www.redandwhite.com(해 질 녘 출발, 간단한 음료와 음식을 제공. 캘리포니아 선셋 크루즈 70달러, 세금과 팁 별도)

페리나 유람선은 어디서 탈까?

페리 빌딩 Ferry Building과 피어 41 Pier 41은 대표적인 선착장이다. 페리 빌딩은 바트, 뮤니 메트로 타고 엠바카데로역 하차 후 도보 7분. 피어 41은 스트리트카 F노선을 타고 엠바카데로&스톤드 스트리트 하차 후 도보 2분. 보통 주요 근교 여행은 둘 중 아무 선착장에서나 이용할 수 있다. 비용은 목적지에 따라 다르지만, 보통 편도 8~15달러 정도이며, 선착장에 있는 매표소에서 구매 가능하다. 단, 알카트라즈 아일랜드를 가고자 하는 경우에는 피어 33을 이용하게 된다.

> **Tip** ❶ 알카트라즈 아일랜드는 홈페이지를 통하거나 매표소에 들러서 미리 예매할 것.
> Web www.alcatrazcruises.com
>
> ❷ 페리 회사에 따라 시간표와 비용, 출발 장소가 다르니 미리 확인하자.
> **골든 게이트 트렌짓 페리 시간표**
> Web www.goldengateferry.org/schedules/Sausalito.php
>
> **블루&골드 플릿 페리 시간표**
> Web www.blueandgoldfleet.com/ferry-services/ferry-schedules

ENJOYING 09

렌터카로 떠나는
드라이브 여행 BEST 3

아름다운 캘리포니아의 자연환경을 마음껏 즐길 수 있는 샌프란시스코 근교의 소도시를 찾아가보자. 복잡한 도시의 소음으로부터 벗어나 평화롭고 아늑한 풍경에 폭 안길 수 있다. 푸른 바다와 초록빛 초원이 어우러진 눈부신 풍경이 두 눈을 행복하게 만든다. 마음 속 근심을 잊게 해주는 명품 코스다.

자동차 광고 속 바로 그 장면! 가장 멋진 해안 도로를 달려보자
빅 서어 Big Sur

해안선을 끼고 달리는 1번 도로는 자동차 드라이브의 필수 코스다. 1번 해안 도로는 상당히 길다. 그중 가장 멋진 절경을 감상할 수 있는 구간이 바로 카멜 바이 더 시Carmel by the Sea 마을에서 빅 서어Big Sur로 가는 구간. 엉뚱한 곳에서 시간을 지체하지 말고 고속 도로를 이용하여 이동 시간을 절약한 후 가장 멋진 구간만을 천천히 즐기자. 에메랄드 바다를 끼고 깎아지른 절벽에 굽이굽이 나 있는 도로를 따라 차로 달려보는 것! 영화 속 한 장면을 연출해볼 수 있다. 빅 서어 지역의 상징물로 알려진 빅스비 브리지Bixby Brige를 건너면 본격적인 절경 코스가 시작된다.

빅스비 브리지는 아슬아슬한 교각이 인상적이다. 이 다리는 각종 영화와 광고에도 자주 등장할 만큼 유명하다. 특히 달리고 싶은 도로의 이미지가 강하기 때문에 자동차 광고 영상 속에 자주 등장한다. 이 구간은 안테나가 달린 핸드폰도 잘 터지지 않는 곳이니 염두에 두자.

시간이 된다면 캠핑을 하는 것도 추천! 10점 만점에 10점을 자랑하는 파이퍼 빅 서어 스테이트 파크 캠프그라운드Pfieffer Big Sur State Park Campground가 좋다. 단, 예약은 필수. 예약은 홈페이지(www.reservecalifornia.com)에서 할 수 있다. 1개 자리 예약 시 기본적으로 텐트 2개, 차 2대를 위한 공간이 제공된다(차량 1대 기준 35~50달러, 차량 1대 추가 시 10달러).

Data Map 303
Access 카멜 바이 더 시에서 남쪽 방향 1번 해안 도로를 타고 약 25분 **Add** Big Sur, California

STEP 03
ENJOYING

달리고, 쉬고, 즐기는 매력적인 드라이브 코스
17마일 드라이브&페블 비치
17mile Drive&Pebble Beach

세계적인 골프장 페블 비치와 캘리포니아의 최고급 주택들로 유명한 곳이다. 바다를 끼고 달리는 그림 같은 해안 도로가 있는 17마일 드라이브는 미국에서 가장 경치 좋은 드라이브 길로 손꼽힌다. 버드 록Bird Rock, 포인트 사이프러스Point Cypress, 스페니시 베이Spanish Bay등의 뷰 포인트가 있다. 자유롭게 운전하다가 마음에 드는 전망 포인트에서 쉬고, 다시 가기를 반복하면 된다. 사유지이기 때문에 10달러 정도의 도로 통행료를 지불해야 한다. 그러나 그 비용이 아깝지 않을 정도로 아름다운 풍경을 볼 수 있다.
전망 포인트가 어디인지 딱 보면 알 수 있도록 주차 공간이 잘 마련되어 있다는 것도 장점. 갈매기, 다람쥐, 바다사자 등의 동물들을 구경하는 재미도 쏠쏠하다. 기암절벽에 홀로 당당히 서 있는 한 그루의 사이프러스가 인상적이다. 페블 비치 랏지The Lodge at Pebble Beach의 레스토랑에서 커피를 마시거나 샌드위치 등을 먹으며 페블 비치 골프장을 바라보아도 좋다.

Data Map 303
Access 몬트레이에서 차로 약 15분
Add 17 Mile Dr. California
Open 09:00~19:00
Cost 차 한 대당 통행료 10.25달러 (페블 비치 리조트 레스토랑에서 35달러 이상 식사 시 통행료 전액 환불)

> **Tip** 몬트레이 도시 쪽과 카멜 바이 더 시 쪽으로 통행료를 내는 입구가 각각 마련되어 있다.

샌 안드레아스 지진대가 만들어낸 절경
포인트 레이스 라이트하우스 Point Reyes Lighthouse

굽이굽이 깎아놓은 듯한 해안 절벽을 따라 차를 타고 약 1시간 30분 북서쪽으로 달리면 다다를 수 있는 곳이다. 1850년대 만들어진 농가들의 모습이 소박하고 정겹다. 소들이 한가로이 풀을 뜯는 초록빛 전원 풍경도 펼쳐진다. 태평양을 끼고 있는 툭 튀어나온 형태의 포인트 레이스 지형은 그 모양이 참 특이해 그 자체로 볼거리다. 반듯하게 잘려진 듯한 그레이트 비치Great Beach는 수십만 년의 세월이 빚어놓은 장관이다. 뱃고동 소리를 크직하게 울리는 등대는 1870년에 세워졌다. 미국 서해안에서 비교적 초기에 세워진 등대 중 하나였으나, 1975년 문을 닫았다. 지금은 국립 해양 보호 구역에 편입되어 공원으로 운영되고 있다. 등대를 구경하기 위해서는 약 300개의 계단을 오르내려야 한다.
워낙 물안개가 심한 지역이라 하늘과 바다의 경계가 사라진 듯하다. 수심이 깊은 이 지역에서는 보호 동물인 바다사자, 바다코끼리도 볼 수 있다. 겨울에는 고래 떼의 대이동도 관찰할 수 있다. 이 지역은 1년 365일 중 278일은 안개에 싸여 있다. 약 24% 정도만 날씨가 맑다는 뜻이니 안개 걷힌 쾌청한 풍경을 너무 기대하지는 말자.

Data Map 268
Access 도심에서 차로 약 1시간 30분~2시간
Add 27999 Sir Francis Drake Blvd, Inverness
Open 연중 무휴
(등대는 금~월 10:00~16:30)
Web www.nps.gov/pore/historyculture

> **Tip** 겨울 시즌에는 입구 쪽에서 단체 버스를 이용해 들어갈 수 있다. 비용은 1인당 7달러.

STEP 03
ENJOYING

🔊 Theme
렌터카 이용 방법

샌프란시스코에서의 운전은 만만치는 않다. 일방통행도 많고, 언덕 위로 오를 때는 시야 확보가 어려워서 꽤 까다롭다. 하지만 한국에서 갈고닦은 실력이라면 못할 것도 없다. 게다가 근교 여행을 계획 중이라면 대중교통보다 자가용이 편리하다. 따라서 운전이 가능하다면 두려워하지 말고 차를 빌려보자.

렌터카 빌리기

❶ 장소, 날짜와 기간, 예산을 정한다.
❷ 렌트카 사이트를 이용해서 미리 예약한다(출발 전, 한국에서 예약해도 좋다). 여러 개의 사이트를 비교해서 고르자. 각종 할인 쿠폰도 활용할 것.
❸ 예약 시, 신용카드가 필요하며, 예약이 끝나면 이메일로 확인 메일이 온다. 확인 메일을 반드시 프린트해두자.
❹ 예약 당일, 렌터카 회사를 방문할 때 이메일로 받은 확인 메일을 프린트해서 가져갈 것. 프린트한 예약 확인 메일을 가져가면 진행이 빠르다.
❺ 국제운전면허증으로 현지에서 차를 빌릴 경우 국제·국내운전면허증, 신용카드(본인 명의), 여권이 필요하다. 현지인보다 보험료 등이 다소 높아지므로 비싼 편. 차량의 등급을 정하고 보험을 정한다. 보험 가입은 필수이며, 보험 범위는 대인, 대물, 상해, 도난 모두 포함한 것을 선택한다. 몸무게 20kg 이하의 어린이를 동반한 경우 카시트 사용도 필수이다.
❻ 반납 시간을 재확인하고, 반납 방법에 대한 안내를 미리 숙지하자.
❼ 차를 인수받은 후 목적지로 떠나면 된다.

추천 렌터카 홈페이지
아비스 www.avis.co.kr
허츠 www.hertz.co.kr
알라모 www.alamo.co.kr
버짓 www.bodget.com
달러 www.dollar.com

운전하기

미국의 도로주행법과 신호 체계는 한국과 거의 동일하다. 한국과 다른 몇 가지 규칙은 미리 숙지하도록 하자.

❶ 〈STOP〉 표지판을 주의한다.
바닥에 〈STOP〉이라고 써 있거나 표지판이 보이면 무조건 3초간 정차한 후 출발한다.
❷ 특별히 유턴이나 좌회전이 금지되어 있다는 표지판이 없을 경우 좌회전 신호등이 없어도 비보호로 좌회전할 수 있다. 단, 좌회전 시 맞은편에서 오는 직진 차량을 방해해서는 안 된다.
❸ 사람이 나타나면 어떠한 경우에도 양보하자. 무조건 보행자 우선이다.
❹ 교차로에서는 먼저 도착한 순서로 출발한다.
❺ 제한 속도를 준수하자. 자동차 전용도로 프리웨이Free Way 제한 속도는 65~70마일. 국도 하이웨이High Way 제한 속도는 45~50마일(1마일mile =1.6km)이다.

> **Tip 만약 경찰이 사이렌을 켜고 따라온다면?**
> 일단, 안전해 보이는 갓길에 주차하도록 한다. 차에서 내리지 말고 두 손을 핸들 위에 올려두고 가만히 기다린다. 경찰관이 다가와서 면허증을 요구하면 그때 경찰관이 보는 앞에서 면허증을 꺼내도록 한다. 만약 경찰관이 '레지스트레이션Registration'이라고 말하면, 자동차 등록증을 찾는 것이니 보여주면 된다. 국제운전면허증과 국내운전면허증, 여권은 반드시 찾기 쉬운 곳에 보관하도록 하자.

주유하기

미국 내 대부분의 주유소는 본인이 직접 기름을 넣어야 하는 셀프 주유 방식이다. 신용카드 또는 데빗카드(한국의 체크카드)를 기계에 넣은 후 비밀번호를 입력하고 차에 기름을 넣는다. 만약 현금 지불을 원한다면 주유소에 있는 편의점 안으로 들어가서 내 차가 주차되어 있는 주유

기계 번호를 말하고, 주유 금액을 지불한 후 다시 차로 돌아와서 주유하면 된다. 경유와 휘발유의 종류를 잘 확인하고 자기 차에 맞게 주유하도록 하자. 주유소에 나와 있는 휘발유 가격은 항상 갤런 단위이다(1gal=3.7853L).

주차하기

❶ 주차 공간의 색깔에 유의하자

샌프란시스코 보도 쪽에 보면, 초록색, 빨간색, 파란색, 노란색, 흰색으로 색깔이 칠해져 있다. 각 색깔의 의미는 다음과 같다.

- 🟢 초록색 10분간 주차 가능
- 🟡 노란색 상업용 차(우편 배달, 식재료 배달)만 30분 주차 가능
- 🔴 빨간색 절대 주차 금지. 소방호수가 연결되거나 버스가 서는 곳
- 🔵 파란색 장애인들을 위한 주차 공간
- ⚪ 흰 색 발렛파킹을 이용하는 사람을 위한 공간
- ★ 아무것도 색칠되어 있지 않다면, 일단 주차할 수 있는 장소일 확률이 높다. 그래도 차고 앞에는 절대 주차 금지이다.

❷ 주차 허용 시간을 체크하자

주차 공간 위 표지판에 최대 몇 시간 주차가 가능한지 써 있다. 샌프란시스코 내에는 보통 2시간 동안 무료로 주차가 가능한 장소가 많다.

1 월요일부터 금요일 08:00~21:00까지 2시간 주차 가능하다는 뜻.
2 09:00~18:00까지 2시간 주차 가능하다는 뜻(휴일·토요일·일요일 포함)

> **Tip 주차 시 유의할 점**
> 언덕에 주차할 경우 바퀴 방향을 반드시 돌려놓아야 한다. 범칙금이 상당히 비싸다.
> - 언덕 위 방향 : 차도 쪽
> - 언덕 아래 방향 : 인도 쪽

1 25센트짜리 동전만 사용 가능한 기계
2 동전으로 지불이 가능한 기계
3 동전과 신용카드 둘 다 사용 가능한 기계

❸ 미터주차를 이용하라.

동전을 넣고 기계에서 주는 시간만큼 주차하는 것이다. 신용카드 사용이 가능한 기계도 있으나 찾기 어렵다. 길거리 주차를 위해 25센트짜리 동전을 미리 준비하도록 하자. 가끔 25센트짜리 동전만 사용 가능한 기계도 있기 때문.

사고 대처 요령

사고가 났다면 우선 현장을 보존한 후 사고 경위서를 작성을 위해 즉시 911에 신고해 사고 현장 보고를 의뢰한다.

❶ 증거물이 될 수 있도록 여러 방향에서 사진 촬영을 해둔다. 가능하면 증인도 확보한다. 그리고 난 후에 안전한 곳으로 차량을 옮기고 엔진을 끈 후 경찰을 기다리자.

❷ 부상자 발생 시 즉시 구급차를 불러야 한다. 차가 불타는 등 긴급 상황을 제외하고는 부상자의 몸을 최대한 움직이지 않도록 한다.

❸ 경찰관이 도착하면 우선 상황에 대해 물어볼 것이다. 보고서 작성이 끝나면 보고서 번호와 관할 경찰서 번호Precinct Number와 경찰관의 이름을 적어두는 것이 좋다.

❹ 상대차의 운전면허증과 보험증을 교환해서 운전자의 신원과 보험 회사를 확인하고 상대 차량의 모델 연도 차량 등록번호 등을 적어둔다.

❺ 만약 상대 운전자가 음주 등으로 신체적 상황이 온전하지 않다고 의심되면 경찰관에게 음주운전 테스트를 요구할 수 있다.

❻ 보험 회사에 연락하여 정확한 정보와 보고를 한 후 상대 보험 회사와 운전사 이름 차량 번호 등을 알려주도록 하며 필요에 따라 사진 등의 증거물들도 보험 회사에 제시하도록 한다.

ENJOYING 10
도시에서 즐기는 특별한 **나이트 라이프**

경치 감상만으로는 뭔가 아쉽다? 그렇다면 공연, 영화, 클럽 문화 등을 즐겨보자. 밤의 열기가 후끈 달아오르는 주말 클럽의 분위기는 잠자던 에너지를 끌어올린다. 특히, 주말 밤 11시 이후에 가야 사람들이 많아서 재미있다. 공연을 볼 예정이라면 반드시 미리 예매하자. 영화 좌석은 평일에도 꽉 차는 경우가 많다. 야구를 좋아한다면 AT&T 파크는 반드시 방문하자.

Tip 샌프란시스코의 공연을 예정이라면, 유니언 스퀘어 한 켠에 있는 틱스 베이 에리아Tix Bay Area(**Tel** 415-433-7827 **Web** www.tixbayarea.com **Open**10:00~18:00)에서 예매하자. 뮤지컬, 연극 등의 공연 티켓을 할인된 가격으로 구매할 수 있다. 운이 좋을 때는 반값 세일 기회를 잡을 수도 있다.

미국 최장기 코믹 뮤지컬 공연장
클럽 후가지 Club Fugazi

음악에 맞춰 춤을 추는 클럽이 아니라 〈비치 블랭킷 바빌론Beach Blanket Babylon〉 공연이 진행되는 클럽이다. 1974년 6월에 시작하여 30년이 넘는 세월 동안 사랑받고 있는 공연인 비치 블랭킷 바빌론. 미국에서 최장 기간 공연 중인 작품으로 유명하다. 정치인, 가수, 영화배우, 사업가 등 그 시대에 맞게 등장인물을 바꿔가며, 폭소를 자아내는 설정으로 만들어지는 코믹 뮤지컬이다.

익살스럽고 과장된 분장과 특징 있는 묘사 등이 상당히 재미있다. 영어에 능숙하지 않은 사람들도 충분히 즐겁게 볼 수 있다. 공연 장소에서 술을 판매하기 때문에 사진이 있는 신분증을 지참하는 것이 좋다. 여행자의 경우에는 여권이 무난하다. 공연 예매는 해당 홈페이지 또는 유니언 스퀘어에 있는 틱스 베이 에리아Tix Bay Area 등에서 할 수 있다.

Data Map 187 G
Access 뮤니 버스 30번 타고 스톡톤 스트리트&콜럼버스 애비뉴 하차 후 도보 2분 Add 678 Green St Tel 415-421-4222
Open 수·목·금 20:00, 토 18:30, 21:30, 일 14:00, 17:00
Web www.beachblanket-babylon.com
Cost 25~130달러

일주일에 한 번, 목요일 밤에는 섹시해진다
캘리포니아 아카데미 오브 사이언스 California Academy of Sciences

과학관은 어린이나 청소년들만을 위한 교육 장소일까? 아니다. 세계적인 건축가 렌조 피아노가 설계한 이곳은 매주 목요일 저녁 6시부터는 만 21세 이상만 출입이 가능한 과학관이 된다. 아주 섹시한 나이트 클럽으로 변신하기 때문. 맥주, 보드카, 위스키 등의 주류를 판매하기 때문에 신분증 검사는 필수다. 반드시 여권 등 사진이 있는 신분증을 지참해야 한다.

지하에 위치한 아쿠아리움에서 수백 마리가 넘는 물고기들을 보며 춤을 출 수 있다는 점도 이색적이다. 곳곳에 춤추는 공간이 마련되어 있고, 조명은 화려하니 그야말로 성인들의 놀이터다. 매표소에서 표를 구매할 수 있으며 홈페이지를 통해서도 예매할 수 있다.

Data Map 241 H
Access 뮤니 버스 5L번 타고 풀턴 스트리트&10th 애비뉴 하차 후 도보 5분. 또는 뮤니 버스 71L번 타고 링컨 웨이&19th 애비뉴 하차 후 도보 9분
Add 55 Music Concourse Dr
Tel 415-379-8000
Open 목 18:00~22:00
Web www.calacademy.org
Cost 12~17달러(날짜마다 다름)

수준 높은 발레 공연을 감상할 수 있는 절호의 찬스!
샌프란시스코 발레 San Francisco Ballet

수준 높은 발레를 볼 수 있는 발레 전용 공연장이다. 일 년 내내 공연이 진행되지만, 특히 크리스마스 시즌인 12월 한 달 내내 진행되는 〈호두까기 인형Nutcracker〉을 추천한다. 1944년부터 매년 열리는 공연으로 온 가족이 모두 즐길 수 있어 어린이를 동반한 관람객들에게 큰 인기를 얻고 있다. 환상적인 무대 분위기와 발레리나들의 아름다운 춤사위를 감상하는 매력적인 시간을 보낼 수 있다. 특히, 환상적인 오케스트라의 음악이 일품. 기프트숍에서는 호두까기 인형과 같은 소품들도 구매할 수 있다. 홈페이지를 통해 공연 일정 체크와 티켓 구입이 가능하다.

Data Map 186 J
Access 바트, 뮤니 메트로 시빅 센터역에서 하차 후 도보 5분. 또는 뮤니 버스 5번 타고 메칼리스터 스트리트&라킨 스트리트 하차 후 도보 2분 Add 455 Franklin St
Tel 415-861-5600
Open 공연마다 다름
Web www.sfballet.org
Cost 공연마다 다름

세련된 음악을 즐길 수 있는 나이트 클럽
어거스트 홀 August Hall

샌프란시스코에서 가장 유명한 나이트 클럽으로 손꼽히는 곳이다. 1890년에 세워진 건물을 개조하여 만든 곳으로, 음향, 인테리어, 조명 등이 무척 멋지다. 다운타운에 위치해 있어 대중교통을 이용하기도 편리하다. 주말이면 입장을 위해 사람들이 길게 줄을 서 있는 모습을 볼 수 있다. 담당 DJ 등에 대한 정보는 항상 달라지니 홈페이지를 통해 확인하자.

Data Map 187 K
Access 바트, 뮤니 메트로 파웰역 하차 후 도보 5분
Add 420 Mason St
Tel 415-872-5745
Open 화~토 16:00~종료 시까지 (공연마다 다름)
Web www.augusthallsf.com
Cost 22~50달러 정도(공연마다 다름)

로맨틱한 분위기 속에서 영화를 감상하자
카스트로 시어터 Castro Theatre

동성애자의 동네로도 불리는 카스트로 스트리트에 위치해 있다. 매우 로맨틱한 분위기의 영화관이다. 아르누보 양식으로 꾸며진 내부, 궁전의 느낌이 살아 있는 벽화가 근사하다. 고즈넉한 실내 분위기도 인상적이다. 1910년에 개관한 이래 지금까지 이 자리를 지키고 있다.
이곳에서 100여 년 동안 얼마나 많은 사람이 추억을 만들었을까 생각하면 괜스레 감성적이게 된다. 주로 유명 거장의 작품이나 독립영화를 상영한다. 홈페이지를 통해 상영 영화의 스케줄을 확인할 수 있으며, 매일 첫 번째 상영작은 2~3달러 할인되니 참고할 것.

Data Map 216 J
Access 뮤니 메트로 M, L, K, T 노선 타고 카스트로역 하차 후 도보 1분
Add 429 Castro St
Tel 415-621-6120
Web www.castrotheatre.com
Cost 영화마다 다름, 보통 성인 13달러, 62세 이상·12세 이하 10달러 정도

야구팬이라면 꼭 가야 하는 곳!
AT&T 파크 AT&T Park

신나는 응원 열기를 즐길 수 있는 곳이다. 2000년 개장한 미국 메이저리그 내셔널 리그 소속 프로 야구팀인 샌프란시스코 자이언츠 Sanfrancisco Giants의 홈구장이다. 코카콜라 병 모양의 거대한 미끄럼틀과 글로브가 눈길을 사로 잡는다. 경기 중 타자가 홈런을 치면 병에 불이 들어오면서 소리가 울려 퍼진다.
경기 관람 시 갈릭 프렌치 프라이와 맥주를 사서 들고가면 더 즐겁다(경기장 안 매점에서 구입 가능). 경기가 없는 날에는 10:30, 12:30 두 차례씩 경기장 구석구석을 둘러볼 수 있는 투어가 진행된다. 홈페이지를 통해 투어 일정을 확인하자.

Data Map 187 L
Access 뮤니 메트로 N, T노선 타고 킹 스트리트&2th 스트리트 하차 후 도보 6분
Add 24 Willie Mays Plz
Tel 415-972-2400
Web www.mlb.com/giants
Cost 경기장 투어 시 성인 22달러, 55세 이상 17달러, 12세 이하 12달러, 2세 이하 무료, 경기 관람 시 좌석마다 가격 다름

> **Tip 경기장 표는 어디서 구매할까?**
> 시즌 입장권은 6~270달러까지 가격이 천차만별. 만약 한국에서 홈페이지를 통해 미리 티켓을 구입한다면 이메일로 다운받아 티켓을 프린트해 가거나 경기장 앞에서 표를 찾자. 경기장의 위치가 AT&T 파크인지 한 번 더 확인할 것.
> **Web** www.stubhub.com, www.ticketsnow.com, www.ticketmaster.com, www.tickets.com, www.mlb.com

STEP 03
ENJOYING

ENJOYING **11**

예술을 사랑한다면
꼭 가볼 만한 뮤지엄

샌프란시스코에는 정서적인 풍요와 영감을 제공하는 뮤지엄이 도시 곳곳에 있다. 각 뮤지엄마다 테마와 기획 의도가 다양해서 골라보는 재미도 느낄 수 있다. 미국 현대 예술품부터 유럽, 아프리카, 아시안 등 예술품들이 지나온 시대적, 공간적 배경도 가지각색. 감동이 가득한, 주옥 같은 작품들과 함께 잊혀지지 않을 문화 체험을 시작해보자. 한 달에 1번은 무료로 입장하는 날도 있으니 일정이 맞는다면 활용해볼 것.

재치있고 기발한 현대 예술품이 가득한
샌프란시스코 현대 미술관 San Francisco Museum of Modern Art

예술을 사랑하는 사람이라면 반드시 들러야 하는 필수 장소인 샌프란시스코 현대 미술관. 일명, 'SF 모마SF MOMA'라고도 불린다. 세련되고 기괴하며, 창의성이 돋보이는 현대 미술의 생기발랄함을 만날 수 있다. 1935년 설립되어 1995년 현재의 모습으로 신축된 건물이다. 20세기 예술가들의 회화, 조각, 사진, 디자인 작품 등 27,000여 점을 소장하고 있다. 수시로 교체되는 상설전과 기획전을 통해 다양한 작품을 감상할 수 있어 자주 들러도 지루하지 않다는 것이 특징이며, 기획력이 상당히 돋보인다.
붉은색 벽돌을 얹어서 건축한 뮤지엄의 건축물은 스위스 출신의 건축가 마리오 보타Mario Botta의 작품이다. 그는 서울 강남의 교보 타워와 리움 미술관을 건축한 것으로도 유명하다. 무료로 작품 해설을 듣는 투어가 운영되고 있으니, 관심 있는 사람은 인포메이션 센터에 문의하자. 2016년까지 진행된 내부 공사로 인해 전시관, 카페 등의 시설이 업그레이드 되었다.

Data Map 217 D Access 바트, 뮤니 메트로 타고 몽고메리역 하차 후 도보 7분
Add 151 3rd St Tel 415-357-4000 Open 금~화 10:00~17:00, 목 10:00~21:00 Close 수요일
Web www.sfmoma.org Cost 성인 25달러, 19~24세 19달러, 65세 이상 22달러, 18세 이하 무료(시티패스, 샌프란시스코 고 카드 사용 가능)

골든 게이트 파크에 위치한 파인 아트 뮤지엄

드 영 뮤지엄 De Young Museum(Fine Arts Museum of San Francisco)

1895년 이 지역 언론인이었던 드 영M .H de Young을 기념하여 지은 미술관. 1989년 지진에 의해 크게 파손되었었으나, 이후 모금 활동 기금으로 다시 지었다. 콘크리트와 목재로 건축물을 지은 후 표면을 구리로 덮은 것. 시간이 지날수록 바람에 산화되어 구리의 색은 갈색에서 녹색으로 변한다. 세월이 지나며 색이 변하는 이 혁신적인 건축물은 전 세계적으로 유명하다.

미술관 소장품의 장르는 아주 다양하다. 1층 기획 전시실에는 매번 새로운 주제의 전시가 열린다. 무료로 입장 가능한 미술관의 9층 전망대에서는 골든 게이트 파크와 골든 게이트 브리지가 있는 샌프란시스코의 전경을 감상할 수 있다. 특히 금요일 저녁 7시쯤에 가면 최고의 풍경을 만날 수 있다. 어스름하게 해가 질 무렵, 집집마다 불빛이 켜지고, 가로등에도 빛이 하나 둘 들어오는 황금 시간이 진짜 황홀경이다. 보통 오후 5시면 문을 닫는데, 금요일은 저녁 8시까지 운영하니 참고하자. 1층에 위치한 카페와 어서 조각 정원도 잠시 들러 휴식을 취하기 좋다.

Data Map 240 G
Access 뮤니 버스 5L번 타고 풀턴 스트리트&10th 애비뉴 하차 후 도보 5분. 또는 뮤니 버스 71L번 타고 링컨 웨이&19th 애비뉴 하차 후 도보 9분
Add 50 Hagiwara Tea Garden Dr
Tel 415-750-3600
Open 화~일 09:30~17:15
Close 월요일
Web www.deyoungmuseum.org
Cost 성인 15달러, 학생 6달러, 65세 이상 12달러(시티 패스, 샌프란시스코 고 카드 사용 가능), 17세 이하 무료, 매달 첫 번째 화요일 무료

상당한 수준의 유럽 예술품들을 볼 수 있는 곳
리전 오브 아너 Legion of Honor

유럽 미술품이 가득! 미국 내에서 최대, 최고의 유럽 미술 컬렉션을 자랑한다. 신고전주의 양식으로 지어진 건축물은 웅장함과 우아함이 느껴진다. 아름다운 이곳은 샌프란시스코 연인들의 로맨틱한 프로포즈 장소이며 결혼식 장소로도 애용된다. 중정에는 우리에게도 익숙한 로댕의 〈생각하는 사람〉이 있어서 더욱 반갑다.
12세기 유럽 회화, 조각, 서적부터 루벤스, 클로드 모네, 렘브란트, 피카소 등 19~20세기를 대표하는 유럽 미술 거장들의 작품들도 전시하고 있다. 오후 5시쯤 문을 닫으므로, 관람 후 주변의 랜즈엔드, 클리프 하우스, 오션 비치 등도 방문해보자.

Data Map 251 D
Access 뮤니 버스 18번 타고 리전 오브 아너 하차. 또는 뮤니 버스 1번 타고 32th 애비뉴&클레멘트 스트리트 하차 후 도보 15분
Add 100 34th Ave
Tel 415-750-3600
Open 화~일 09:30~17:15
Close 월요일
Web legionofhonor.org
Cost 성인 15달러, 학생 6달러, 65세 이상 12달러(시티 패스, 샌프란시스코 고 카드 사용 가능), 17세 이하 무료, 매달 첫 번째 화요일 무료

> **Tip** 박물관 무료입장 가능한 날!
> 아시안 아트 뮤지엄 매달 첫 번째 일요일 / 예르바 부에나 아트 센터 매달 첫 번째 화요일
> 유대인 현대 박물관 매달 첫 번째 화요일 / 드 영 뮤지엄 매달 첫 번째 화요일
> 리전 오브 아너 매달 첫 번째 화요일

ENJOYING 12
젊음의 열정이 가득한 **명문 대학 탐방하기**

샌프란시스코 도시 근교에 위치한 버클리 대학교와 스탠퍼드 대학교. 명실상부 명문 대학교로 유명하다. 방학이면 학교 내부를 구경하기 위한 어린 학생들과 부모님들의 행렬도 잦은 곳. 지적 욕구와 호기심 가득한 젊음의 에너지가 느껴지는 대학에서 신선한 자극을 받아보자.

버클리 대학교 University of California Berkeley

미국 내에서도 최고의 주립 대학으로 불리는 버클리 대학교는 1849년 설립된 캘리포니아 최초의 대학이다. 샌프란시스코에서 동쪽으로 약 16km 떨어진 도시인 버클리에 위치하고 있다. 샌프란시스코 도시에서 고속 지하철인 바트를 이용하면 약 30분이면 갈 수 있다. 대중교통으로 방문하기도 편리하기 때문에 여행객들의 방문이 잦은 곳이다.

대학 내에서는 무료 투어 코스가 진행되고 있는데, 유명세가 있는 학교답게 어린 학생들을 동반한 가족 여행자들에게 특히 인기 있다. 버클리 대학교의 중심부에 위치한 상징적인 종탑인 새더 타워Sather Tower에 오르면 아름다운 주변 풍경을 감상할 수 있다(입장료 2달러). 다이내믹한 구조의 콘크리트 건축물이 인상적인 버클리 아트 뮤지엄은 대학 내에 있는 것이 아니라 뱅크로프 웨이Bancroft Way 길쪽에 위치하고 있다는 것을 참고하자(도보 약 15분 소요).

Data Map 273 C **Access** 바트 타고 버클리역에서 하차 후 도보 16분
Add 101 Sproul Hall, Berkeley **Tel** 510-642-6000 **Web** www.berkeley.edu

Tip 재학생과 학교 내부를 돌아볼 수 있는 무료 도보 투어가 진행되고 있다(90분 소요). 월~토요일은 10:00 시작, 일요일은 13:00 시작. 평일에는 스프라울 홀Sproul Hall에 있는 여행 안내소에 모여서 출발하고 주말이나 휴일에는 새더 타워Sather Tower에서 출발한다. 단, 모든 투어는 온라인 예약이 필요하다. **Web** visitors.berkeley.edu

스탠퍼드 대학교 Stanford University

실리콘밸리의 팔로 알토 지역에 있는 명문 사립대. 마치 유럽의 어느 소도시를 옮겨놓은 듯 중후하면서도 고즈넉한 분위기다. 로마네스크 양식으로 지어진 건물들이 있어서 마치 중세 시대로 돌아간 듯하다. 1891년, 정치가이자 대륙 횡단 열차 사업으로 백만장자가 되었던 릴랜드 스탠퍼드Leland Stanford가 자신의 아들을 추모하기 위해 이 학교를 세웠다. 개교 당시부터 남녀공학을 실천하여 미국에서 가장 먼저 시작된 남녀공학 학교로도 유명하다.
실리콘밸리의 유수 기업가들을 배출해 세계 최고 수준의 교육을 받을 수 있는 곳으로 알려져 있다. 메인 쿼드는 대학 중심에 위치한 광장이다. 반짝이는 모자이크가 돋보이는 메모리얼 교회와 대학 설립 초기의 모습이 그대도 보존되어 있는 아치형 기둥과 건물들이 아름답다. 후버 타워(입장료 성인 4달러, 12세 이하 3달러)는 대학의 전경을 조망하기에 참 좋은 장소. 무료입장이 가능한 캔터 아트 센터는 상당한 수준의 예술품을 감상할 수 있으니 놓치지 말자. 샌프란시스코 도심에서 대중교통으로 가기에는 다소 불편하다.

Data Map 328
Access 샌프란시스코 칼트레인역에서 팔로 알토행 열차 탑승 후 팔로 알토역에서 하차. 또는 유니버시티 애비뉴에서 스탠퍼드 무료 셔틀버스 타고 메인쿼드에서 하차. 도보 22분. 샌프란시스코 도심에서 차량으로 45분
Add 450 Serra Mall, Stanford
Tel 650-723-2300
Web www.stanford.edu

 Tip
1. 팔로 알토행 열차 시간표 **Web** www.caltrain.com
2. 무료 셔틀버스 시간표 **Web** Transportation.stanford.edu
3. 매일(11:00, 15:15, 방학과 연휴 제외) 재학생과 학교 내부를 돌아볼 수 있는 무료 도보 투어가 진행된다(70분 소요). 295 갈베즈 스트리트295 Galvez St에 위치한 여행 안내소에서 출발한다. 일행이 9명 이상일 경우에는 예약 필요. **Web** www.stanford.edu

ENJOYING 13
감동 두 배, 재미 두 배!
영화 속 샌프란시스코

더 록 (1996년)
감독 마이클 베이
출연 숀 코네리, 니콜라스 케이지

알카트라즈 아일랜드를 배경으로 한 영화 중에서 가장 유명한 〈더 록〉. 알카트라즈 아일랜드에서 벌어지는 허멜 장군과 존 메이슨의 화려한 액션이 돋보이는 영화다. 존 메이슨이 딸을 만나러 가기 위해 들르는 팰러스 오브 파인 아트(071p)의 아름다운 풍경도 인상적이다.

첨밀밀 3 (2000년)
감독 유위강
출연 장만옥, 여명

그림에 재능은 있지만 화가로서 꿈을 펼치지 못한 채 살아가는 여주인공 엘렌. 소년 같은 미소를 지녔지만 어딘가 그늘이 있는 천재 컴퓨터 프로그래머인 마이크. 그들의 애틋한 사랑 이야기가 펼쳐지는 영화이다. 샌프란시스코를 엿볼 수 있는 여러 가지 장면들이 흥미롭다.

밀크 (2008년)
감독 구스 반 산트
출연 숀 펜, 조슈 브롤린, 에밀 허시

성소수자들의 인권에 대해 생각해볼 수 있는 영화이다. 1970년대 게이 출신이며, 샌프란시스코 시의원이었던 하비 밀크Harvey Milk의 인생을 다뤘다. 우아한 느낌의 샌프란시스코 시청(218p)과 무지개 깃발로 나부끼는 카스트로 스트리트 등을 배경으로 한 영화다.

구름 속의 산책 (1995년)
감독 알폰소 아라우
출연 키아누 리브스, 안소니 퀸

나파 밸리와 소노마 밸리의 여러 와이너리에서 촬영된 영화다. 아름다운 포도밭 영상과 와인 만드는 과정, 와이너리의 모습, 서리가 내린 밭을 태우는 등의 장면이 낭만적으로 연출된다. 세계적인 배우 키아누 리브스의 앳된 모습과 연기를 보는 재미도 크다.

미국인들 사이에서도 여행 가고 싶은 도시
1위에 꼽히는 샌프란시스코!
샌프란시스코 도시와 근교를 배경으로 한 주옥같은 영화들을 소개한다.

시티 오브 엔젤 (1998년)
감독 브래드 실버링
출연 니콜라스 케이지, 맥 라이언

심장 전문의 매기와 천사 세스의 사랑 이야기를 담은 영화다. 샌프란시스코 곳곳을 배경으로 촬영한 영화인 만큼 샌프란시스코의 아름다운 모습이 자연스럽게 담겨 있다. 특히 천사들이 거주하는 곳으로 그려진 샌프란시스코 공공도서관(210p)은 더 눈길이 간다.

미세스 다웃파이어 (1993년)
감독 크리스 콜럼버스
출연 로빈 윌리엄스, 샐리 필드

조금 오래된 영화지만 천연덕스럽고 유쾌한 로빈 윌리엄스의 연기가 매력적인 영화이다. 그의 여장 변신도 상당한 화제가 되었던 작품. 샌프란시스코 관광 엽서에도 자주 등장하는 알라모 스퀘어(070p)의 빅토리안 스타일 주택을 엿볼 수 있다는 점이 반갑다.

온 더 로드 (2012년)
감독 월터 셀러스
출연 샘 라일리, 가렛 헤드룬드

방랑자적인 삶을 지향하고 일탈을 꿈꾸며 기성세대와 사회를 경멸하던 젊은이들. 그들이 미국을 횡단하며 삶의 의미를 고뇌하는 내용을 담은 로드 무비. 문학 작품을 토대로 한 예술 영화다. 샌프란시스코 도시의 근간이 된 히피문화의 일면목을 볼 수 있는 영화이다.

행복을 찾아서 (2006년)
감독 가브리엘 무치노
출연 윌 스미스, 제이든 스미스

실존 인물 크리스 가드너의 인생을 토대로 제작된 영화다. 윌 스미스와 그의 아들인 제이든 스미스가 부자 역할로 출연해서 화제가 되었다. 450 오페럴 스트리트450 Ofarrell Street에 위치한 교회다. 피프스 처치 오브 크라이스트 Fifth Church of Christ도 등장한다.

Step 04
EATING

샌프란시스코를 맛보다

©The French Laundry, Deborah Jones

01 샌프란시스코 최고의 커피를 찾아서
02 아침과 점심 사이의 행복, 브런치
03 비싸지만 꼭 한 번 즐기고 싶은 파인 다이닝
04 꼭 한번 먹어봐야 하는 해산물 요리, 어디가 좋을까?
05 간단하고 저렴한 한 끼
06 감각 충전 팍팍! 스타일 좋은 레스토랑
07 빵을 사랑하는 사람을 위한 특별한 베이커리
08 맛 GOOD! 에너지 UP! 달콤한 추천 간식
09 선셋 칵테일 한 잔 즐길 수 있는 곳

EATING 01

샌프란시스코
최고의 커피를 찾아서

갓 볶은 신선한 원두로 만든 깊은 향기. 황금빛 크레마가 도는 진한 맛! 커피는 휴식 시간을 더욱 특별하게 만들어준다. 샌프란시스코에서 특별한 커피 타임을 갖고 싶어하는 사람들에게 추천하고 싶은 곳이 있다. 대형 카페 브랜드 말고 이 도시의 특색까지 엿볼 수 있는 로컬 브랜드 커피숍. 커피를 사랑하는 당신이라면 꼭 놓치지 말자. 소개하는 곳 모두 개성이 강한 곳이기 때문에 비교하는 재미도 쏠쏠하다.

차원이 다른 드립 커피
필즈 커피 Philz Coffee

드립 커피를 위주로 하는 곳이다. 때문에 에스프레소 머신이 없다. 주문 즉시 원두를 갈아 커피를 만든다. 바리스타들의 실력이 어찌나 좋은지 무엇을 시켜도 다 맛있다. 특히 다른 커피숍에는 없는 특별 메뉴가 있으니, 바로 민트 모히토 아이스커피 Mint Mojito Iced Coffee이다. 최상급 과테말라산 커피를 내린 후 신선한 민트를 살짝 갈아 넣었다. 아이스커피는 커피 본연의 향을 느끼지 못하게 한다는 편견이 깨지는 경험을 할 것이다.

샌프란시스코에 여러 지점이 있지만 카스트로 지역과 미션 지역 지점은 주요 관광지와 가깝고 비교적 매장이 넓은 것이 장점이다. 이국적인 벽화가 밀집해 있는 지역인 발미 스트리트 뮤랄(062p)과 도보 약 2분 거리로 매우 가깝다.

Data Map 216 J
Access 바트를 타고 24th역에서 하차 후 도보 5분
Add 3101 24th St **Tel** 415-875-9370
Open 월~금 06:00~20:00, 토·일 06:30~20:00
Web www.philzcoffee.com **Cost** 드립 커피 4달러~

> **Tip** 주요 관광지가 밀집해 있어 여행자들이 많이 찾는 지역인 카스트로 지역에도 필즈 커피 매장이 있다.
> **Add** 549 Castro St
> **Tel** 415-875-9656

스타일 좋고! 맛도 좋고!
포 배럴 커피 Four Barrel Coffee

미션 지역의 발렌시아 스트리트 Valencia St에 자리 잡고 있는 분위기 좋은 커피 전문점이다. 즐겁고 유쾌한 미소를 가진 바리스타들의 숙련된 솜씨, 무심한 듯 보이지만, 스타일리시한 분위기와 쉴 새 없이 흘러나오는 세련된 음악까지 감탄이 절로 나오는 요소를 참 많이 갖고 있는 카페다.

오픈된 공간에서 커피 관련 기술을 펼치는 바리스타들을 다양한 각도로 구경할 수 있다는 것도 큰 장점. 로스팅 작업까지 이뤄지는 공간이기 때문에 가게 내부에는 향긋한 커피향이 늘 가득하다. 신선한 원두를 사용해 만든 질 좋은 커피를 합리적인 가격으로 마실 수 있으니 어찌 사랑하지 않을 수 있겠는가. 특히 다크 로스팅 커피를 좋아한다면 강력 추천하는 곳이다.

Data Map 216 F **Access** 바트 타고 16th역 하차 후 도보 5분
Add 375 Valencia St **Tel** 415-252-0800
Open 월~토 07:00~20:00, 일 08:00~20:00
Web www.fourbarrelcoffee.com
Cost 아메리카노 3달러~

유기농 건강 재료로 만든 1등 커피
블루 보틀 커피 Blue Bottle Coffee

미국 서부 지역에서 시작된 세계적인 커피 브랜드. 농약을 사용하지 않고 그늘에서 말린 유기농 생두만을 고집하며, 로스팅한 지 48시간 이내의 원두만 사용하는 것을 원칙으로 한다.
추천 메뉴는 이 곳의 시그니처인 뉴올리언스 스타일 아이스커피 New Orleans Style Iced Coffee. 마치 실험실 도구처럼 천천히 커피를 만들어내는 사이폰 커피 Siphon Coffee(오후 3시까지만 주문 가능)도 인기 있는 메뉴다. 커피 맛은 훌륭하지만, 찾아가기에 번거로운 위치에 있다는 단점이 있다.

Data Map 217 C
Access 바트, 뮤니 메트로 타고 파웰역 하차 후 도보 5분
Add 66 Mint St
Tel 415-495-3394
Web www.bluebottlecoffee.net
Open 월~금 07:00~19:00, 토·일 08:00~18:00
Cost 뉴올리언스 스타일 아이스 커피 4달러, 카페라테 5달러, 사이폰 커피 7.85달러

커피 공장 같은 전문 매장의 위엄
사이트글라스 커피 Sightglass Coffee

높은 천장, 나무와 철제의 조화가 매우 스타일리시하다. 매장 한 쪽을 차지하고 있는 커다란 로스팅 기계가 눈길을 끈다. 커피 메뉴와 함께 브리오슈, 비스킷, 쿠키 등도 판매한다. 신용카드로 결제 시, 아이패드를 이용한 결제 시스템을 운영 중이다. 아이패드에 금액을 확인하고 사인을 한 후 팁을 추가해 결제할 수 있다. 영수증은 문자나 메일로 전송받을 수 있다.
주문한 커피가 나오면 자리에 가서 앉으면 된다. 이곳에서 숙소가 가깝거나 시청을 방문하고자 하는 사람이라면 커피를 즐기기에 더할 나위 없이 좋은 장소다. 하지만 주요 관광지에서 꽤 멀리 떨어져 있는 탓에 일부러 찾아가려면 부담스러울 수 있겠다.

> **Tip** 이 가게 이름인 '사이트글라스'는 생두를 볶아 원두로 만드는 기계인 로스터 Roaster 앞에 달려 있는 조그만 유리창을 일컫는 말이다. 이 유리창을 통해 원두를 볶는 과정을 지켜보며 원두의 색과 상태 등을 확인한다.

Data Map 216 C
Access 바트, 뮤니 메트로 타고 시빅 센터역 하차 후 도보 8분
Add 270 7th St
Tel 415-861-1313
Open 월~토 07:00~19:00, 일 08:00~19:00
Web sightglasscoffee.com
Cost 아메리카노 2.50달러~

산미가 강한 커피를 좋아한다면 강추
리추얼 커피 로스터 Ritual Coffee Roasters

고급 레스토랑에도 원두를 납품할 정도이니 품질은 보장된 곳. 주말 아침이면 도넛과 커피로 아침 식사를 하려는 사람들로 붐빈다. 다양한 원두로 만든 커피를 골라 마시는 재미도 있다. 커피 맛이 대부분 산미가 강한 편이라 호불호가 갈리기도 한다.
가게 내부가 꽤 넓은 편임에도 불구하고 늘 사람들이 많기 때문에 자리 잡기가 상당히 어렵다. 또 음악 소리가 큰 편이라 조용한 분위기를 좋아하는 사람에게는 불편할 수도 있다. 주요 관광지와 떨어져 있다는 것도 아쉬운 점.

Data Map 216 J **Access** 바트 타고 24th 스트리트역 하차 후 도보 8분
Add 1026 Valencia St **Tel** 415-641-1011
Open 월~금 06:00~22:00, 토 07:00~22:00, 일 07:00~21:00
Web www.ritualroasters.com **Cost** 아메리카노 4달러~

원두에 대한 자부심
비너리 Beanery

밸런스가 좋은 커피를 마실 수 있는 곳이다. 넓은 크기의 가게는 아니지만 한구석에 로스팅 기계도 갖추고 있다. 다크 로스팅으로 직접 볶은 신선한 유기농 원두를 갈아서 커피를 만드는 만큼 향기도 상당히 좋다. 게다가 조용한 지역에 위치한 덕에 다른 유명 커피 전문점에 비해 가격대도 매우 합리적인 편이다.
골든 게이트 파크와 가까우므로(도보 약 15분) 이 지역에서 맛있는 커피를 찾는다면 추천한다. '원두를 만들어내는 곳'이라는 뜻이 담긴 '비너리' 라는 이름에서 원두에 대한 자부심을 느낄 수 있다.

Data Map 241 H
Access 뮤니 메트로 N선 타고 어빙 스트리트&9th 애비뉴 하차
Add 1307 9th Ave
Tel 415-661-1255
Open 월~토 06:00~19:00, 일 07:00~19:00
Cost 에스프레소(싱글샷) 2달러, 카페라테 4달러

EATING 02

아침과 점심 사이의 행복, 브런치

캐주얼 차림으로 여유 있고 느긋하게 즐기는 브런치. 햇살이 찬란하게 빛나는 캘리포니아와 너무도 잘 어울린다. 맛도 좋고, 분위기도 좋은데 가격까지 부담 없는 절대강자 브런치 전문점을 소개한다. 유명 브런치 전문점들은 주로 규모가 작고 예약이 불가능하다. 가능하면 평일 식사 시간대를 살짝 피하는 것이 좋겠다. 이것이 긴 줄을 피할 수 있는 유일한 방법.

정말 유명해, 정말 맛있어
마마스 Mama's

샌프란시스코에서 가장 맛있는 브런치 집으로 알려진 곳. 특히, 맛과 합리적인 가격대가 이 집의 가장 큰 매력이다. 10달러를 가치 있게 사용할 수 있는 최고의 브런치 맛집이다. 평소 줄이 길기로 유명하지만, 그 기다림이 아깝지 않을 정도다. 신선한 재료로 만든 푸짐하고 맛있는 음식을 즐길 수 있으니까. 노란색으로 화사하게 꾸며진 내부에 들어서면 오픈 키친이 눈에 들어온다.
에그 베네딕트, 몬테 크리스토는 인기 메뉴. 촉촉한 프렌치 토스트도 맛있다. 단, 오믈렛은 평범하다는 평가가 있으니 참고하자. 줄을 서기 싫다면 월요일을 제외한 평일 오후 2시쯤에 가볼 것. 보통 오후 3시까지 영업하기 때문에 그 시간대에는 기다리지 않고 바로 착석할 수 있을 때가 많다. 여유 있는 브런치를 즐긴 후 레스토랑 앞에 위치한 워싱턴 스퀘어에서 휴식을 취하거나 코잇 타워에 올라 주변 풍광을 감상하는 시간도 갖자. 현금 결제만 가능.

Data Map 187 G
Access 뮤니 버스 30번 타고 콜럼버스 애비뉴&필버트 스트리트 하차 후 도보 3분
Add 1701 Stockton St.
Tel 415-362-6421
Open 화~일 08:00~15:00
Web www.mamas-sf.com
Cost 단품 10달러 정도

맛과 분위기, 서비스가 일품
노파 Nopa

높은 천정과 기다란 창문으로 둘러싸인 시원스러운 분위기의 레스토랑이다. 메뉴 대부분이 평이 좋다. 특히 토·일요일 점심시간 때 이용 가능한 브런치 메뉴가 인기 만점이다.
폭신폭신한 식감과 버터의 달콤함이 어우러지는 커스터드 프렌치 토스트Custard French Toast와 육즙이 진하게 느껴지는 두툼한 패티와 빵의 조화가 일품인 우드 그릴드 햄버거Wood Grilled Hamburger는 감탄을 자아낸다. 햄버거 패티의 굽기는 미디엄이나 미디엄 레어 정도를 추천한다. 저녁에 방문한다면 부드러운 돼지고기 육질이 느껴지는 폭찹Pork Chop을 꼭 즐겨보자. 서비스와 음식 맛, 분위기 모두 만족스러운 곳이다 보니 홈페이지를 통한 예약은 필수다.

Data Map 216 F
Access 뮤니 버스 21번 타고 하예즈 스트리트&디비사데로 스트리트 하차 후 도보 1분. 또는 뮤니 버스 6번 타고 디비사데로 스트리트&헤이츠 스트리트 하차 후 도보 6분
Add 560 Divisadero St
Tel 415-864-8643
Open 일~목 06:00~00:00, 금·토 06:00~다음 날 01:00, 브런치 토·일 11:00~14:30
Web www.nopasf.com
Cost 프렌치 토스트 1개당 10달러, 우드 그릴드 햄버거 18달러, 커피 4.50달러

영혼을 담은 소울 푸드의 대명사
브렌다스 프렌치 소울 푸드 Brenda's French Soul Food

붉은색 외벽이 독특한 브런치 레스토랑으로, 뉴올리언즈 지역 음식을 중심으로 선보인다. 내부 벽면의 자연스럽게 갈라진 빈티지한 벽은 마치 장식한 것처럼 느껴진다. 식사 시간대는 긴 줄을 피하기 어렵다. 그러나 맛은 보장한다.
슈림프&그리츠Shrimp&Grits가 상당히 맛있다. 이 음식을 시킬 때는 손수 만든 고소한 맛의 큼직한 비스킷을 추가 주문해서 같이 먹을 것을 추천한다. 튀긴 해산물을 프렌치 롤에 넣어서 만든 샌드위치 포보이Po Boy와 코로케 모양의 베넷Beignets도 인기 메뉴. 베넷은 뉴올리언즈식 도넛인데, 개인적으로 크로피시 맛을 추천한다. 주변 치안이 좋지 않으니 늦은 시간 방문은 피할 것.

Data Map 217 C
Access 뮤니 버스 31번 타고 에디 스트리트&포크 스트리트 하차
Add 652 Polk St
Tel 415-345-8100
Open 월·화 08:00~15:00, 수~토 08:00~22:00, 일 08:00~20:00
Web www.frenchsoulfood.com
Cost 슈림프&그리츠 12달러, 베네 플라이트 9달러 정도

샌프란시스코에서 맛보는 유대계의 이국적인 맛
와이즈 선스 주이시 델리커테슨
Wise Sons Jewish Delicatessen

유대인계 미국인이 운영하는 브런치 레스토랑. 내부는 화이트 벽과 원목 테이블로 꾸며 자연광이 들어오면서 화사함을 더한다. 이 집의 토스트나 샌드위치는 빵 안에 아주 작은 씨앗이 총총히 박혀 있는 류 브레드Rye Bread를 이용한다. 칠면조, 소고기 등 고기를 허브와 섞어서 만들어낸 파스트라미Pastrami를 이용한 파스트라미 치즈 프라이Pastrami Cheese Frie가 유명하다. 유대인 전통 음식인 맛초 볼 수프Matzo Ball Soup도 맛있다.
매주 화요일 오전 10시부터 오후 2시까지 페리 빌딩 앞에서 열리는 파머스 마켓에서는 샌드위치류, 디저트류 등 이 레스토랑의 음식을 구매할 수 있으니 참고하자. 미국에서 수준 높은 이국의 맛을 즐길 수 있다는 점이 매우 즐겁다.

Data Map 217 K
Access 바트 타고 24th 스트리트역 하차 후 도보 3분
Add 3150 24th St
Tel 415-787-3354
Open 수~금 08:00~15:00, 토·일 09:00~15:00
Web www.wisesonsdeli.com
Cost 수프 6달러~, 버거 10달러 정도

로컬들이 사랑하는 팁 프리 레스토랑
재지 Zazie

샌프란시스코에서 손꼽히는 브런치 맛집으로, 빈티지풍의 일러스트와 그림들이 걸려있는 인테리어가 캐주얼하다. 인기 메뉴로는 샴페인에 복숭아 소르베, 바질 시럽을 넣어 만든 매직 미모사Magic Mismosa, 폭신한 반죽에 포피 씨앗Poppyseed을 넣은 미라클 팬케이크Miracle Pancakes, 아보카도와 토마토 소스, 달걀 등을 올린 에그 빈센트Eggs Vincent 등이 있다. 또한 이곳은 에그 베네딕트 메뉴가 다채롭다. 잉글리시 머핀 위에 갖은 토핑과 수란, 홀렌데이즈 소스 등을 올린 에그 베네딕트를 다양한 스타일로 제공한다.

주문 방법은 원하는 토핑에 해당 메뉴와 달걀(1, 2, 3알)을 고른다. 사이드 메뉴는 샐러드와 구운 감자가 있다. 이곳의 특이한 점은 팁 프리 레스토랑으로, 따로 팁을 주지 않아도 된다.

Data Map 241 H
Access 뮤니 메트로 N선 타고 콜 스트리트&칼 스트리트에서 하차 후 도보 1분
Add 941 Cole St **Tel** 415-564-5332
Open 월~금 08:00~14:00, 토·일·공휴일 09:00~15:00
Web www.zaziesf.com
Cost 매직 미모사 12달러, 미라클 팬케이크 9달러, 에그 빈센트 18달러

화덕에서 방금 꺼낸 담백한 피자
피제리아 델피나 Pizzeria Delfina

샌프란시스코에서 가장 인기 있는 피자집으로 손꼽히는 곳이다. 바삭하면서도 쫄깃한 도 위에 쫄깃하게 녹아있는 모차렐라 치즈와 톡톡 터지는 빨간 토마토즙이 일품인 마리게리타가 강력한 추천 메뉴다. 다양한 피자가 준비되어 있으니 취향에 따라 골라보자. 피자만 먹기 아쉽다면 미트볼을 시켜보는 것도 좋은 방법이다.

서버들의 친절함은 기본. 오픈 키친으로 운영되기 때문에 피자 만드는 모습도 살짝 엿볼 수 있다. 자리 잡기 어렵다면 테이크아웃을 해서 도보 5분 거리에 위치한 돌로레스 파크Dolores Park에서 피크닉을 즐기자. 이 또한 근사한 브런치를 즐기는 또 하나의 방법이다.

Data Map 216 J
Access 뮤니 버스 33번 타고 18th 스트리트&게레로 스트리트 하차 **Add** 3611 18th St **Tel** 415-437-6800
Open 월 17:00~22:00, 화~목 11:30~22:00, 금 11:30~23:00, 토 12:00~23:00, 일 12:00~22:00 **Web** www.pizzeriadelfina.com
Cost 피자 13~17달러, 미트볼 14달러

EATING 03

비싸지만 꼭 한 번 즐기고 싶은
파인 다이닝

일 년 내내 햇살 좋은 해양 도시 샌프란시스코는 고급 레스토랑 문화나 식도락 문화가 발전하기 참 좋은 환경을 갖추고 있다. 섬세한 서비스, 로맨틱한 분위기 속에서 오감을 자극하는 예술적인 요리들을 만날 수 있는 파인 다이닝. 가격은 다소 비싸지만 꼭 한번 즐기고 싶다면 반드시 예약하자.

©Deborah Jones

미쉐린 별 3개가 빛나는 최고급 레스토랑
프렌치 런드리 The French Laundry

미국 내에서는 너무나 유명한 곳. 미식가들 사이에서는 이름만 들으면 누구나 고개를 끄덕일 만큼 인정받는 레스토랑이다. 최고의 파인 다이닝을 계획하고 있다면 프렌치 런드리가 최선의 선택이 될 것이다. 샌프란시스코에서 약 2시간 떨어진 나파 밸리에 위치해 있다. 최고의 프렌치 레스토랑으로 미쉐린 별 3개를 받았다. 음식 하나하나에 장인 정신과 예술성이 집약되어 있다.

화려한 요리와 섬세한 서비스, 고풍스럽지만 편안한 분위기까지 갖춰, 특별한 날 완벽한 식사 시간을 만들어준다. 가격대는 높지만 기대만큼 훌륭한 서비스를 제공받을 수 있기 때문에 찾는 이가 많다. 그러므로 예약은 최소 3개월 이전에 해야 한다. 와인까지 겸한다면 2인 기준 한화로 최소 100만 원 정도의 지출을 예상해야 한다. 하지만 최고의 레스토랑을 찾는 미식가라면 고려할 만하다.

Data Map 284
Access 샌프란시스코 도심에서 차로 2시간 정도 떨어진 나파 밸리에 위치
Add 6640 Washington St, Yountville, CA 94599
Tel 707-944-2380
Open 금~일 11:00~13:00, 월~일 17:30~21:30
Cost 코스 요리 325달러
Web www.frenchlaundry.com

요리 하나하나가 예술인 곳
블루바드 Boulevard

1906년 샌프란시스코 대지진 화재 속에서 살아남은 유서 깊은 건물에 위치하고 있는 레스토랑이다. 아르누보 스타일로 꾸민 우아한 내부 인테리어가 고풍스럽다. 서버들의 친절한 서비스는 기본, 저절로 감탄사가 나올만큼 예쁘게 플레이팅되어 나오는 요리들이 미각과 시각을 단숨에 사로잡는다. 메뉴는 계절마다 제철 요리가 제공되므로, 음식 선택은 담당 서버에게 추천해달라고 부탁해보자. 무엇을 먹어도 맛은 보장된다. 와인 리스트도 잘 갖추어져 있으니 황홀한 저녁 식사를 위한 준비가 완벽한 셈이다.

미쉐린 1스타를 받은 레스토랑이고 자갓 서베이에 3연속 1위를 하는 등 샌프란시스코의 대표 파인 다이닝 레스토랑으로 잘 알려져 있다. 주요 관광지와 인접해 있는 위치 덕분에 찾아가기도 편리하다. 파인 다이닝은 홈페이지를 통해 예약할 것을 추천한다. 예약하지 않았더라도 선착순으로 앉을 수 있는 바Bar가 있으니 단념하지 말고 가보자.

Data Map 187 H
Access 바트, 뮤니 메트로 타고 엠바카데로역 하차 후 도보 5분
Add 1 Mission St
Tel 415-543-6084
Open 월~금 11:30~14:00, 월~목·일 17:30~22:00, 금·토 17:30~22:30
Web www.boulevard-restaurant.com
Cost 점심 월~금 인당 55달러 정도, 단품 요리 15달러~, 저녁 1인당 70달러, 단품 17~40달러 정도

캘리포니아 퀴진의 진수
프랜시스 Frances

미쉐린 1스타에 빛나는 레스토랑인 프랜시스. 신선한 재료 본연의 맛을 잘 살린 캘리포니아 퀴진의 진수를 느낄 수 있는 곳이다. 음식이 맛있고, 서버들의 세심하고 세련된 서비스가 돋보인다. 전식 요리는 7달러부터, 메인 요리는 27달러 정도로 명성에 비해 음식의 가격대는 많이 비싸지 않다. 시그니처 전식 요리로 불리는 애플우드 스모크드 베이컨 베네Applewood Smoked Bacon Beignet, 짭쪼름한 바다 향이 느껴지는 베이크드 체리스톤 클램Baked Cherryston Clams은 꼭 맛보도록 하자. 파이브 닷 랜치 바베뜨 스테이크Five-Dot Ranch Bavette Steak는 인기 메인 메뉴다.
금귤과 감을 넣어 쫀득한 질감이 특징인 럼버잭 케이크Lumberjadk Cake는 꼭 먹어봐야 할 디저트다. 커피는 유명한 로컬 커피 브랜드 블루 보틀 커피에서 나온 오가닉 원두를 이용해서 만들어낸다. 총 테이블 좌석 38명, 바 좌석 10명으로 규모가 크지 않기 때문에 예약은 필수다. 홈페이지를 통해 예약할 수 있다.

Data Map 216 F
Access 스트리트카 F노선 또는 뮤니 메트로 M,L,K,T 타고 카스트로역 하차 후 도보 3분
Add 3870 17th St
Tel 415-621-3870
Open 화~목·일 17:00~22:00, 금·토 17:00~22:30
Web www.frances-sf.com
Cost 1인당 45달러~

지역 주민들에게도 인기 만점인 파인 다이닝
팜하우스 레스토랑 Farmhouse Restaurant

지역 주민들에게 사랑받는 곳은 그만한 이유가 있다. 신선한 재료들과 셰프의 감각이 어우러져 빚어낸 캘리포니아 스타일의 창의적 요리를 맛볼 수 있기 때문이다. 훌륭한 음식과 서비스를 받을 수 있는 이곳은 지역 주민들에게 직접 추천을 받은 곳이다.
이 레스토랑의 대표 요리는 세 가지 방식으로 요리한 토끼 요리다. 소믈리에의 추천을 받아 와인과 함께 즐기기를 권한다. 홈페이지를 통한 예약은 필수. 메뉴는 코스 요리를 선택하도록 되어 있다. 낭만적인 스타일의 공간도 만족감을 더해준다. 가격대비 만족도가 높다는 평가를 받고 있는 곳이다.

Data Map 185 A
Access 샌프란시스코 도심에서 차로 1시간 40분 정도 떨어진 소노마 밸리에 위치
Add 7871 River Rd Forestville, CA 95436
Tel 707-887-3300
Open 목~월 17:30~21:30
Web www.farmhouseinn.com
Cost 3코스 99달러, 4코스 116달러, 3코스 와인 페어링 78달러(세금과 팁은 별도), 와인 1병당 50달러 콜키지 비용 추가

💬 Talk
한 번쯤 읽어보면 도움이 되는 레스토랑 예절

식사 전
❶ 빈 자리가 보여도 마음대로 앉지 말자. 웨이터나 웨이트리스가 마중 나와 자리를 안내해줄 때까지 문 앞에서 기다리자.
❷ 착석을 하면 음료를 먼저 주문한다. 음료를 마시면서 식사 메뉴를 정한다. 참고로 무료로 제공받는 물은 탭 워터Tap Water다. 병에 들어 있는 미네랄 워터는 요금이 발생하니 유의하자.
❸ 담당 서버가 주문 받으러 올 때까지 기다리자. 메뉴판을 주고 고르도록 시간을 주는데, 다 골랐다고 자꾸 부르면 실례. 여유롭게 기다리는 것이 좋다.

식사 중
❶ 트림을 하는 것은 큰 실례이니 만약 실수로 트림을 하게 되었다면, "Excuse me"라고 말하자. 재채기는 좀 더 자연스러운 생리 현상. 그러나 소리가 커서 다른 사람들을 놀라게 하거나 침을 튀길 정도라면, "Excuse me"라고 말하도록 하자. 코를 푸는 것은 큰 실례가 아니다.
❷ '좌빵우수'를 기억하자. 좌측에는 빵, 우측에는 물(와인)을 둔다. 웨이터가 물이나 와인을 따라줄 때에는 잔을 들거나 잡는 것보다는 가볍게 목례를 한다.
❸ 고급 레스토랑에서 제공되는 냅킨은 펴서 무릎 위에 얹으면 된다.
❹ 식사 중이라면 ㅅ자 모양으로 포크와 나이프를 엇대서 접시 위에 올려 놓는다. 식사가 끝나면 접시 위에 포크와 나이프를 나란히 11자로 올려두면 된다.

식사 후
❶ 계산을 할 때는 테이블에 앉은 채로 담당 서버를 불러서 계산서를 요청하자. 계산서를 받았다면 금액 확인 후 계산서 위에 신용카드 또는 현금을 올려놓으면 된다. 신용카드로 결제 시 영수증 해당란에 사인하도록 되어 있다. 이때 팁을 추가로 적기도 한다.
❷ 팁을 주는 것은 당연하다고 여기자. 보통 세금을 제외한 음식 값의 15%를 팁으로 남기는 것이 기본이다. 8명 이상의 단체일 경우에는 음식 값의 20%를 팁으로 주는 것이 관례. 가능하다면 현금으로 준비해 테이블 위에 올려두는 것이 좋다. 만약 현금이 없어서 신용카드로 결제했다면 카드 명세서 영수증의 팁을 적는 공란에 금액을 적으면 된다. 단, 정말 불친절했을 경우 1달러 정도를 두고 간다. 이는 항의의 표현이라는 것을 잊지 말자. 가끔 계산서에 팁이 포함되어 있는 경우도 있다. 이 경우 따로 팁을 주지 않아도 되므로 계산서를 잘 살펴보자.

고급 레스토랑 이용 시, 옷차림은?
고급 레스토랑을 이용할 계획이라면 너무 캐주얼한 차림은 피하는 것이 좋다. 남성의 경우 점퍼, 청바지, 운동화 등을 피하고, 로퍼나 셔츠 등으로 깔끔하게 입자. 여성의 경우도 트레이닝복이나 슬리퍼보다는 원피스에 구두를 신는 것이 좋다.

©Thomas keller by Deborah Jones

EATING 04

꼭 먹어봐야 하는 **해산물** 요리, 어디가 좋을까?

바다로 둘러 싸인 샌프란시스코는 해산물이 풍부하기로 유명하다. 특히 샌프란시스코의 명물로 꼽히는 던지니스 크랩Dungeness Crab과 토말 베이Tomales Bay의 청정 굴농장에서 직배송되는 신선한 생굴은 꼭 먹어봐야 하는 음식! 입맛 까다로운 샌프란시스코 미식가들이 꼽은 해산물 맛집을 소개한다. 인기 레스토랑답게 긴 줄을 서서 기다려야 하지만 그만큼 맛이 보장된 곳이다.

바다를 바라보며 신선한 생굴을 즐길 수 있는
호그 아일랜드 오이스터 Hog Island Oyster

굴을 좋아하는 사람이라면 반드시 가볼 것을 추천한다. 이 레스토랑에서 맛볼 수 있는 생굴은 샌프란시스코에서 2시간 정도 떨어져 있는 청정 굴농장인 토말 베이에서 직배송된다. 가격대가 저렴하지는 않지만 그 맛을 보면 아깝지 않다는 생각이 들 정도로 고품질을 자랑한다. 제공되는 굴의 종류도 여러 가지인데, 특히 달콤한 쿠마모토Kumamoto를 꼭 맛보길.
계절에 따라 제공되는 굴의 종류도 조금씩 달라지니 담당 서버에게 문의하자. 조갯살을 넣은 따끈한 크림 수프인 클램 차우더 수프와 그릴 샌드위치도 인기 메뉴. 월~목요일 해피 아워(17:00~19:00)를 이용하면 평소 가격의 반값으로 굴을 먹을 수 있다.

Data Map 187 H
Access 바트, 뮤니 메트로 엠바카데로역 하차 후 도보 7분
Add 1 Ferry Building, Shop 11
Tel 415-391-7117
Open 11:00~21:00
Web www.hogislandoysters.com
Cost 클램 차우더 14달러, 굴 12개 36달러 정도(종류에 따라 다르다)

멋진 뷰를 즐기는 로맨틱 해산물 레스토랑
워터 바 Water Bar

베이브리지와 바다가 보이는 멋진 전망을 자랑하는 고급 해산물 레스토랑이다. 실내에 놓인 커다란 기둥 모양의 수족관이 인상적이다. 전망과 서비스가 좋은 만큼 전체적으로 요리가 비싼 편. 평일에 방문한다면 해피 아워(월~금 11:30~17:30)를 이용하는 것도 방법이다. 해피 아워에는 석화 1개당 1.05달러 정도에 주문할 수 있다. 단 테이블당 최대 24개까지 굴을 먹을 수 있다.

다양한 종류의 굴을 맛보고 싶다면, 담당 서버에게 문의해서 일반 메뉴 중 고르면 된다. 굴은 서식한 장소에 따라 맛이 다르니, 추천을 받아보는 것도 좋겠다. 생선 요리인 옐로 테일 잭Yellow Tail Jack, 생선이 들어간 샌드위치Beer Battered Rockfish Sandwich도 인기 메뉴다.

Data Map 187 H Access 바트, 뮤니 메트로 엠바카데로역 하차 후 도보 10분 Add 399 The Embarcadero Tel 415-284-9922
Open 월~금 11:30~21:30, 토·일 11:30~22:00
Web www.waterbarsf.com
Cost 굴 12개 37달러, 생선이 들어간 샌드위치 19달러

지중해식 해산물 스튜가 일품
소토 마레 Sotto Mare

리틀 이탈리아라고도 불리는 노스 비치에 자리 잡고 있는 작은 레스토랑 소토 마레. 이 집의 별미는 가리비, 게, 조개, 홍합 등 신선한 해산물을 가득 넣은 지중해식 해산물 스튜인 치오피노 Ciopinno. 둘이서 먹기에도 충분한 양으로 신선하고 오동통하게 살이 오른 각종 해물을 포크로 찍어먹고, 함께 제공되는 빵을 해물 육수에 찍어먹으면 그 맛이 일품이다.
치오피노의 맛을 보기 위한 사람들로 식사 시간에는 보통 30분 정도 기다려야 한다. 기다리는 사람들에게 레드 와인을 한 잔씩 제공하기도 한다. 해물이 들어간 파스타류도 맛있으니 주문 시 참고하자.

Data Map 187 G
Access 뮤니 버스 8X, 30, 45번 타고 스톡톤 스트리트&콜럼버스 애비뉴에서 하차 후 도보 3분
Add 552 Green St
Tel 415-398-3181
Open 월~토 11:00~21:30
Web www.sottomaresf.com
Cost 치오피노 38달러, 파스타류 12~17달러

규모 작다고 얕보지 마라!
스완 오이스터 디포 Swan Oyster Depot

1912년에 개업한 이래, 100년이 넘는 시간 동안 한자리를 지키며 미식가들에게 최고라는 찬사를 받고 있다. 내부는 18명 정도의 손님이 착석 가능한 바테이블이 있다. 샌프란시스코 대표 맥주인 앵거스팀 맥주와 함께 먹는 생굴이 일품이다. 크랩루이 샐러드는 강력 추천 음식. 계절마다 제철 해산물이 조금씩 달라진다.
가게가 매우 비좁고 예약도 받지 않아 늘 긴 줄이 늘어서 있다. 오픈 시간에 맞추어 가는 게 덜 기다리는 방법. 카드 결제 불가.

Data Map 186 F
Access 뮤니 버스 1번 타고 클레이 스트리트&포크 스트리트에서 하차 후 도보 2분
Add 1517 Polk St
Tel 415-673-1101
Open 월~토 10:30~17:30
Cost 크랩 샐러드 25달러, 굴 6개 14달러 정도

특제 마늘 소스로 맛을 낸 게 요리 전문점
크랩 하우스 앳 피어 39 Crab House at Pier 39

여러 가지 메뉴가 준비되어 있지만, 이곳을 찾은 대부분의 손님들은 크랩 요리를 먹는다. 지글지글 뜨거운 팬 위에 얌전히 올라앉은 크랩이 특제 마늘 소스를 만나 이루어내는 환상적인 조화! 그냥 손으로 부러뜨려 자른 후 각자 가지고 있는 게살 포크를 이용해서 살을 발라내 먹으면 된다. 어떻게 잘라 먹어야 할지 망설여진다면 담당 서버를 부르자. 친절하게 먹는 방법을 알려줄 것이다. 사이드 디시로는 마늘과 체더치즈로 맛을 낸 감자튀김인 갈릭 프라이를 추천한다. 바삭하고 고소하다.
한국어 메뉴판도 있다. 예약은 홈페이지에서 할 수 있으며, 주말은 최소 한 달 전에는 예약하는 것이 좋다. 차량을 이용해서 방문할 계획이라면 점심시간에는 1시간, 저녁 7시 이후에는 피어 39 앞에 위치한 주차장을 2시간 무료로 이용할 수 있다.

Data Map 187 C
Access 스트리트카 F노선 타고 더 엠바카데로&스톡톤 스트리트 하차 Add 203 C Pier 39
Tel 415-434-2722
Open 11:30~22:00
Web www.crabhouse39.com
Cost 크랩 46달러 정도

> **Tip** 후회 말고 꼭 먹어보자. 던지니스 크랩, 킹 크랩, 스톤 크랩, 연갑 크랩 등 다양한 종류의 게가 있다. 이곳 샌프란시스코의 자랑거리인 크랩은 바로 던지니스 크랩 Dungeness Crab이다. 샌프란시스코 만 인근에서 잡히는 게의 풍미와 질감이 특히 좋다. 반드시 먹어봐야 하는 음식인 것은 당연! 제철은 11~6월이다. 딱딱한 효모빵과 샴페인 또는 샤르도네 와인을 곁들이면 더욱 환상 궁합.

EATING 05

간단하고 **저렴한 한 끼**

살인적인 물가로 유명한 샌프란시스코. 때마다 뭘 먹을까 고민하는 여행자들에게 식비는 큰 부담일 때가 많다. 주머니 가벼운 여행자도 즐겁게 즐길 수 있는 식사 메뉴는 뭐가 있을까? 맛 좋고, 영양 많고, 가격도 싼 최고의 선택! 당신의 식사 고민을 덜어주는 메뉴들을 소개한다. 단, 사람이 몰린다는 것을 잊지 말자.

테이크아웃 위주로 판매하는
힝 왕 베이커리 Hing Wang Bakery

차이나타운이 잘 발달한 샌프란시스코에서 저렴하게 중국식 만두인 딤섬을 저렴하게 맛보고 싶다면 추천하는 곳. 가격대는 딤섬류 3개당 2~3달러로 상당히 저렴하다. 포크 슈마이Pork Sew Mai, 쉬림프 고우Shirimp Gow, 에그 커스타드Egg Custard, 참깨볼Sesame Ball, 치킨 연잎밥Sticky Rice with Chicken 등이 인기 메뉴다. 앉아서 먹을 만한 장소가 적고, 상당히 허름한 편이라 테이크아웃을 추천한다. 도보 12분 거리에 위치한 골든 게이트 공원에서 피크닉을 즐기며 먹어보자.

Data Map 216 B Access 6번 뮤니 버스를 타고 9th 스트리트&주다 스트리트에서 하차 후 도보 1분
Add 338 Judah St Tel 415-681-3928 Open 08:15~20:30
Cost 딤섬 3개 2.70달러, 치킨 연잎밥 1개당 4달러, 참깨볼 1달러(현금만 가능)

> **Tip** 이곳처럼 투고 위주의 저렴한 딤섬 가게가 샌프란시스코 도시 곳곳에 있다. 차이나타운에 위치한 굳 몽콕 베이커리Good Mong Kok Bakery(1039 Stocton St), 딜리셔스 딤섬Delicious Dim Sum(752 Jackson St) 등도 추천할 만하다.

간단하게 저렴하게 그리고 맛있게
아웃 더 도어 Out the Door

테이크아웃 전문인 베트남 식당이다. 간단한 식사 메뉴를 제공한다. 바삭한 인페리얼롤, 구수하고 진한 국물의 치킨 수프, 짭짤하고 감칠맛 나는 양념과 부드러운 돼지고기의 육질이 어우러지는 레몬그라스 포크 등 어떤 음식을 먹어도 실패가 없는 것으로 소문이 나 있다. 찐만두처럼 생긴 번Bun도 저렴한 인기 메뉴다.
선착순으로 주문을 하므로 예약해야 하는 번거로움이 없다. 페리 빌딩에 위치하고 있기 때문에 접근성도 뛰어나다. 테이블이 있지만 좁고 좌석도 부족하다. 감각 있는 레스토랑인 슬랜티드 도어와는 자매 레스토랑 격인 곳이다. 맛은 보장되는 곳이다.

Data Map 187 H
Access 바트, 뮤니 메트로 엠바카데로역 하차 후 도보 7분
Add 1 Ferry Building, Shop 5
Tel 415-321-3740
Open 월~수·금 10:00~18:00, 토 08:00~17:00
Web www.outthedoors.com
Cost 번 3달러, 단품 10달러 정도

STEP 04
EATING

멕시코에서 먹는 것보다 더 맛있는 타코
타퀴리아 바랄타 Taqueria Vallarta

멕시코 사람들이 많이 거주하는 미션 지역에는 특별한 먹거리가 있다. 바로 부리토Burrito와 타코Taco가 그 주인공. 든든한 한 끼 식사를 원한다면 양이 많은 부리토를 간식으로는 타코를 추천한다. 편안하게 먹기에는 타코보다 부리토가 좀 더 깔끔하다.
주문 시 속재료를 골라야 하는데, 소고기나 돼지고기, 닭고기, 초리소(스페인식 소시지) 중 하나를 선택하는 것이 무난하다. 채식주의자를 위한 베지테리언 부리토도 준비되어 있다. 미션은 위험한 지역이므로 가능하면 낮에 방문하는 게 좋다.

Data Map 217 K
Access 바트를 타고 24th 스트리트역 하차 후 도보 6분
Add 3033 24th St
Tel 415-826-8116
Open 일~목 08:00~다음 날 01:00, 금·토 08:00~다음 날 03:30
Cost 부리토 9달러, 타코 3달러 정도

두툼하고 육즙이 풍부한 스테이크의 지존
테즈 스테이크하우스 Tad's Steakhouse

두툼하고 육즙 풍부한 커다란 스테이크 하나가 14달러라는 것만으로도 지존이다. 게다가 샌프란시스코의 심장이라고 불리는 다운타운에 위치한 덕에 찾아가기 쉽다. 카운터에서 주문한 후 진동벨이 울리면 직접 음식을 받아오는 셀프 서빙 방식이지만, 음식 값의 15~20% 추가되는 팁에 대한 부담이 적다는 점은 무척 큰 장점. 단, 나올 때 테이블을 치워주는 직원을 위해 2~3달러의 팁을 남기기도 한다. 스테이크 주문 시 샐러드와 마늘빵, 통감자가 사이드 메뉴로 딸려나오니 꽤 만족스러운 식사가 아닐 수 없다.

Data Map 187 G
Access 바트, 뮤니 메트로 파웰역 하차 후 도보 5분
Add 120 Powell St
Tel 415-982-1718
Open 07:00~23:30
Web www.tadssteaks-sf.com
Cost 스테이크 단품 14달러, 1/2 치킨구이 10달러

캘리포니아의 건강한 햄버거
인 앤 아웃 버거 In-N-Out Burger

순수 100% 소고기 패티Pure Beef Patty와 얼리지 않은 생감자를 사용해 버거를 만든다. 식물성 오일에 튀겨낸 감자튀김은 신선한 맛을 자랑한다. 주방 기구 중에 전자렌지와 냉동고가 없다는 점에서 이곳의 재료들이 얼마나 싱싱하게 관리되고 있는지를 확인할 수 있다. 샌프란시스코에서 꼭 맛 봐야 하는 햄버거집으로 가격까지 저렴해서 더욱 인기 만점. 설립자인 스나이더Snyder가족들에 의해서만 경영되고 있으므로, 미국에서는 캘리포니아, 유타, 네바다, 아리조나 주에서만 맛볼 수 있는 햄버거다. 샌프란시스코 지점의 메뉴 가격이 다른 지역 지점에 비해 조금 더 높은 편이다.

Data Map 186 B
Access 스트리트카 F노선 타고 존 스트리트&비치 스트리트 하차 후 도보 2분
Add 333 Jefferson St
Tel 800-786-1000
Open 월~목・일 10:30~다음 날 01:00, 금・토 10:30~다음 날 01:30
Web www.in-n-out.com
Cost 치즈버거 단품 3.60달러, 세트 8.10달러

샌프란시스코에서만 맛볼 수 있는
슈퍼 두퍼 버거 Super Duper Burgers

슬로 푸드의 가치를 추구한다는 문구답게 슈퍼 두퍼 버거는 건강한 재료를 사용하는 버거집으로 유명하다. 내부는 1, 2층으로 되어 있고 원하는 곳에 착석하면 된다. 오픈 키친 스타일로 되어있어서 버거 만드는 과정을 볼 수 있다. 슈퍼 버거는 패티가 2개 들어가고, 미니 버거는 1개가 들어간다. 일반적인 식사량이라면 미니 버거로도 충분하다. 미니 버거에 치즈를 추가하면 더 풍부한 풍미를 즐길 수 있다.
체더치즈와 마늘을 얹은 갈릭 프라이Garlic Fries도 인기 있다. 아삭한 식감의 피클을 제공한다. 유기농 소프트 아이스크림도 맛있다. 샌프란시스코 내에 총 6개의 지점이 위치한다.

Data Map 217 C
Access 스트리트카 F노선 또는 뮤니 버스 71번 타고 마켓 스트리트&커니 스트리트 하차 후 도보 3분 **Add** 721 Market St
Tel 415-538-3437 **Open** 월~수 08:00~23:00, 목・금 08:00~23:30, 토 10:30~23:30, 일 10:30~22:00
Web www.superduperburgers.com **Cost** 슈퍼 버거 7.75달러, 미니 버거 5.50달러, 갈릭 프라이 3.25달러, 콘 3.25달러, 생맥주 5달러

EATING 06

감각 충전 팍팍 **스타일 좋은 레스토랑**

미쉐린 별이 달린 파인 레스토랑보다는 저렴하지만 분위기와 요리는 그 못지 않게
훌륭한 곳. 합리적인 가격대로 즐기는 감각 충전의 시간! 미식가가 많기로 유명한
샌프란시스코에는 멋진 레스토랑이 참 많다. 맛집 여행을 원하는 사람에게는
그야말로 필수 코스! 감각을 오롯이 충전하는 뜻 깊은 시간을 가져보자.

영화 속 한 장면처럼 낭만적인
포린 시네마 Foreign Cinema

영화관을 개조한 건물이라서 그런지 입구는 전혀 레스토랑답지 않다. 육중한 문을 열고 들어가면 생각지 못했던 멋진 풍경이 눈앞에 펼쳐진다. 촛불이 하늘거리고 영화가 상영되는 실내 공간은 분위기가 좋아서 감탄이 절로 나온다. 셰프들의 창의력 돋보이는 요리와 직원들의 섬세한 서비스는 기분을 업 시키기에 충분하다. 공간이 주는 느낌이 너무 특별한 데다가 어떤 음식을 먹어도 만족할 만하기 때문에 데이트를 즐기는 연인들에게는 인기 만점이다.

날이 어두워지면 실외 공간의 벽 쪽에는 독립영화나 외국 영화가 상영된다. 주말에는 브런치도 즐길 수 있다. 이왕이면 분위기 좋은 저녁 시간 때를 추천한다. 단, 레스토랑이 위치한 지역의 치안이 좋지 않다는 의견이 많으니 안전에 신경쓰자. 주말 저녁에 방문할 예정이라면 2~3주 전쯤 예약해야 한다.

Data Map 217 K
Access 뮤니 버스 14, 49번 타고 미션 스트리트&21th 스트리트에서 하차
Add 2534 Mission St.
Tel 415-648-7600
Open 월~목, 일 17:30~22:00, 토·일 11:00~14:30, 금·토 17:30~23:00
Web www.foreigncinema.com
Cost 단품 15~27달러 정도, 굴 6개 22달러

최상의 재료로 선보이는 베트남식 퓨전 요리
슬랜티드 도어 The Slanted Door

'살짝 기울어진 문' 정도로 직역할 수 있을까? 특별한 상호명인 슬랜티드 도어는 현대적이고 깔끔한 분위기의 베트남 레스토랑이다. 이 레스토랑의 주인이자 셰프인 찰스 판Charles Phan이 대부분 음식을 담당하지만, 가끔 그가 쉬는 날에는 예약률이 저조하다고 하니 이 지역 사람들의 깐깐함을 엿볼 수 있다.
크리스피 임페리얼 롤Crispy Imperial Rolls, 스프링롤, 쌀국수 등 우리 입맛에 잘 맞는 음식들이 많으며, 보통 쌀알 크기의 절반 정도인 브로큰 자스민 라이스Broken Jasmine Rice도 특이하다.

Data Map 187 H
Access 바트, 뮤니 메트로 엠바카데로역 하차 후 도보 7분
Add 1 Ferry Building, Shop 3
Tel 415-861-8032
Open 점심 월~토 11:00~14:30, 일 11:30~14:30, 저녁 17:30~22:00
Web www.slanteddoor.com
Cost 단품 15달러~

끝내주게 맛있는 스테이크를 맛볼 수 있는
하우스 오브 프라임 립 House of Prime Rib

한 가지 메뉴로 50년이 넘는 시간 동안 사랑을 받고 있다는 것. 그 사실 하나만으로도 남다른 포스가 느껴진다. 내부가 꽤 넓음에도 불구하고 항상 사람이 많다. 꼭 예약하고 가야 하는 곳이다.
이곳에서 사용하고 있는 프라임 립이란 소고기의 최고 2% 부위를 말하는데, 그야말로 최상급 고기를 먹을 수 있는 곳이다. 다소 추운 지방인 노스 다코타North Dakota에서 자란 소들은 운동량이 많고 건강하다. 그 소고기의 최상급 부위를 가져온 다음 한 달 정도 자연 숙성을 시킨 후 통째로 5시간쯤 익힘 정도가 다르게 오븐에 굽는다. 주문이 들어오면 1인분씩 고객이 원하는 익힘 정도에 따라 마무리한 후 서빙한다. 함께 나오는 겨자소스를 곁들여 먹으면 입에 착착 붙을 만큼 맛있다.

Data Map 186 F **Access** 뮤니 버스 47, 49번 타고 반 네스 애비뉴& 클레이 스트리트 하차 후 도보 1분 **Add** 1906 Van Ness Ave
Tel 415-885-4605 **Open** 월~목 17:30~22:00, 금 17:00~22:00, 토·일 16:00~22:00 **Web** www.houseofprimerib.net
Cost 1인당 40~50달러 정도

이국적인 태국 음식을 원할 때
오샤 타이 Osha Thai

고급스러운 인테리어에 비해 가격대가 합리적이어서 인기 있는 태국 레스토랑. 게다가 어떤 음식을 주문해도 맛과 양이 만족스럽다. 치킨 팟타이Pad Thai with Chicken, 똠얌 수프Tom Yum soup, 치킨과 가지를 매운 양념으로 간을 한 요리, 소고기 판시유Pad See Ew with Beef 등이 추천할만한 메뉴다. 특히 튜나 타워Tuna Tower는 도전해볼 만한 메뉴인데, 아보카도 위에 양념한 참치회를 올린 음식으로 튀긴 만두피 위에 얹어서 먹는 특이한 애피타이저다. 음료는 타이 아이스티Thai Iced Tea를 곁들여보자.

Data Map 187 H
Access 바트, 뮤니 메트로 타고 엠바카데로역에 하차 후 도보 5분
Add 149 2nd St
Tel 415-788-6742
Open 11:00~23:00
Web www.oshathai.com
Cost 단품 13달러~
(15달러 이하는 현금 결제만 가능)

스타일리시한 공간에서 즐기는 한 끼 식사
앵커&홉 Anchor&Hope

직역하자면 '닻과 희망'이란 뜻의 레스토랑이다. 창고를 개조해 만든 내부는 배관 시설이 그대로 드러난 높은 천장과 무심하게 그려져 있는 벽화들이 매력적이다. 신선한 재료만을 고집한 요리를 선보인다. 간단한 샐러드, 샌드위치, 파스타부터 해산물 요리까지 다양하다. 소마 지역의 직장인들에게도 유명한 맛집이다.

특별한 해산물 요리를 원한다면 애피타이저로 세비체Ceviche Mixto나 구운 성게 요리Warm Sea Urchin(17달러)를 주문하자. 페루 전통 음식인 세비체는 해물을 주재료로 볶은 후 라임과 오일을 넣는 요리로 신선하고 맛있다. 하지만 양이 적고 음식 대비 값이 높은 편이니 주문 시 참고하자. 레스토랑 분위기가 좋고 세련되어서 추천할 만한 곳이다.

Data Map 217 D
Access 바트, 뮤니 메트로 타고 몽고메리역에서 도보 5분
Add 83 Minna St **Tel** 415-501-9100
Open 월~금 11:30~14:00, 월~목·일 17:30~22:00, 금·토 17:30~23:00 **Web** www.anchorandhopesf.com
Cost 점심 단품 15~22달러 정도, 저녁 단품 14~30달러

EATING 07

빵을 사랑하는 사람들을 위한 **특별한 베이커리**

다민족, 다인종으로 어우러진 도시 샌프란시스코. 이민자들이 많은 탓에 다양한 음식을 접할 수 있다. 유럽이나 홍콩에서 이주한 사람들도 많기 때문에 맛있는 베이커리들이 많다. 파리의 빵집이 부럽지 않은, 퀄리티 좋은 빵을 맛볼 수 있는 샌프란시스코. '나는 밥보다 빵이 좋아!'라고 외치는 빵 애호가들의 마음을 설레게 한다.

늘 북적북적 사람이 많은 곳
타르틴 베이커리&카페 Tartine Bakery&Cafe

간판도 없다. 가게 내부가 들여다 보이는 창문으로 작은 안내판만 보일 뿐인 이곳이 바로 그 유명한 베이커리다. 소박해 보이는 작은 규모이지만, 2002년 문을 연 후 수많은 사람들로부터 베스트라는 찬사를 듣는 빵집이다. 특히 주말 낮이면 길게 늘어선 줄을 피할 수 없다. 밀가루, 달걀, 채소, 설탕 등 모든 재료는 유기농이고 제철 재료에 따라 메뉴가 조금씩 바뀐다. 이 베이커리의 주인 부부는 천연 효모 베이킹 견습 훈련을 했다고. 겉으로 딱 봐도 건강에 좋은 빵임이 느껴지는 메뉴가 대부분이다.

추천 메뉴는 바나나 크림 타르트로, 꼭 한번 먹어보아야 하는 디저트임에 틀림없다. 가능하다면 평일 오전에 방문하는 것이 긴 줄을 피할 수 있는 방법. 실내 넓은 공동 탁자에 앉아 각자 할 일을 하면서 간단한 식사를 즐기도록 되어 있다. 합석이 불편하다면 야외 좌석을 선택하자. 빵을 좋아하는 사람이라면 절대 후회하지 않는 방문이 될 것이다. 다만, 가격대가 높다는 것이 흠이라면 흠. 매일 오후 4시 30분이면 오븐에서 갓 구운 빵을 구입할 수 있다.

Data Map 216 J
Access 뮤니 버스 33번 타고 18th 스트리트&게레로 스트리트 하차
Add 600 Guerrero St
Tel 415-487-2600
Open 월 08:00~19:00,
화·수 07:30~19:00,
목·금 07:30~20:00,
토 08:00~20:00,
일 09:00~20:00
Web www.tartinebakery.com
Cost 바나나 크림 타르트 7.50달러,
크로크무슈 10.75달러 정도

STEP 04
EATING

유명하니까 한 번쯤 구경 가고 싶은 베이커리
보딘 사워도우 베이커리&카페 Boudin Sourdough Bakery&Café

1849년에 설립된 보딘 사워도우 베이커리는 160여년 전 처음 만들어 낸 효모를 계속 발효해서 지금까지 사용하고 있다. 사워 도우 Sour Dough라는 시큼한 맛의 발효 빵이 바로 그것! 이 둥그런 빵의 속을 파낸 후 그릇삼아 담겨나오는 클램 차우더Clam Chowder는 샌프란시스코에서 꼭 먹어봐야 하는 음식으로도 알려져 있다. 한국인의 입맛에는 수프가 짜다는 느낌이지만 차가운 바닷바람이 가득한 이 지역을 돌아다니느라 살짝 언 몸을 녹이기에는 제격이다.
천장 레일을 이용해서 숭숭 날아다니는 빵 바구니의 모습이나 악어, 게 등 여러 동물 모습의 빵도 볼거리다. 클램 차우더를 통조림에 담아 판매하니 기념품으로 구입하는 것도 괜찮다. 주요 관광지인 피어 39, 피셔맨즈 워프 인근에 위치해 접근성이 좋다.

Data Map 187 C
Access 스트리트카 F노선 타고 제퍼슨 스트리트&테일러 스트리트 하차 후 도보 1분 **Add** 160 Jefferson St **Tel** 415-928-1849
Open 월~목·일 08:00~21:30, 금·토 08:00~22:00
Web www.boudinbakery.com
Cost 브레드 볼 수프 8.59달러, 샐러드 8.49달러~

Tip 현지인도 'BOUDIN'을 보딘 혹은 부딩이라고 읽는다. 어떻게 읽어도 좋다.

파리의 바게트 부럽지 않아
아크메 브레드 컴퍼니 Acme Bread Company

프랑스 파리의 바게트 부럽지 않은, 맛있는 효모향이 가득 느껴지는 빵을 만들어내는 곳이다. 이곳은 샌프란시스코 지역 주민들의 유러피언 식사를 책임지고 있는 베이커리다. 겉은 바삭, 속은 쫄깃한 질 좋은 바게트는 프랑스의 대표적인 효모 빵이다. 그래서 샌프란시스코와 베이 지역의 유명 프렌치 레스토랑에는 아크메 브레드 컴퍼니의 빵이 주로 공급되고 있다.
페리 빌딩 내에 위치한 탓에 찾아가기 쉽다. 블루 보틀 커피에서 산 커피 한 잔과 바게트, 버터, 딸기잼까지 곁들인다면 훌륭한 프랑스식 아침 식사를 즐길 수 있다.

Data Map 187 H
Access 바트, 뮤니 메트로 타고 엠바카데로역 하차 후 도보 7분 **Add** 1 Ferry Bldg
Tel 415-288-2978
Open 월~금 06:30~19:30, 토·일 08:00~19:00
Web www.acmebread.com
Cost 바게트 3달러 정도, 효모빵 1.80달러~

행운의 과자를 만드는 곳
골든 게이트 포천 쿠키 팩토리 Golden Gate Fortune Cookies Factory

미국 내 중국 레스토랑에서는 후식으로 포천 쿠키라는 과자를 자주 나눠준다. 포천 쿠키란 운세에 관한 다양한 메시지가 들어 있는 쿠키다. 차이나타운에 위치한 이 집은 쿠키가 만들어지는 과정을 살펴볼 수 있다. 좁은 공장 안에 들어서면 노동자들이 쭉 앉아 있다. 그들은 메탈 플레이트에서 반죽이 떨어지면서 막 구워나온 고소하고 향긋한 쿠키에 행운의 종이를 넣은 후 재빨리 접는다.

행운의 메시지가 들어 있는 쿠키뿐만 아니라 불운의 쿠키도 있다. 필요에 따라 적절하게 선택하면 좋겠다. 무료로 시식할 수 있으며 가격대는 저렴한 편. 맛과 재미를 동시에 느낄 수 있는 특별한 베이커리다.

Data Map 187 G Access 뮤니 버스 30, 45번 타고 스톡톤 스트리트&퍼시픽 스트리트 하차 후 도보 3분 Add 56 Ross Alley
Tel 415-781-3956 Open 09:00~18:00
Cost 포천 쿠키 작은 봉지 1달러 정도

부드럽고 달달한 커스타드 타르트의 유혹
골든 게이트 베이커리 Golden Gate Bakery

언제가도 길게 늘어선 줄이 이곳의 인기를 실감하게 한다. 차이나타운에 오면 다들 한번씩 먹는다는 커스터드 타르트 Custard Tart. 우리나라에서는 에그 타르트로 많이 알려진 디저트다. 노랗게 미각을 자극하는 색깔, 고소한 향과 달콤하고 부드럽게 전해지는 맛이 일품. 중국의 추석 전통 과자로 알려져 있는 문 케이크 Moon Cake도 유명한 제품이니 취향에 따라 맛보자.

과자 한입 베어물고 차이나타운을 살짝 구경해보는 것도 좋겠다. 시끌벅적하고 사람이 많아 불편하긴 해도 샌프란시스코 도시 한가운데에서 만나는 중국 스타일 거리가 재미있고 신기하다.

Data Map 187 G
Access 뮤니 버스 30, 45번 타고 스톡톤 스트리트&퍼시픽 애비뉴 하차 후 도보 3분
Add 1029 Grant Ave
Tel 415-781-2627
Open 08:00~20:00
Cost 커스터드 타르트 1.40달러, 문 케이크 5.80달러~

EATING 08

맛 GOOD! 에너지 UP!
달콤한 추천 간식

행복 호르몬으로 불리는 세로토닌 비율 증가, 피로 회복에도 최고!
체력 소모가 큰 여행 중에는 달콤한 간식은 필수.
샌프란시스코 곳곳에 숨어 있는 달달한 간식을 맛보자.

모양도 예쁘고 맛도 황홀한 컵케이크
카라스 컵케이크 Kara's Cupcakes

앙증맞고 예쁜 색과 모양의 컵케이크. 한입 베어 물면 그 진하고 황홀한 달콤함에 잠시 시름을 잊는다. 어린 시절부터 단것을 너무나도 사랑했다는 카라 린드Kara Lind라는 페스트리 전문 셰프가 자기 이름을 걸고 오픈한 가게다. 사용되는 모든 재료는 지역에서 생산되는 신선한 유기농 제품으로, 건강까지 생각한 간식이다.
추천 메뉴는 적당한 당도를 자랑하는 카라스 캐롯Kara's Karrot, 부드러운 초콜릿 풍미를 느낄 수 있는 초콜릿 벨벳Chocolate Velvet. 또한 달콤한 케이크 위에 소금이 올라간 플로 드 셀Fleur de Sel을 골라보는 것도 좋다. 미국인들이 선호하는 달콤한 맛을 더 내기 위해 설탕 위에 살짝 소금을 올렸다.

Data Map 186 E Access 뮤니 버스 30번 타고 체스넛 스트리트&피어스 스트리트 하차 Add 3249 Scott St Tel 866-554-2253
Open 일~목 10:00~20:00, 금·토 10:00~22:00
Web www.karascupcakes.com
Cost 컵케이크 1개당 3.50달러

40여 종의 다양한 치즈케이크가 한 곳에
치즈케이크 팩토리 The Cheesecake Factory

달콤하고 부드러움의 조화가 일품인 치즈케이크를 무려 40여 종이나 판매한다. 미국인들도 즐겨 찾는 대중적인 곳으로, 미국 전역에 위치한 체인 레스토랑이다. 특히 샌프란시스코 지점은 고층에 위치해 야경이 아름답다. 치즈케이크는 어떤 것을 먹어도 다 맛있다. 순수한 맛을 원한다면 오리지널 치즈케이크를, 상큼한 과일 향이 좋다면 프레시 스트로베리, 진한 초콜릿의 풍미가 당긴다면 고디바 초콜릿 치즈케이크를 추천한다.
쇼핑의 메카인 유니언 스퀘어에 자리 잡고 있는 덕에 늘 많은 사람들로 북적인다. 간단하게 먹을 예정이라면 치즈케이크 한 조각을 테이크아웃해 유니언 스퀘어(메이시스 앞 광장)에서 소풍하듯 시간을 보내는 것도 괜찮다.

Data Map 187 K Access 바트, 뮤니 메트로 파웰역 하차 후 도보 5분 (메이시스 백화점 꼭대기 층 위치, 백화점 입구에 전용 엘리베이터 있음)
Add 251 Geary St Tel 415-391-4444
Open 월~목 11:00~23:00, 금·토 11:00~24:30, 일 10:00~23:00
Web www.thecheesecakefactory.com
Cost 단품 14~22달러, 케이크 9달러 정도

STEP 04
EATING

최고의 아이스크림으로 소문난
바이 라이트 크리머리 Bi Rite Creamery

부드러운 질감과 뛰어난 맛을 자랑하는 최고의 아이스크림 명소로 알려진 곳. 재료 역시 유기농 우유, 과일 등을 고수한다. 투명한 유리창을 통해 보이는 아이스크림 메뉴가 다양하다. 맛을 보고 구입할 수 있으니 무엇을 선택할지 고민이라면 반드시 맛보기를 요청하도록 하자. 인기 메뉴로는 솔티드 카라멜Salted Caramel, 커피 토피Coffee Toffee, 발사믹 스트로베리Balsamic Strawberry가 있다. 컵과 콘을 선택할 수 있고 싱글 사이즈를 선택해도 두 가지 맛을 고를 수 있다. 아이스크림을 들고 돌로레스 파크에 가서 휴식을 취하는 것도 좋겠다. 주말에는 줄이 길다. 최고의 아이스크림을 맛보기 위해 기다리는 사람들이 많다는 사실에 새삼 놀라게 된다.

Data Map 216 J Access 뮤니 버스 33번 타고 18th 스트리트& 돌로레스 스트리트 하차 Add 3692 18th St Tel 415-626-5600 Open 월~목·일 11:00~22:00, 금·토 11:00~23:00 Web www.biritecreamery.com Cost 싱글 3.50달러(1~2가지 맛)

도시 명예 훈장 받은 도넛의 특별함
밥스 도넛&패스트리 Bob's Donut&Pastry Shop

때론 간단한 아침 식사로, 때론 영양 만점 간식으로 도넛만큼 좋은 게 없다. 도넛은 우울하거나 피로할 때 더 맛있게 느껴지고, 언제 먹어도 입이 즐거운 간식이다. 미국인들의 도넛 사랑은 참 각별한데, 그들에게 큰 사랑을 받고 있는 유명한 도넛 맛집이다. 자칫 허름해 보이는 가게 외관에 실망하지 말 것. 이래봬도 샌프란시스코 시에서 명예 훈장까지 받은 곳이다.
1970년에 오픈한 이래 줄곧 한곳에서만 꾸준히 운영중이다. 게다가 24시간 영업해 편리성을 더한다. 반질반질 윤기나는 글레이즈드 도넛Glazed Donut, 애플 프리터Apple Fritter, 시나몬 트위스트 Cinnamon Twist는 특히 인기 품목이다. 주요 관광지와는 떨어져 있는 편이며 결제는 현금만 받는다.

Data Map 186 F Access 뮤니 버스 1번 타고 클레이 스트리느&포크 스트리트 하차 Add 1621 Polk St Tel 415-776-3141 Open 24시간 Cost 글레이즈 도넛 1달러 정도

현지인들에게 더 인기가 좋은 로컬 아이스크림
스웬슨스 아이스크림 Swenson's Ice Cream

1948년 오픈한 로컬 아이스크림 가게. 메뉴판을 보고 맛을 선택하면 되는데, 도무지 어떤 맛을 선택해야 할지 모르겠다면 "I want to taste this flavor"라고 말하며 손가락으로 마음에 드는 아이스크림을 가르켜 '맛보기'를 요청하자. 작은 스푼에 아이스크림을 조금 떠서 주면 먹어보고 입맛에 맞는 걸 주문하면 된다.
부드러운 맛은 라이치Lychee를, 진한 초콜릿을 느끼고 싶다면 스키니 츄이 초콜릿Sticky Chewy Chocolate을 추천한다. 터키시 커피 Turkish Coffee는 달콤하면서도 쌉쌀한 맛이다. 긴 줄을 피하고 싶다면 평일에 방문하는 것을 권한다.

Data Map 186 F Access 케이블카 파웰-하이드라인 타고 하이드 스트리트&유니언 스트리트 하차
Add 1999 Hyde St Tel 415-775-6818
Open 화~목·일 12:00~22:00, 금·토 12:00~23:00
Web www.swensensicecream.com
Cost 두 가지맛 아이스크림 6달러~

쌉쌀 달콤 초콜릿의 매력
기라델리 초콜릿 Ghirardelli Chocolate

설탕을 많이 넣은 초콜릿이 아닌 품질 좋은 카카오 함량이 높은 초콜릿은 오히려 건강에 유익하다. 샌프란시스코에서도 질 좋은 초콜릿을 맛볼 수 있는 곳이 있다. 1800년대 중반에 설립되어 100년이 넘는 역사를 자랑하는 기라델리 초콜릿. 이곳은 기다델리 스퀘어에 온 많은 방문객들이 꼭 들르는 상점이다.
가격대는 할인마트보다 다소 비싸게 느껴질 수 있다. 하지만 기념품, 선물용으로 제격인 예쁜 틴케이스에 들어 있는 초콜릿은 일반 슈퍼에서는 만나기 힘든 제품이다. 상점 내부로 들어서면 카페도 마련되어 있다. 이곳에서는 초콜릿이 만들어지는 과정을 볼 수 있는 기계가 전시되어 있어서 흥미롭다.

Data Map 186 B
Access 케이블카 파웰-하이드라인 파웰 스트리트&마켓 스트리트 하차 후 도보 3분
Add 900 N Point St
Tel 415-474-3938
Open 월~목·일 09:00~23:00, 금·토 09:00~00:00
Web www.ghirardelli.com
Cost 틴케이스 초콜릿 13달러, 선데이 아이스크림 11.95달러

EATING 09

선셋 칵테일 한 잔 즐길 수 있는 곳

노랗고 붉게 물드는 샌프란시스코의 선셋. 그 스카이 라인을 감상하며 하루를 마무리하는 것이야말로 최고의 호사다. 분위기에 취하고 낭만에 취하는 시간. 약간의 알코올을 곁들여 여행의 피로를 풀어보자. 샌란시스코가 전하는 깊은 감동이 마음을 두드릴 것이다.

태평양을 바라보는 절벽 위의 집
클리프 하우스 Cliff House

최고의 선셋 파노라마를 볼 수 있는 곳. 클리프Cliff라는 이름 그대로 절벽에 세워진 집이다. 창 밖으로 실 록Seal Rock이 보인다. 위도상의 위치가 우리나라의 정동진과 딱 일치한다고 한다. 저 바위를 기준 삼아 쭉 앞으로 간다면 정동진에 도착할 수 있다는 뜻. 저녁 7시 이후부터는 라이브 재즈 음악이 흘러 분위기가 더 좋다. 칵테일뿐만 아니라 브런치, 점심과 저녁 식사도 가능하다. 클리프 하우스의 클래식한 칵테일인 라모스 피츠Ramos Fizz는 오렌지주스와 진Gin, 달걀 흰자 거품이 올라간 묘한 느낌의 칵테일이다.

Data Map 240 A
Access 뮤니 버스 38L 타고 48th 애비뉴&포인트 로보스 애비뉴 하차 후 도보 5분
Add 1090 Point Lobos
Tel 415-386-3330
Open 11:30~21:30
Web www.cliffhouse.com
Cost 칵테일 5달러~

바다 위의 샌프란시스코를 감상하며
스피니커 The Spinnaker

샌프란시스코에서 페리를 타고 약 20분 걸리는 소살리토에 위치한 뷰가 멋진 레스토랑이다. 바로 앞에 바다가 있으며, 샌프란시스코 스카이 라인을 볼 수 있다. 낮에는 푸른 바다를, 밤에는 샌프란시스코의 야경을 감상하기 위해 많은 사람들이 찾는다.
분위기 좋은 곳에서 커피 한 잔을 즐기고 싶다면 이곳을 추천한다. 스피니커는 '돛단배에 달린 커다란 돛'을 뜻하는 말이다.

Data Map 263 C
Access 소살리토 페리 선착장에서 도보 5분
Add 100 Spinnaker Dr, Sausalito
Tel 415-332-1500
Open 11:00~23:00
Web www.thespinnaker.com
Cost 카페라테 5달러, 단품 13~20달러

STEP 04
EATING

아일랜드보다 더 맛있는 아이리시 커피
부에나 비스타 카페 Buena Vista Café

이곳에 들어서면 모든 사람들이 한 종류의 음료를 마시는 중이라는 것을 깨달을 수 있다. 바로 이 집의 스페셜리티Speciality인 아이리시 커피Irish Coffee다. 아이리시 커피는 커피에 아일랜드 위스키를 넣은 것으로, 아일랜드 더블린Dublin에서 추위를 견디기 위해 마시기 시작했다고 알려져 있다.
술이 약한 사람에게는 위스키 알코올의 향 때문에 독하다고 느껴질 수 있으니 주문 시 참고하도록 하자. 아이리시 커피 한 잔과 함께 샐러드, 샌드위치 등의 브런치나 점심 메뉴를 즐기는 사람들도 자주 보인다.

Data Map 186 B
Access 케이블카 파웰-하이드 라인 파웰 스트리트&마켓 스트리트 하차 후 도보 3분
Add 2765 Hyde St
Tel 415-474-5044
Open 월~금 09:00~다음 날 02:00, 토·일 08:00~다음 날 02:00
Web www.thebuenavista.com
Cost 아이리시 커피 8달러, 요리 12달러

> **Tip** 1952년 오픈한 이 집의 아이리시 커피는 마니아층이 형성되어 있을 정도다. 아이리시 커피를 만들기 위해서 필요한 것은 뜨거운 커피와 아이리시 위스키 그리고 설탕과 휘핑 크림이다. 몸속으로 스며드는 위스키의 알콜이 몸을 데우고 긴장을 풀어준다. 따뜻한 커피의 향과 설탕의 달콤함이 크림과 함께 부드럽게 퍼진다.

칵테일로 마무리 하는 낭만적인 하루
톱 오브 더 마크 Top of the Mark

샌프란시스코 노브힐 인터콘티넨탈 호텔의 꼭대기인 19층에 위치한 톱 오브 더 마크는 전망을 즐기기에 아주 그만인 장소이다. 샌프란시스코의 찬란한 밤 모습을 감상하기에 안성맞춤인 곳. 사방이 통유리로 되어 있어 도시의 분위기를 즐기며 식사도 가능하고, 칵테일 한 잔 마시기에도 좋다.

> **Tip** 샌프란시스코에서 시작된 드링크 마티니Martini는 칵테일의 왕으로도 불린다. 1860년 샌프란시스코의 한 바텐더가 오스트리아 마티네로 여행하는 신사에게 이 칵테일을 대접하고, 그의 목적지 이름을 따서 칵테일 이름을 마티니로 지었다. 진의 쌉쌀하면서도 알싸한 향과 베르무트의 달콤한 향이 미묘한 조화를 이루는 칵테일이다. 원조 동네에 왔으니 한번 마셔주자. 주로 식전주로 마신다.

Data Map 187 G
Access 케이블카 파웰-하이드 라인 타고 파웰 스트리트&파인 스트리트 하차 후 도보 3분
Add 1 Nob Hill
Tel 415-616-6916
Open 월~토 06:30~14:30, 일 10:00~13:00, 월~목·일 17:00~00:00, 금·토 16:00~다음 날 01:00
Web www.topofthemark.com
Cost 칵테일 13달러 정도, 에피타이저 16달러 정도, 디저트 9달러 정도

Step 05
SHOPPING

샌프란시스코를 사다

01 샌프란시스코 쇼핑의 모든 것
02 개성 있는 로컬 브랜드숍, 셀렉트숍
03 빈티지 아이템을 살 수 있는 보물창고
04 사랑스런 주방 용품이 가득한 숍
05 기념품, 선물용으로 딱 좋은 제품
06 캘리포니아의 저렴하고 괜찮은 와인 리스트

SHOPPING 01

샌프란시스코 **쇼핑의 모든 것**

미국, 유럽 브랜드 제품들이 한국에 비해 상당히 저렴하다. 구매할 품목 또한 많다. 하루나 반나절 정도 쇼핑할 계획이라면 최대한 밀집 지역으로 가야 시간이 절약된다. 가격대는 어차피 비슷하다. 백화점은 쿠폰이 발매되는 경우가 많으므로 일반 매장보다 더 저렴할 때가 많다.

샌프란시스코의 쇼핑 메카
유니언 스퀘어 Union Square

샌프란시스코에서 브랜드 제품을 쇼핑할 때 가장 편리한 지역은 유니언 스퀘어다. 포웰역 주변으로 쇼핑센터가 많은데 이 지역을 '유니언 스퀘어 지역'이라고 부른다. 케이블카, 바트, 뮤니 버스, 메트로 등 다양한 교통 수단이 있어서 접근성 또한 편리하다. 웨스트필드Westfield, 메이시스Macy's, 블루밍데일Bloomingdales, 노스트롬Nordstrom, 니만 마커스Neiman Marcus 등 백화점들이 모여 있는 곳. 올드네이비, H&M, 자라ZARA 등 익숙한 이름의 브랜드 매장이 즐비하다. 로스Ross 매장은 디자이너 브랜드 이월 상품을 저렴하게 파는 아웃렛 같은 곳이다.

쇼핑을 하기로 마음 먹었다면 체력 충전은 필수! 하루 종일은 부지런히 다녀도 다 보지 못할 정도로 매장이 많고 제품도 다양하다. 이 지역에서 쇼핑을 계획하고 있다면 지하철 파웰역 내에 위치한 인포메이션 센터에 가보자. 각종 정보들을 꽂아둔 구석 쪽에서 백화점 할인쿠폰을 찾을 수 있다. 계절별·시즌별로 다르지만 백화점 할인쿠폰을 자주 볼 수 있고 매우 유용하다.

Data **Map** 187 K **Access** 바트, 뮤니 메트로 파웰역, 뮤니 버스 2, 3, 4, 30, 76번 등이나 케이블카 파웰-하이드, 파웰-메이슨 라인 파웰 스트리트&마켓 스트리트 주변

멋쟁이들을 위한 멀티숍
얼반 아웃피터스 Urban Outfitters

독특한 디자인의 브랜드를 모아서 판매하는 멀티숍. 신발, 의류, 가방, 액세서리뿐만 아니라 인테리어 소품까지 다양한 제품을 만날 수 있다. 닥터마틴, 컨버스, 뉴발란스 등 우리나라에서 인기 있는 브랜드도 많이 취급하고 있다. 개성있는 제품들과 합리적인 가격대로 멋쟁이들에게 사랑받는 멀티숍이다. 샌프란시스코에서만 만날 수 있는 숍은 아니지만 쇼핑의 메카 유니언 스퀘어 지역에서 가볼 만한 상점이다.

Data Map 187 K
Access 바트, 뮤니 메트로 파웰역 하차 후 도보 1분
Add 80 Powell St
Tel 415-989-1515
Web www.urbanoutfitters.com
Open 월~토 09:00~23:00, 일 10:00~22:00

착한 가격, 착한 감각
포에버 21 Forever 21

미국의 유명 스파 브랜드로, 우리나라에도 잘 알려진 H&M이나 자라ZARA와 비슷한 콘셉트의 매장이다. 유행에 뒤쳐지지 않으면서 가격대가 저렴한 의류나 신발, 액세서리 등을 판매한다. 하지만 옷에 따라 품질의 차이가 크다는 의견들이 있으니 구매 시 소재를 잘 확인한 후 고르도록 하자.

Data Map 187 K
Access 바트, 뮤니 메트로 파웰역 하차 후 도보 4분
Add 2 Stockton St
Tel 415-765-0902
Web www.forever21.com
Open 월~토 09:00~23:00, 일 10:00~22:00

여자를 위한, 여자의 공간
앤트로폴로지 Anthropologie

꽃무늬에 레이스가 있는 샤랄라 공주풍 옷, 빈티지 느낌의 전등, 포근하고 따스함이 전해지는 침구류, 핸드백 속에 꼭 넣어 다니고 싶은 자그마한 수첩까지 아기자기하고 다양한 물건들을 만날 수 있는 곳이다. 어쩜 이렇게 여자들이 원하는 것을 쏙쏙 잘 골라 놓았을까? 행복에 취해 감탄사가 나올만한 곳. 감각이 참 좋다.
제품의 품질도 좋고 디자인의 개성도 강하다. 유행을 타거나, 여기저기 너무 흔하게 눈에 띄는 것들도 아니다. 프린트 강한 액세서리나 의류, 그 외 홈 제품들을 좋아한다면 강력 추천. 선물용으로 구매하면 좋을 제품들도 꽤 있다. 하지만 세일을 하지 않는 시즌에는 가격대가 높은 것이 단점.

Data Map 187 K
Access 바트, 뮤니 메트로 파웰역 하차 후 도보 1분
Add 880 Market St
Tel 415-434-2210
Web www.anthropologie.com
Open 월~토 10:00~20:00, 일 11:00~19:00

이월제품이 모이는 도심 속 아웃렛 매장
로스 Ross

디자이너 제품이지만 이월 상품들을 모아 판매하는 곳이다. 아웃렛 매장만큼 저렴한 가격이 장점. 열심히 발품을 팔아야 하는 게 체력적으로 고되기는 하지만 가끔 뜻밖의 득템을 하는 행운도 누릴 수 있다. 샌프란시스코의 쌀쌀한 날씨 때문에 겉옷 하나 필요하다면 이곳을 먼저 들러보길 추천한다. 꽤 괜찮은 옷, 가방, 신발, 인테리어 소품 등을 저렴하게 구매할 수 있다.

Data Map 187 K
Access 바트, 뮤니 메트로 파웰역 하차 후 도보 4분
Add 799 Market St
Tel 415-957-9222
Open 월~토 08:30~22:00, 일 09:00~21:30

아웃렛 중의 아웃렛
마샬 Marshalls

마샬은 아웃렛에서도 팔리지 않은 브랜드 제품들이 더 낮은 가격대로 모이는 마지막 아웃렛으로, 가격이 매우 저렴하다. 옷, 신발, 가방은 물론 홈웨어까지 없는 게 없이 다양하다. 잘 찾아보면 아주 저렴한 가격으로 원하는 제품을 구할 수 있다.

Data **Map** 187 K **Access** 바트, 뮤니 메트로 파웰역 하차 후 도보 5분
Add 760 Market St **Tel** 415-395-9068
Open 월~토 09:30~21:30, 일 11:00~20:00

Theme
감각 UP! 스트레스 DOWN!
샌프란시스코 도심 로컬 쇼핑 스트리트

샌프란시스코 도시 구석구석에 쇼핑 골목들이 있다. 패셔니스타라면 그냥 지나칠 수 없다. 시간 바쁜 여행자들이 이곳까지 다 찾아보기에는 다소 무리가 있다. 그러나 장기여행자라면 한 번 둘러볼 것을 추천한다. 쇼핑 골목마다 특징이 있어서 쭉 둘러보는 것만으로도 감각이 업그레이드 된다. 단, 지갑이 너무 가벼워지지 않도록 유의하자.

유니언 스트리트 Union St Map 184 F
로컬 디자이너의 매장을 주로 볼 수 있는 곳이다. 목걸이, 반지 등 소품 매장부터 옷, 신발 등의 패션 매장까지 다양한 상점이 있다.

그랜트 애비뉴 Grant Ave Map 186 G
이탈리안 타운으로 유명한 노스 비치에 위치한 쇼핑 골목이다. 로컬 디자이너의 매장이 많다. 빈티지한 제품부터 감각이 느껴지는 제품까지 다양하다.

헤이트 애시버리 Haight Ashbury Map 216 E
샌프란시스코의 유명한 문화 거리. 헤이트 스트리트에는 빈티지숍과 타투, 피어싱숍들이 즐비하다. 특이한 제품을 구매할 수 있는 곳으로도 유명한 쇼핑 골목이다.

메이든 레인 Maiden lane Map 185 K
유니언 스퀘어 지역에 위치한 숨은 명품 골목. 샤넬, 프라다, 에르메스, 토리 버치 등 유명 브랜드가 전부 모여 있다. 골목 그 자체가 럭셔리. 현지인이라도 알만한 사람만 아는 곳.

필모어 스트리트 Fillmore St Map 184 E
재팬타운과 가깝다. 우리나라 신사동 가로수길로 비유되는 지역이다. 브랜드 매장부터 로컬디자이너 매장까지 다양한 제품들을 만날 수 있다.

발렌시아 스트리트 Valencia St Map 216 J
미션 지역의 쇼핑 거리. 발렌시아 스트리트는 상당히 길이가 길다. 옷, 신발 등 패션 소품부터 인테리어 제품까지 다양한 상점을 볼 수 있다.

보다 싸게, 보다 가깝게!
샌프란시스코 근교 아웃렛

정가의 50~80% 이상 저렴한 아웃렛은 그야말로 쇼핑의 천국이다. 공휴일이 있는 주간에는 추가로 특별 세일을 하는 경우가 많다. 게다가 VIP 쿠폰북을 받으면 더욱 저렴하다. 단, 대중교통으로 가기 어렵다는 단점이 있다. 리버모어 프리미엄 아웃렛이 그나마 대중교통을 이용해서 가기에 편하다. 가능하면 자가용을 이용할 것을 추천한다.

샌프란시스코 프리미엄 아웃렛
San Francisco Premium Outlets®

Data **Access** 샌프란시스코 도심인 파웰역에서 더블린, 플레젠트행 바트를 타고 더블린, 플레젠튼역 하차. (바트 이용료 왕복 11.3달러) 택시를 타고 리버모어 프리미엄 아웃렛까지 9분. 차로 갈 경우 샌프란시스코에서 약 45분
Add 2774 Paragon Outlets Dr, Livermore
Tel 925-292-2868
Open 월~토 10:00~21:00, 일 10:00~19:00
Web www.premiumoutlets.com/Sanfrancisco

나파 프리미엄 아웃렛
Napa Premium Outlets®

Data **Access** 차로 갈 경우 샌프란시스코에서 약 1시간 소요. 대중교통으로 가기에는 복잡하고 시간이 오래 걸려서 추천하지 않음
Add 629 Factory Stores Dr, Napa
Tel 707-226-9876
Open 월~목 10:00~20:00,
금·토 10:00~21:00, 월 10:00~18:00
Web www.premiumoutlets.com/napa

길로이 프리미엄 아웃렛
Gilroy Premium Outlets®

Data **Access** 차로 갈 경우 샌프란시스코에서 약 1시간 20분 소요. 칼트레인 또는 그레이하운드 고속버스를 타고 길로이역에서 내린 후 시내버스 68, 121번으로 갈아탄다(총 3~4시간 소요)
Tip 배차 간격이 일정하지 않으니 반드시 배차 시간표를 확인하자(www.caltrain.com/www.greyhound.com).
Add 681 Leavesley Road, Gilroy
Tel 408-842-3729
Open 월~토 10:00~21:00, 일 10:00~18:00
Web www.premiumoutlets.com/gilroy

> **Tip** 아웃렛에서 제공하는 VIP 쿠폰북을 받자. 쿠폰북이 있으면 더 저렴해지는 경우가 있다. 받는 방법도 어렵지 않다. 홈페이지(www.premiumoutlet.com)에서 VIP 회원 가입(무료)을 한 후, 쿠폰북 교환권을 프린트 해가자. 아웃렛의 인포메이션 센터에서 쿠폰북으로 교환할 수 있다. 인포메이션 센터는 아웃렛 매장 곳곳에 배치된 지도를 통해 확인할 수 있다.

SHOPPING 02

개성 있는 **로컬 브랜드숍, 셀렉트숍**

다른 도시에서는 보기 힘든 로컬 브랜드숍이나 독특한 개성으로 채워진 셀렉트숍은 여행의 큰 재미다. 이 도시의 패션 리더들의 감각적인 스타일도 맛볼 수 있고 트렌드도 엿볼 수 있기 때문. 샌프란시스코만의 분위기도 한껏 품고 있으니 나중에 여행을 추억하기에도 좋다.

영국 출신 디자이너 부부의 세련된 매장
에덴&에덴 Eden&Eden

영국 출신의 부부가 운영하는 셀렉트숍. 미국 전 지역에서 부부가 발견한 빈티지 의류들과 유럽에서 직접 공수해온 감각적인 주얼리 제품을 주로 판매한다. 패션을 사랑하는 사람들 사이에서는 꽤 입소문이 난 곳으로, 패션 피플들이 많이 찾는다.
규모가 크진 않지만 디자인을 전공한 부부의 세련된 감각을 곳곳에서 만날 수 있다. 세련된 패션 아이템을 찾는 사람에게 강력 추천! 가격대도 합리적이다. 의류의 경우 공장에서 대량으로 찍어낸 듯한 느낌의 제품보다는 자연스럽고 유니크한 디자인의 제품이 많다는 점도 특별하게 느껴진다.

Data Map 187 G
Access 뮤니 버스 8X번 타고 커니 스트리트&잭슨 스트리트 하차 후 도보 1분
Add 560 Jackson St
Tel 415-983-0490
Web www.edenandeden.com
Open 월~금 10:00~19:00, 토 10:00~18:00

빈티지함이 물씬, 스타일리시 제품들을 만나다
알스 어타이어 Al's Attire

스타일리시한 제품들을 만날 수 있는 상점. 옷의 깃, 단추 하나까지 세세하게 신경을 쓴 제품들이 많다. 나만의 디자인 의뢰까지 가능하다고 하니 패션에 관심이 있는 사람에게는 반가운 곳. 판매 제품은 주로 빈티지 느낌이 나는 의류와 신발, 장신구들이다. 가격대가 결코 저렴하지 않지만 좋은 제품은 오래두고 입을 수 있으니 선택은 소비자의 몫. 유니크한 제품을 사랑하는 사람들에게 인기 만점. 굳이 구매하지 않더라도 내게 어울리는 스타일을 찾을 때 들러볼 만하다.

Data Map 187 G
Access 뮤니 버스 30, 45번 타고 스톡톤 스트리트&콜럼버스 애비뉴에서 하차 후 도보 3분
Add 1300 Grant Ave
Tel 415-693-9900
Open 월~토 11:00~19:00, 일 12:00~18:00
Web www.alsattire.com
Cost 구두 150달러 정도, 셔츠 50달러 정도

100년 전통의 모자 브랜드
구린 브라더스 Goorin Brothers

옷차림의 센스 있는 마무리는 모자! 품질 좋은 모자를 찾고 있다면 꼭 들러보자. 1895년에 시작되어 100년이 넘는 시간 동안 이어온 전통 있는 모자 브랜드다. 오랜 역사만큼 열혈 팬도 많다. 개성 넘치는 디자인의 모자뿐만 아니라 클래식하면서 고급스런 제품까지 종류도 다양하다. 모자의 품질은 물론 포장까지도 마음에 쏙 든다. 선물용으로도 안성맞춤! 가격도 생각보다 저렴하다.

Data Map 187 G
Access 뮤니 버스 8X 타고 콜럼버스 애비뉴&그린 스트리트 하차 후 도보 2분
Add 1612 Stockton St
Tel 415-402-0454
Open 월~목 11:00~19:00, 금~일 10:00~20:00
Web www.goorin.com
Cost 베레모 30달러~

진정한 멋을 아는 남성을 위한
웰컴 스트레인저 Welcome Stranger

스타일리시한 남자들에게 추천하고 싶은 쇼핑 공간이다. 아페세 APC 청바지부터 영국 브랜드인 바버Barbour 등 멋쟁이들의 위한 제품들만 쏙쏙 골라 가져다 놓은 편집숍이다.
한 바퀴 돌아보면 마음에 꼭 맞는 스타일이 나타난다. 감각적인 디자인의 상품들이 많고, 제품의 질이 높은 편이다. 단, 가격대도 높은 편이다. 가끔 세일을 하기도 하니 홈페이지를 참고하자.

Data Map 216 B
Access 뮤니 버스 21번 타고 헤이트 스트리트&고프 스트리트 하차 후 도보 1분 **Add** 460 Gough St
Tel 415-864-2079 **Open** 11:00~19:00
Web www.welcomestranger.com
Cost 의류 55달러~, 가방 150달러~, 화장품 25달러~

💬 Talk
샌프란시스코에서 탄생한 브랜드 이야기

샌프란시스코의 로컬 브랜드로 탄생하여 지금은 세계적인 브랜드가 된 사례들이 있다. 그 대표 주자가 바로 리바이스Levis. 한때는 멋쟁이들의 필수품이며 청춘의 아이콘으로 불리던 청바지. 실용성과 편안함을 겸비한 리바이스 브랜드가 탄생한 곳이다. 리바이스 브랜드의 원조격인 가게는 텐트천, 캔버스, 옷감 등을 팔던 곳이었다. 1973년, 금을 찾아 캘리포니아 지역으로 모여든 사람들로 샌프란시스코가 급격히 발전하게 되었을 때, 한 재단사가 질긴 데님천을 이용하여 작업복을 만든 것이 청바지의 탄생이다.
현재 샌프란시스코에는 리바이스 본사인 리바이스 플라자Levi's Plaza(**Add** 1155 Battery St **Open** 월~금 09:00~19:00, 토 · 일 12:00~17:00)가 있으며, 1층에 리바이스 청바지의 역사를 보여주는 전시물과 매장이 있다. 그 외에도 갭Gap, 바나나 리퍼블릭Banana Republic, 올드 네이비Old Navy 등도 샌프란시스코에서 탄생한 브랜드이다. 입술을 붉게 물들이는 립 틴트Lip Tint의 원조로 유명한 베네피트Benefit도 마찬가지. 사랑스러운 파스텔톤의 컬러가 가득한 이 도시의 풍경과 붉은 골든 게이트 브리지에서 영감을 받아 탄생했다고 한다.

SHOPPING 03

빈티지 아이템을 살 수 있는 보물창고

세월이 흐를수록 빛나는 빈티지 제품들을 만날 수 있는 곳. 독특한 느낌의 액세서리, 흔하지 않은 디자인의 맥시 원피스 등 이미 제조된 지 꽤 시간이 흘렀는데도 유니크한 포스를 온몸으로 뿜어내는 제품들이 즐비하다. 잘 찾아보면 깨끗하게 보존되어 있는 유명 브랜드 제품이나 명품도 찾을 수 있다. 가격도 상당히 저렴하다.

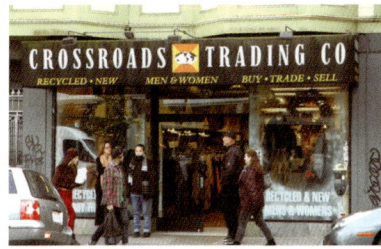

유명한 곳은 다 이유가 있다
크로스로드 트레이닝 컴퍼니 Crossroads Trading Co.

멋쟁이들 사이에서 잘 알려진 유명 중고 가게다. 가격이 저렴한 것은 당연! 운 좋은 날은 상태 좋고 스타일 좋은 유명 브랜드나 명품까지 만날 수 있다. 옷뿐만 아니라 가방, 신발도 판매한다. 사이즈별로 진열해두어 사이즈 찾기도 쉽다. 상당히 많은 양의 옷이 진열되어 있으므로 꼼꼼하게 살펴봐야 하는 수고가 필요하다. 안목 있는 사람이라면 보석 같은 물건을 찾아낼 수 있을 것.
샌프란시스코 지점은 카스트로 지역뿐 아니라 헤이트 스트리트 1519Haight St 1519와 어빙 스트리트 630Irving St 630에도 지점이 있다. 입지 않는 옷이나 가방, 신발 등을 사들이기도 한다.

Data Map 216 F
Access 뮤니 메트로 L, M 노선 타고 처치역 하차 후 도보 1분
Add 2123 Market St
Tel 415-552-8740
Open 월~토 11:00~20:00, 일 11:00~19:00
Web www.crossroadstrading.com
Cost 가방 20달러, 신발 10달러, 원피스 10달러

히피 문화의 중심지에 자리잡은 빈티지숍
데케이드 오브 패션 Decades of Fashion

히피 문화의 메카로 알려져 있는 헤이트 스트리트에 위치해 접근성은 편리하다. 규모가 상당히 큰 편이라 쇼핑하는 재미가 있다. 옷, 신발, 가방 등 다양한 구제 상품들을 만날 수 있다.
60~70년대의 웨딩드레스, 파티복들도 판매한다는 것이 특이점. 특별한 원피스나 드레스를 구매하고 싶다면 들러보자. 귀부인들이 사용했을 것 같은 망사 달린 모자들도 상당히 아름답다. 가죽 제품들도 관리가 잘 되어 있는 편. 상태 좋은 제품이 많은 만큼 가격대는 비싼 편이다.

Data Map 216 E **Access** 뮤니 버스 71번을 타고 헤이트 스트리트&클레이턴 스트리트 하차 후 도보 1분 **Add** 1653 Haight St
Tel 415-551-1653 **Open** 11:00~19:00
Web www.decadesoffashionsf.com
Cost 원피스 25달러 정도, 구두 30달러~

오랜 역사 자랑하는 샌프란시스코의 벼룩시장
앨러매니 벼룩시장 Alemany Flea Market

저렴한 가격으로 빈티지하고 스타일 좋은 제품을 구매할 수 있다는 것은 행운이다. 앤티크 가구부터 실용적인 여행용 가방, 견고한 인형, 멋스런 인테리어 소품, 열쇠고리, 귀여운 티폿까지 없는 게 없다. 게다가 흥정도 가능하기 때문에 그야말로 득템을 할 수 있는 장소다.
장이 열리는 일요일, 가급적 오전 중에 일찍 가는 것이 좋다. 더 좋은 제품을 구매할 수 있는 노하우! 신용카드 사용은 어렵다. 반드시 현금을 준비할 것.

Data **Access** 바트 타고 글렌 파크역 하차 후 바트역 앞에 있는 정류장에서 뮤니 버스 23번으로 환승 후 크리센트 스트리트&퍼트넘 스트리트 하차
Add 100 Alemany Blvd **Tel** 415-647-2043
Open 일 08:00~15:00

SHOPPING 04
사랑스러운 **주방 용품**이 가득한 숍

요리를 사랑하는 사람이라면 반드시 들러보자. 다양한 스타일의 주방 용품이 마음을 설레게 할 것이다. 특히 세일 상품을 판매하는 코너에서는 가격이 저렴하고 품질도 괜찮은 제품들을 만날 수 있다. 간단한 선물을 고르기에도 좋다. 베이킹 도구나 커피 관련 도구는 기념품으로도 인기 만점!

최고급 요리용품을 한곳에서~
윌리엄 소노마 Williams Sonoma

서양 문화권의 여성들은 빵 굽는 것을 좋아한다. 웬만한 집에는 제빵기기부터 빵을 만들기 위해 필요한 다양한 틀과 기구들이 있다. 식사나 간식 때마다 빵을 먹고, 축하나 위로할 때도 빵을 선물한다. 그들에게 빵은 소울 푸드인 것 같다. 요즘에는 우리나라에서도 직접 맛있는 빵을 굽는 사람이 많다. 홈베이킹에 관심 있는 사람이라면 행복한 비명을 지르게 될지도 모른다.
베이킹뿐만이 아니다. 요리를 사랑하는 모든 사람들에게 행복감을 줄 수 있는 곳이다. 유명 베이커리에서, 유명 레스토랑 셰프들이 사용하는 최고급 제품들을 한눈에 볼 수 있다. 가격대는 높지만 좋은 제품을 사서 오래 사용하는 것을 좋아하는 사람이라면 들러볼 만하다.

Data Map 187 G
Access 바트, 뮤니 메트로 파웰역 하차후 도보 5분 **Add** 340 Post St **Tel** 415-362-9450
Open 월~토 09:30~20:00, 일 10:00~18:00 **Web** www.williams-sonoma.com

테이블 위의 모든 것
셀 라 테이블 Sur La Table

셀 라 테이블은 프랑스어로 발음하면 '쉬흐 라 따블르'라고 읽는다. 불어로 '테이블 위에'라는 뜻. 한국 교민들 사이에서는 일명 '수라상'으로 불리기도 한다. 이름 그대로 테이블 위에 올라가는 모든 것이 다 있다. 조리 도구부터 냄비, 그릇, 베이킹, 바비큐 용품, 와인, 커피 관련 용품까지 다양한 브랜드의 주방 용품을 판매한다. 가격대도 폭넓고 선택할 수 있는 것이 많아서, 마음을 이끄는 예쁜 주방 용품 찾는 일이 어렵지 않다. 샌프란시스코 내에 여러 지점이 있으나 특히 페리 빌딩 내에 있는 지점이 접근성이 가장 뛰어나다. 다른 지점들의 위치는 홈페이지를 참고하자.

Data Map 187 H
Access 바트 또는 뮤니 메트로를 타고 엠바카데로역 하차 후 도보 7분
Add 1 Ferry Bldg
Tel 415-262-9970
Open 월~금 09:00~19:00, 토 08:00~19:00, 일 10:00~18:00
Web www.surlatable.com

합리적인 가격대, 괜찮은 품질의 홈 인테리어숍
크레이트&베럴 Create&Barrel

스타일 좋은 거실, 주방, 욕실 용품, 침구류 등 각종 홈 인테리어를 판매하는 상점이다. 윌리엄 소노마에 비해서는 가격대가 저렴한 편이다. 항상 새로운 것들로 가득해 볼거리가 풍부하다. 디스플레이가 잘 되어 있어 인테리어에서 힌트를 얻어갈 수도 있다. 제품의 질 또한 상당히 높아 인기 있다. 그릇 욕심, 주방 용품 욕심이 있는 사람들은 마음을 가다듬고 지름신을 잘 물리쳐야 한다. 계획에 없던 것들도 자꾸 사게 만드는 마력의 장소다.

Data Map 187 K
Access 바트, 뮤니 메트로 파웰역 하차 후 도보 5분
Add 55 Stockton St
Tel 415-982-5200
Open 월~수 10:00~19:00, 목·금 10:00~20:00, 토 10:00~19:00, 일 11:00~18:00
Web www.crateandbarrel.com

STEP 05
SHOPPING

SHOPPING 05
기념품, 선물용으로 딱 좋은 제품

이건 꼭 사야 해! 한국보다 저렴해서 더 인기 있는 제품들.
효과 확실해서 좋고, 인지도 있어서 좋다. 지인들에게 돌릴 선물로도 딱이다.

바비브라운Bobbibrown 클렌징 오일 200ml (50달러)
세정력 좋고 자스민 향이 매력적인 클렌징 오일

맥MAC 립스틱 (18.50달러)
발색력, 지속력이 좋아서 인기 만점 립스틱

키엘Kiehl's 수분크림 50g(30달러)
보습력이 좋다. 메이시스백화점, 키엘 전문 매장에서 구입 가능

로션 세라베Cerave 89ml(14달러)
성분 좋은 모이스춰라이징. SPF30이 포함되어 있다

바이오 오일Bio-Oil 60ml(11달러)
피부 건조함은 이제 그만! 월그린, CVS, 코스트코 등에서 구입 가능

카멕스Carmex 립밤 (1.60달러)
촉촉 입술을 위한 선택! 월그린, CVS 등에서 구입 가능

레블론Revlon 파운데이션 30ml(12달러)
저렴하지만 성능만큼은 최고인 파운데이션

메이블린Maybelline 마스카라(6달러)
풍성하고 긴 속눈썹 만들기

레블론Revlon 립스틱(5달러)
저렴하고 발색력 좋다. 하지만 여러 번 덧칠하면, 각질 부각이 되기도 한다

빅토리아 시크릿 Victoria Secret 퓨어 시덕션 바디크림(8달러)
여러 개 사면 더 저렴해진다. 요염한 향기의 매력있다

조말론Jomalone 30ml(70달러)
고급스러운 향을 전한다. 유니언 스퀘어 니만마커스 백화점, 웨스트필드 센터 안에 매장이 있다

양키 캔들Yankee candle 411g(10달러 정도)
집안, 침실을 향기롭게 잡아준다. 로스, 마샬 등의 아웃렛 전용 매장에서 저렴하게 구입 가능

닥터 브로너스 Dr. Bronner's
907ml(11달러)
클렌징은 물론 세탁까지 할 수 있는 매직 친환경 세제
홀푸드 마켓, 트레이더 조 등에서 구입 가능

미시즈 메이어스 Mrs. Mayers 물비누
345ml(4달러)
향기 좋은 친환경 세제, 개인적으로 바질향을 추천

센트룸 Centrum 종합 비타민
365일 분량(18달러)
건강이 제일이다. 가족에게 선물해보자

GNC 피시오일
90일 분량(7.99달러)
오메가3가 풍부하다. GNC전문 매장에서 구입 가능

르 크루제 Le Creuset 무쇠냄비
3 1/2 Quart(145달러)
무겁지만 평생 쓴다.

포 베럴 Four barrel 원두커피 **340g(19달러)**
유명 커피숍의 명성이 자자한 맛과 향

> **약을 사고 싶어요**
> 갑자기 감기 기운이 느껴진다면 CVS와 월그린 WallGreen, 세이프웨이 Safeway, 타겟 Target 등의 상점에 가면 된다. 약뿐만 아니라 음료, 과자류, 화장품, 생활용품 등도 판매하니 참고하자.
>
>
> 1   2
>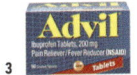
> 3   4
>
> 5   6
>
> **1 네오스포린** Neosporin 한국의 후시딘이나 마데카솔과 같은 상처 치유 연고
> **2 타이레놀** Tylenol 두통, 신경통, 생리통, 치통 등 각종 통증 완화제
> **3 에드빌** Advil 두통, 감기, 치통, 근육통 등에 사용되는 진통제
> **4 뮤시넥스** Mucinex 가래, 기침을 위한 거담제
> **5 세파콜** Cepacol 목이 따갑거나 아플 때 먹는 사탕 스타일의 진통제
> **6 알카 셀처** Alka Seltzer 속쓰림, 소화불량에 좋은 소화제

친환경 제품은 어디서 구매할까?
샌프란시스코에는 한국보다 저렴한 가격의 친환경 제품들이 많다. 홀 푸드 마켓과 트레이더스 조는 대표적인 유기농 상점. 물건 종류는 홀 푸드 마켓이 좀 더 다양하고, 가격대는 트레이더스 조가 더 저렴한 편이다.

홀 푸드 마켓 Whole Foods Market
690 스탄얀 스트리트690 Stanyan St에 있는 지점이 접근성이 좋다. 물건 종류가 홀 푸드 마켓이 더 다양하다.
Open 08:00~22:00

트레이더스 조 Trader's Joe
401 베이 스트리트401 Bay St에 위치한 지점이 그나마 찾기 쉽다.
Open 08:00~21:00

온라인 구매
샌프란시스코에 머무는 일정이 길다면 머물고 있는 숙소로 배송을 요청할 수 있다. 온라인에서 구매하는 것이 조금 더 저렴한 경우가 많다.

아이허브 Web www.i-herb.com
비타코스트 Web www.vitacost.com
드러그스토어 Web www.drugstore.com

SHOPPING 06

캘리포니아 와인의 향기
저렴하고 괜찮은 와인 리스트

'신대륙 와인이 정통 유럽 와인의 품질을 따라잡았다'는 말이 종종 나온다. 알아주는 와인이 꽤있는 셈. 미국은 세계 4위 와인 생산국이다. 그 중에서도 샌프란시스코 인근에 위치한 나파 밸리와 소노마 밸리는 가장 귀하고 맛있는 고품질의 와인을 생산하는 지역으로 유명하다. 유통 비용이 빠지니까 우리나라에서 같은 와인을 구입할 때보다는 당연히 더 저렴하다. 숙소에서 와인 파티를 계획해봐도 좋겠다.

Tip 세이프웨이Safeway, 타깃Target, 베브모Bevmo 등의 식료품 상점에서 구입할 수 있다. 알코올류를 구입할 때에는 신분증을 요구하기도 하니, 반드시 여권을 지참하자.

베어풋 샤르도네 화이트와인
Barefoot Chardonnay

베어풋 샤르도네 화이트와인은 가볍고 시원하게 즐기는 와인이다. 과일 안주와도 잘 어울리는 맛이다. 샤르도네 품종으로 만든 와인이 가장 맛있다(5달러).

아카시아 피노누아 레드와인
Acacia Pinot noir

최상의 와인 품질을 위해 수작업으로 수확한다고 한다. 장미향, 자두향 등의 아로마가 매혹적이다. 피노누아 품종의 섬세함을 느낄 수 있다(15달러).

베린저 화이트 진판델 로제와인
Beringer White Zinfandel

가볍게 한잔하기에 가장 좋은 로제와인으로 여성들에게 사랑받는 제품이다. 달콤하면서도 상큼한 풍미가 일품. 과일이나 치즈 안주와 잘 어울린다. 굳이 안주가 없어도 좋다(5달러).

셕 피노누아 센트럴 코스트 레드와인
Schucks Pinot Noir Central Coast

해산물과도 참 잘어울리는 와인. 부드럽고 우아한 맛이 일품. 쌉쌀한 탄닌이나 알코올 향이 불편한 사람들도 거부감없이 편안하게 마실 수 있다(15달러).

베린저 카베르네 소비뇽 레드와인
Beringer Cabernet Sauvignon

약간은 묵직하고 구조감 있는 탄닌의 와인을 좋아한다면 추천. 과일향이 풍부하다. 스테이크나 치즈, 살라미 등 안주와 함께 마실 것(6달러).

구에녹 쁘띠 시라 레드와인
Guenoc Petit Sirah

각종 베리향과 다크 초콜릿향이 느껴진다. 마시는 중간에도 맛과 향의 다양한 변화를 체험할 수 있다. 품질에 비해 가격이 저렴한 편. 선물용으로 추천한다(11달러).

로버트 몬다비 프라이빗 셀렉션 카베르네 소비뇽 레드와인
Robert mondavi Cabernet Sauvignon

미국 와인의 대부로 알려진 로버트 몬다비 와이너리에서 만들어낸 대중적 라인의 와인. 꽤 부드러운 탄닌과 과일향이 은은하다. 균형이 잘 잡힌 와인(8달러).

Step 06
SLEEPING
샌프란시스코에서 자다
©Mandarin Oriental

01 샌프란시스코 숙소에 관한 Q & A
02 샌프란시스코 호텔 추천 리스트
03 배낭 여행자들을 위한 최상의 선택, 호스텔
04 근교 지역 호텔 추천 리스트

SLEEPING 01

샌프란시스코
숙소에 관한 Q&A

Q1. 샌프란시스코 숙소의 종류는?

호텔 Hotel

호텔 방의 시설뿐만 아니라 레스토랑, 바, 카페 등 주변 환경에 따라 가격이 결정된다. 비슷한 시설이 더라도 위치가 좋으면 좀 더 가격이 비싸진다. 보통 신혼부부나 출장자는 1박에 280~500달러 정도의 별 4~5개 등급 호텔을 주로 이용한다. 일반 여행자들은 별 2~3개, 120~180달러 정도의 호텔을 많이 이용한다. 조식과 무선 인터넷은 유료인 곳도 있고 무료인 곳도 있다. 예약 시 체크할 것.

> **Tip 호텔을 알뜰하게 이용하는 노하우**
>
> **Check 1**
> 가격 비교 사이트나 호텔 가격 경매 사이트를 적극 활용한다.
> ❶ 호텔 가격 경쟁 입찰 사이트를 이용하자. 원하는 위치와 등급을 정한 후, 가격을 제시하여 입찰에 들어가면 가능한 숙소가 있을 때 랜덤으로 숙소가 결정된다. 호텔의 원래 가격보다 60~70% 정도 저렴한 가격으로 이용이 가능하다.
> 단, 경쟁 입찰 방식이므로 특정 호텔을 지정할 수 없고 운에 따라야 한다. 호텔뿐만 아니라 렌터카, 항공기 등도 예약이 가능하다. 낙찰되는 동시에 결제가 되고 원칙상 취소가 어렵다.
> Web www.priceline.com
>
> ❷ 보통 호텔 홈페이지에 나와 있는 가격보다 여러 호텔 가격비교 사이트에서 제시하는 가격이 더 저렴한 경우가 많다는 것을 참고하자.
> **호텔 예약 사이트**
> **부킹닷컴** Web www.booking.com
> **익스피디아** Web www.expedia.com
> **아고다** Web www.agoda.com
>
> **Check 2**
> 호텔 내의 자체 프로모션을 꼭 체크한다.
>
> **Check 3**
> 영어와 흥정 실력이 된다면 호텔 세일즈 매니저와 직접 협상해보자. 생각보다 만족스러운 경우가 있다.

레지던트 호텔 Resident Hotel
취사가 가능한 호텔이다. 시설이 좋은 곳은 세탁실까지 갖추고 있다는 장점이 있다. 가족 단위 여행자나 장기 거주자들이 선호하는 숙박 형태이다. 시내 중심보다는 공항 근처나 도시 외곽에 위치한 경우가 많다.
Web www.marriott.com/residence-inn/travel.mi, www.extendedstayamerica.com

호스텔 Hostel
가장 저렴하게 이용할 수 있는 숙박 형태이다. 공동 침실을 사용할 경우 각국에서 온 여행자들과 여행 정보를 나누며 친해질 수 있다. 영어 사용을 늘릴 수 있는 기회. 보통 조식과 무선 인터넷은 무료이며, 취사 가능한 부엌과 세탁실(유료)이 마련되어 있다. 공동 침실 사용 시 1박 기준(침대 하나당) 25~40달러 정도. 시즌마다 가격이 조금씩 다르다. 프라이빗룸도 선택할 수 있는데, 가격대는 50~140달러 정도로 호텔보다 상당히 저렴하다. 배낭여행객들을 위한 전세계 호스텔을 소개하는 사이트도 있다. 도시 검색에서 〈샌프란시스코〉를 선택한 후 원하는 숙박 조건을 입력하면 조건에 맞는 결과가 검색된다. 숙박 예약이 가능하다.
Web www.hosteltimes.com, www.hostel.com

모텔 Motel
보통은 호텔보다 모텔 가격이 저렴한 편이다. 하지만 위치나 시설이 좋은 경우 웬만한 호텔 가격을 넘는 곳도 있다는 점에 유의하자. 운전자들을 위한 숙박 형태로 고속 도로 주변에 형성된 숙박 형태가 모텔의 시초다. 간단한 조식, 커피 등의 음료가 포함되어 있는 경우가 많다.
Web www.super8.com, www.motel6.com
www.econolodge.com

현지 주민의 집 빌리기
요즘 상당히 많이 이용되고 있는 숙박 형태이다. 현지인처럼 지내보고자 하는 사람들에게 인기 있다. 호텔보다 가격이 저렴하고 취사가 가능하다는 것이 큰 장점이다. 어린이를 동반한 가족이나 친구 단위로 많이 이용한다.
한국에서는 비싸지만 미국에서는 비교적 저렴한 치즈나 와인, 오가닉 채소와 과일 등으로 직접 식사를 준비하는 재미가 있다. 현지인들의 집을 빌릴 수 있도록 중간 역할을 해주는 사이트도 있다. 검색창에 도시명을 입력하면 선택 가능한 집이 소개된다.
Web www.wimdu.com, www.airbnb.co.kr
www.vrbo.com, www.homeaway.co.uk

한인민박
샌프란시스코에는 한인민박이 많지 않다. 보통은 싱글룸, 더블룸, 가족룸으로 꾸며진 방을 빌리는 형태다. 주로 한국인들이 이용하므로 정보 공유가 쉽고, 도움을 요청하기가 편하다. 가격대는 저렴한 호텔 정도. 단, 허가를 받지 않고 운영하는 곳이 있으니 주의한다.
Web www.hanintel.com, www.theminda.com

Q2. 샌프란시스코 숙소는 어디가 좋을까?

유니언 스퀘어 Union Square

파웰역 근처인 유니언 스퀘어 지역은 여행자들의 숙소로 가장 추천할 만한 지역이다. 교통이 편리하므로 관광지나 공항 등으로 이동하기 좋고, 쇼핑센터들과 레스토랑이 밀집되어 있어서 편의성을 더해준다. 밤 늦도록 먹고 놀기에 좋은 곳이 많다. 공항으로의 이동은 바트로 가능하다. 단, 길거리에 노숙자들이 많고 지저분하다. 몇몇 골목이 아주 위험한 지역이라는 것이 단점. 하지만 곳곳에 경찰이 많이 배치되어 있다. 한적한 골목길로 다니지만 않는다면 치안도 괜찮은 편이다.

코바 호텔 **Web** www.covahotel.com
웨스턴 세인트 프랜시스 호텔 **Web** www.westinstfrancis.com
바이테일 호텔 **Web** www.hotelvitale.com

피셔맨즈 워프 Fisherman's Wharf

바다를 끼고 있는 아름다운 풍경을 보면서 휴식하기를 원한다면 피셔맨즈 워프 지역의 숙소를 추천한다. 교통편의 편의성은 좀 떨어지지만 주요 관광지와 많이 멀지는 않다. 단, 공항에서 짐을 들고 이동할 때 대중교통으로 움직이기에는 상당히 무리가 있다. 가능하면 택시나 공항 셔틀밴을 이용할 것을 추천한다.

쉐라톤 더 워프 호텔 **Web** www.sheratonatthewharf.com
피셔맨즈 워프 하얏트 호텔 **Web** www.fishermanswharf.hyatt.com
아거노트 호텔 **Web** www.argonauthotel.com

소살리토 Sausalito

샌프란시스코에서 페리로 20분 정도 떨어진 휴양 도시로, 샌프란시스코 도심에서 멀지 않다. 그러나 공항에서 이동할 때에는 택시를 이용하거나 공항 셔틀밴을 이용해야 한다. 알아주는 부촌이기 때문에 숙박 비용이 상당히 비싼 편이다.

카사 마드로나 호텔 **Web** www.casamadrona.com
인 어보브 타이드 호텔 **Web** www.innabovetide.com

재팬타운 Japantown

한식을 먹어야 하는 어르신을 동반한 여행이라면 재팬타운의 호텔을 추천한다. 아시안 음식들이 많다. 단, 공항에서 이동할 때에는 대중교통으로 가는 것은 불편하니 택시나 공항 셔틀밴을 이용하자. 교통편이 좋아서 주요 관광지까지의 이동도 수월한 편이다.

퀸 앤 호텔 **Web** www.queenanne.com
호텔 가부키 **Web** www.hotelkabuki.com
토모 호텔 **Web** www.jdvhotels.com/tomo

Q3. 근교 여행 시 숙소는 어디가 좋을까?

시간이 여유롭다면 당일치기보다는 방문한 도시에 숙박을 정해서 여행해보자. 색다른 여행 속 여행이 될 것이다. 각 도시별로 숙박 이용 방법을 알아보자.

빅 서어 Big Sur

캠핑을 하고 싶다면 빅 서어 지역에 위치한 파이퍼Pfeiffer 캠프 그라운드를 추천한다. 예약비는 35~50달러 정도. 빅 서어 지역 캠핑장 예약 사이트(www.reservecalifornia.com)를 이용하자. 캠핑장에서의 하룻밤은 훌륭한 선택. 텐트, 침낭 등 캠핑 장비는 따로 준비해야 한다.

카멜 바이 더 시 Carmel by the Sea

아기자기 예쁜 호텔이 많다. 가격대는 합리적인 편. 그러나 휴가철에는 많이 비싸지니 미리 예약하도록 하자. 비지터 센터 홈페이지(www.carmelcalifornia.org)를 이용할 것. 비지터 센터의 역할이 다른 도시에 비해 상당히 활발한 곳이다.
Web www.carmelbytheseawayfarerinn.com
Web www.normandyinncarmel.com
Web www.loboslodge.com

소살리토 Sausalito

알아주는 부촌으로 저렴한 숙소를 구하는 것은 상당히 어렵다. 깔끔하고 안락한 시설을 자랑하는 부티크 호텔 위주다.

요세미티 국립공원 Yosemite National Park

국립공원 내에 위치한 호텔 숙박시설을 예약하는 것은 상당히 까다롭고 비싸다. 자연을 즐기고자 하는 사람들은 캠핑을 원하지만 캠핑 자리 예약도 쉽지 않다. 그래서 요세미티 국립공원 근교에 위치한 프레즈노Fresno 또는 메르세드Merced 도시에 저렴한 호텔을 잡기도 한다. 차로 왕복하며 요세미티를 즐기는 경우도 많다(편도 1시간 20분 정도).
공원 내 숙소 예약 사이트 Web www.nationalparkreservations.com
공원 내 B&B 이용 Web www.yosemitebnbs.com
케빈 형태의 숙소 캠프 사이트 Web koa.com
공원 내 캠핑 예약 사이트 Web www.recreation.gov

나파 밸리와 소노마 밸리 Napa Valley & Sonoma Valley

나파 밸리 다운타운에는 가격대가 높은 호텔이 많다. 신혼여행으로 주목받는 곳. 홈페이지(www.priceline.com)에서 비드 방식(원하는 숙소의 위치와 호텔 등급, 가격을 정한 후 랜덤으로 호텔을 낙찰받는 가격 입찰 방식)을 이용하면 저렴하다. 온천 지역으로 유명한 칼리스토가Calistoga 마을에는 합리적 가격대의 깨끗한 호텔이 많아서 추천할 만하다.

SLEEPING 02
샌프란시스코 호텔 추천 리스트

도시 여행자들에게 최적의 숙소 지역은 유니언 스퀘어. 쇼핑가의 중심지이자 이용 가능한 대중교통 라인이 많아서 여행하기에 편리하다. 합리적인 가격대의 호텔부터 스타일리시하고 감각적인 디자인의 부티크 호텔도 많다. 하지만, 퀄리티가 좋을수록 가격대가 높아진다는 점은 간과할 수 없는 사실이다. 여러가지 프로모션들을 이용하면 비교적 저렴하게 안락한 숙소를 이용할 수 있다.

©Inter Continental Mark Hopkins

역사가 느껴지는 전통 있는 호텔
웨스턴 세인트 프랜시스 Westin st. francis

호텔에서 유니언 스퀘어가 바로 보이는 환상적인 위치다. 쇼핑가 한가운데 위치하고 있는 호텔이다. 찾아가기도 아주 쉽다. 로비에만 들어서도 유서 깊은 고급 호텔이라는 것이 한눈에 느껴진다. 1904년에 개장한 이래, 샌프란시스코의 대표적인 사교 모임 장소로 사용되었던 곳. 100여년 전 이곳이 얼마나 호화로운 분위기였을지 짐작할 만하다. 하지만 역사가 오래된 호텔인 만큼 시설이 현대적이진 않다.

Data Map 187 K
Access 바트, 뮤니 메트로 타고 파웰역 하차 후 도보 5분
Add 335 Powell St
Tel 415-397-7000
Web www.westinstfrancis.com
Cost 더블룸 260달러~

> **Tip** 이 호텔은 높은 지대에 있어 도심의 풍경을 즐길 수 있는 시크릿한 장소이기도 하다. 32층 전망대는 특별 행사가 있는 날을 제외하면, 호텔 투숙객이 아니더라도 누구나 올라갈 수 있다.

내 집처럼 안락하고 깔끔한 공간
코바 호텔 Cova Hotel

웨스트필드 쇼핑센터, 아시아 미술관 등 주요 관광지와 상당히 인접한 다운타운에 위치하고 있다. 레노베이션을 새로 해서 상당히 깔끔하고 안락하다. 옥상 테라스에서 바라보는 도시의 전망이 매우 아름답다는 장점도 있다. 간단한 조식이 제공되며 24시간 이용할 수 있는 헬스장도 있다. 공항 이동 시 프론트에 요청하면 추가 요금을 내고 공항까지 셔틀버스를 이용할 수 있다. 주차장 이용은 별도 요금이 부과된다.

Data Map 186 J Access 바트, 뮤니 메트로 타고 파웰역 하차 후 도보 5분
Add 655 Ellis St Tel 415-771-3000 Web www.covahotel.com Cost 더블룸 109달러~

매력적인 빅토리안 스타일의 공간
노스 네스트 비앤비 Noe's Nest B&B

호텔 못지않은 안락한 느낌에 무료로 조식이 제공되는 비앤비다. 패션모델 출신의 주인장이 감각적으로 운영하는 곳으로, 인테리어 소품 하나하나에서 품격이 느껴진다. 소규모로 운영되기 때문에 조용한 휴식을 즐기기에 제격. 샌프란시스코의 주요 건축 양식인 100여 년 된 빅토리안 스타일의 숙소에서 색다른 휴식을 만끽해보자. 미션 지역에 위치해 관광을 하기에 큰 무리는 없지만, 지역 특성상 렌터카 이용자라면 주차 공간을 찾기 어려울 수도 있다.

Data Map 216J
Access 바트, 뮤니 메트로를 타고 24th 스트리트역에서 하차 후 도보 6분
Add 1257 Guerrero St Tel 415-821-0751
Web www.noesnest.com Cost 더블룸 205달러~

전망 좋은 5성급 고급 호텔
인터콘티넨탈 마크 홉킨스 Inter Continental Mark Hopkins

샌프란시스코를 내려다볼 수 있는 화려한 전망이 일품인 곳. 총 380개의 객실을 보유하고 있는 유서 깊은 5성급 호텔이다. 언덕에 위치한 호텔로 최고층 스카이라운지에서 보는 야경은 아름답기로 유명하다. 높은 층의 객실뷰도 최고다. 역사적인 건물인 만큼 운치 있다. 친절한 서비스, 깔끔한 시설 등은 기본. 하지만 오래된 곳이라 새 것 같은 시설은 아니다.

Data Map 187 G
Access 케이블카 파웰-하이드 라인 또는 파웰-메이슨 라인 타고 파웰 스트리트 &파인 스트리트 하차 후 도보 3분 Add 1 Nob Hill
Tel 415-392-3434
Web www.intercontinental-markhopkins.com
Cost 더블룸 260달러~

알뜰한 당신이라면, 이곳에서!
스트랫퍼드 호텔 Stratford Hotel

숙박비 비싸기로 유명한 샌프란시스코의 다운타운. 그러나 이곳에도 저렴한 호텔이 있다. 다운타운 내에 있으니 당연히 접근성은 최고. 침구 상태도 깔끔한 편이고, 직원들도 친절하다. 하지만 가격이 저렴한 만큼 객실이 아주 좁고 화장실의 수압이 약한 편이라 불편한 점이 있다. 조식은 간단하게 빵과 커피가 제공된다.

Data Map 187 K
Access 바트, 뮤니 메트로 타고 파웰역 하차 후 도보 5분
Add 242 Powell St
Tel 415-397-7080
Web www.hotelstratford.com
Cost 더블룸 89달러~

자연스러움을 추구하는 모던함
바이테일 호텔 Vitale Hotel

바닷가 지역인 엠바카데로Embarcadero역의 페리 빌딩 마켓 플레이스 바로 건너편에 위치한 호텔. 자연스러움과 편안함을 강조한 시설이 특징이다. 꾸미지 않은 시크함을 느낄 수 있다. 상당히 모던하고 세련된 스타일이며, 모든 시설의 상태는 깔끔한 편이다.
객실 내 한쪽 벽이 모두 창으로 되어 있어서 채광이 좋다. 그 창으로 바다와 베이 브리지가 보인다. 자연의 느낌이 살아 있는 인테리어가 포인트. 다운타운과 가깝지만 동네 특성상 비교적 조용하게 쉴 수 있다는 것이 장점이다.

Data Map 187 H
Access 바트, 뮤니 메트로 타고 엠바카데로역 하차 후 도보 7분
Add 8 Mission St.
Tel 415-278-3700, 888-890-8688
Web www.hotelvitale.com
Cost 더블룸 269달러

시간이 멈춘 곳에서 지상의 천국을 만난다
만다린 오리엔탈 Mandarin Oriental

최고의 호텔에서 누릴 수 있는 호사로움을 모두 다 경험할 수 있는 곳. 세계적으로 잘 알려진 최상급 호텔이다. 최고의 하룻밤을 보내기에 손색이 없는 곳이므로 신혼여행자들에게 추천한다.
호텔 자체가 우뚝 솟은 고층 건물이라 환상적인 전망도 감상할 수 있다. 24시간 오픈하는 피트니스센터는 통유리로 되어 있어 운동 중에도 경치를 즐길 수 있다. 오리엔탈적인 편안함과 신비로움이 물씬 느껴지는 스파 프로그램도 매혹적이다.

Data Map 187 G
Access 바트, 뮤니 메트로 타고 몽고메리역 하차 후 도보 6분
Add 222 Sansome St **Tel** 415-276-9888
Web www.mandarinoriental.com/sanfrancisco
Cost 더블룸 545달러~

기네스북에도 오른 아트리움이 있는 곳
하얏트 리젠시 샌프란시스코 Hyatt Regency San Francisco

호텔 자체가 아주 유명한 건축물이다. 특히 약 1,180평의 호텔 로비는 세계에서 가장 큰 아트리움(건물 중앙에 마련된 홀 식의 안뜰)으로, 기네스북에도 오른 곳. 아트리움의 웅장함과 아름다움에 입을 못 다물 지경이다. 고전 영화 〈타워링The Towering Inferno(1974)〉의 촬영지로도 사용되었던 곳이다.

금융가로 불리는 파이낸셜 디스트릭트 고층 건물과 바닷가 지역 엠바카데로 사이에 위치. 바로 앞에 케이블카 캘리포니아 라인 종점이 있고, 뮤니 버스나 뮤니 메트로 등의 교통 수단이 정차한다.

Data Map 187 H
Access 바트, 뮤니 메트로 타고 엠바카데로역 하차 후 도보 4분
Add 5 Embarcadero Center
Tel 415-788-1234
Web sanfranciscoregency.-hyatt.com
Cost 더블룸 354달러~

다이아몬드 5개 받은 호화호텔
리츠 칼튼 The Ritz-Carlton

섬세한 서비스와 깔끔함 시설, 세련되고 정갈한 분위기, 아름다운 전망까지 완벽하다. 케이블카 정류장이 호텔 바로 앞에 위치하고 있어 주요 관광지와의 접근성도 뛰어나다.

샌프란시스코 호텔 중 유일하게 AAA 파이브 다이아몬드AAA Five-Diamond 등급을 받은 호화 호텔이다. 고급스러운 여행을 계획하고 있는 여행자에게 추천한다.

Data Map 187 G
Access 케이블카 파웰-하이드 노선 또는 파웰-메이슨 라인 타고 파웰 스트리트&부시 스트리트 하차 후 도보 2분
Add 600 Stockton St Tel 415-296-7465
Web www.ritzcarlton.com
Cost 더블룸 515달러~

SLEEPING 03

배낭 여행자를 위한 **호스텔**

가장 저렴한 가격대로 머물수 있는 숙박 시설이다. 주요 관광지와 인접해 있다는 장점이 있다. 공동 침실을 이용하면서 침대 1개를 빌리는 형태. 같은 공간을 사용하는 다양한 국적의 외국인 친구들과 정보를 공유하거나 어울릴 수 있는 기회가 많다는 것도 장점이다. 단, 프라이빗한 개인 공간을 중요시하거나 소음에 민감하다면 상당히 불편할 수 있다.

한국인 스텝이 있어 더욱 편리한 곳
오렌지 빌리지 호스텔 Orange Village Hostel

교통편이 좋은 다운타운 위치해 있다. 7층 건물에 120개의 방을 보유하고 있는 호스텔로 여행자들을 위한 숙소뿐만 아니라 유학생 기숙사도 운영하고 있다. 주변에 쇼핑센터, 레스토랑 상점이 다양하게 조성되어 있다. 도로가에 위치한 덕에 소음은 있다. 체크인할 때 조용한 방으로 배정해줄 것을 요청해보자.
무선 인터넷 이용이 가능하고, 시설이 깔끔한 편이다. 간단한 조식이 포함되어 있으며 취사가 가능하다. 오페럴O'Farrel의 몇몇 골목은 위험한 길로 알려져 있다. 스텝에게 위험 지역에 대한 안내를 받도록 하자. 한국인 스텝이 있어 편리하다.

Data Map 187 K
Access 바트, 뮤니 메트로 타고 파웰역에서 도보 6분
Add 411 O'Farrell St
Tel 415-409-4000
Web www.orangevillage-hostel.com
Cost 39달러~
(시즌 또는 방 크기나 타입마다 가격이 다름)

위치 최고! 가격 최선!
샌프란시스코 인터내셔널 호스텔 San Francisco International Hostel

샌프란시스코의 다운타운에 위치하고 있어 그야말로 환상적인 접근성을 자랑한다. 늦은 시간까지 알차게 관광하고 딱 잠만 잘 목적으로 숙소를 고르는 실속파라면 고려해볼 만하다. 주변으로 레스토랑과 쇼핑가가 많은 것도 장점. 매일 저녁 무료로 2개의 캔맥주를 제공하고 있다. 취사 가능한 부엌도 있다.
조식은 만들어 먹을 수 있도록 팬케이크 재료와 커피 등 간단한 음료가 준비되어 있다. 무선 인터넷도 무료로 사용 가능. 성수기에는 분위기가 다소 소란스러울 수 있다. 평소 다른 사람들과 같이 지내는 것 자체를 불편해 하는 사람들에게는 권하지 않는다.

Data Map 187 K
Access 바트, 뮤니 메트로 타고 파웰역 하차 후 도보 2분
Add 140 Mason St
Tel 888-919-0140
Web www.sanfranhostel.com
Cost 도미토리 36달러~
(시즌, 방 크기마다 가격이 다름)

깔끔한 시설과 주변 경관이 아름다운 호스텔
호스텔링 인터내셔널 Hostelling International

1860년대 해군 장교들을 위한 병원이었던 건물을 개조한 호스텔. 바다가 보이는 주변 경관이 아름답고 시설이 깔끔해서 인기 있다. 유명한 관광지인 피셔맨즈 워프까지 도보로 15분 정도 걸린다. 방마다 여러 개의 2층 침대가 있는데 그 중 한 자리를 맡아 사용하는 것. 욕실과 화장실은 공용이고 1인실도 있다.
전망이 아름다운 카페테리아에서 먹는 조식이 숙박비에 포함되어 있다. 취사가 가능한 부엌도 꽤 잘 꾸며져 있다. 공항에서 왕복 시 공항셔틀(로리스 셔틀Lorries Shuttle)버스를 이용할 것. 호스텔 홈페이지를 통해 예약(편도 14달러)할 수 있다.

Data Map 186 B
Access 뮤니 버스 30번 타고 노스 포인트 스트리트&포크 스트리트 하차 후 도보 8분 **Add** Fort Mason Bldg 240 **Tel** 415-771-7277
Web www.sfhostels.org/fishermans-wharf
Cost 도미토리 53달러~(시즌, 룸 타입마다 가격 다름)

SLEEPING 04
근교 지역 호텔 추천 리스트

천혜의 자연을 오롯이 느끼며 휴식을 즐길 수 있는 근교 호텔. 도심의 북적임과 다른 아늑하고 편안한 느낌! 캘리포니아의 아름다운 자연환경을 즐기기에 안성맞춤이다. 완벽한 힐링 타임을 보장한다.

© Courtesy of The Vintage Estate in Yountville, Napa Valley, CA

황홀한 절벽 위의 집
포스트 렌치 인 Post Ranch Inn

샌프란시스코 근교 여행 중 기억에 남을 특별한 하룻밤을 보내고 싶다면 강력하게 추천한다. 황홀한 해안 도로로 잘 알려진 빅 서어 지역의 360m 절벽 위에 위치한 그림같은 호텔. 39개 독채 형식의 객실을 보유하고 있으며, 객실은 여러 가지 테마로 꾸며져 있다. 태평양 연안이 잘 보이도록 통유리로 만들어졌거나 숲속 오두막집의 형태를 가진 숙소도 있다. 장작을 태울 수 있는 벽난로를 갖추고 있어 더욱 운치 있다. 헐리우드 스타들에게 결혼식 장소나 허니문 리조트로 이용될 만큼 유명하다. 휴가철에는 가격이 매우 비싸니 미리 예약하는 것이 좋겠다.

Data Map 303
Access 빅스비 브리지에서 차로 25분 소요. 빅 서어 지역에 위치
Add 47900 Hwy1, Big Sur
Tel 800-527-2200
Web www.postranchinn.com
Cost 1박 675달러~(무선 인터넷, 조식, 미니바, 주차 포함)

샌프란시스코의 풍경이 그림처럼 보이는 호텔
인 어보브 타이드 The Inn above Tide

객실이 바다 쪽으로 향해 있어 마치 바다 위에 떠 있는 느낌을 주는 곳. 멀리 보이는 샌프란시스코 도심의 스카이 라인이 아름답다. 가격대가 높지만 특별한 곳에서 머물고자 하는 사람들에게 추천한다. 친절한 서비스와 세련된 내부 시설도 편안함을 더한다. 샌프란시스코 페리 선착장 바로 옆에 있어서 찾아가기도 편리하다.

Data Map 263 C
Access 소살리토 페리 선착장에서 도보 2분
Add 30 El Portal, Sausalito
Tel 415-332-9535
Web www.innabovetide.com
Cost 더블룸 330달러~, 팬트하우스 1125달러

조용함과 아늑함을 한껏 느낄 수 있는
팜하우스 인 Farmhouse Inn

수목이 우거진 숲속에 위치한 팜하우스 인. 이곳의 건물은 소노마 포도밭과 언덕의 오래된 창고나 헛간의 모양에서 영감을 얻어 지은 건물이라고 한다. 소박한 듯 편안해 보이는 외관이지만 내부는 친환경 소재들로 구성되어 있는 럭셔리 부티크 호텔이다.
호텔 내에서 스파 등의 프로그램도 즐길 수 있다. 이 호텔에 있는 레스토랑은 소노마 지역 주민들이 인정한 파인 다이닝 레스토랑. 고급 와인을 곁들인 품격있는 식사를 할 수 있는 곳이다.

Data Map 285 A
Access 소노마 시청에서 차로 50분, 샌프란시스코 도심에서 차로 85분, 소노마 밸리 지역에 위치
Add 7871 River Rd. Forestville
Tel 707-887-3300
Web www.farmhouseinn.com
Cost 더블룸 345~700달러, 스파(60분 소요) 140달러~

벽난로가 운치를 더하는 스파호텔
빌레이지오 인&스파 Villagio Inn&Spa

와인 산지로 유명한 나파 밸리의 중심인 욘트빌 마을에 있는 고급 리조트. 푸른 지중해 스타일의 정원이 눈에 띈다. 객실마다 와인이 제공되며 방마다 벽난로가 있어서 운치있게 장작도 태울 수 있다. 비싼 스파 브랜드인 몰튼 브라운Molton Brown 제품으로 세안 용품이 준비되어 있다. 샴페인 조식 뷔페도 특별하게 느껴진다.

Data Map 284
Access 샌프란시스코 도심에서 차로 70분. 나파 밸리 욘트빌 마을에 위치
Add 6481 Washington St, Yountville **Tel** 707-944-8877
Web www.villagio.com
Cost 더블룸 440달러~
(무선 인터넷, 조식 포함)

마음까지 편안한 힐링호텔
카사 마드로나 Casa madrona

120년의 역사와 전통을 간직하고 있는 빈티지한 호텔이다. 외부는 고풍스럽지만, 내부는 현대적으로 꾸며져 있어 편의성을 더한다. 바다가 보이는 방향으로 발코니가 있기 때문에 숨 막힐 듯 아름다운 풍경을 감상할 수 있다. 소살리토 지역의 예술적 영감과 우아한 느낌을 가득 담은 호텔이다.

Data Map 263 C
Access 소살리토 페리 선착장에서 도보 5분
Add 801 Bridgeway, Sausalito
Tel 415-332-0502
Web www.casamadrona.com
Cost 더블룸 280달러

SANFRANCISCO BY AREA

샌프란시스코 지역별 가이드

01 유니언 스퀘어 부근
02 시빅 센터 부근
03 골든 게이트 파크
04 프레시디오&시 클리프

San Francisco By Area

01

유니언 스퀘어 부근
Union Squre Around

유니언 스퀘어&파이낸셜 디스트릭트&
차이나타운&노스 비치&
텔레그래프 힐&노브 힐&
러시안 힐&피셔맨즈 워프&마리나&
엠바카데로&트레저 아일랜드

샌프란시스코의 랜드마크,
볼거리가 밀집된 지역이다.
샌프란시스코의 명물 케이블카,
여기가 미국인지 중국인지 헷갈릴
만큼 고유한 분위기를 자랑하는
차이나타운, 굽이굽이 꽃길이
아름다운 롬바드 스트리트 등.
"I Left My Heart in San Fracisco"
당신도 이 도시에 마음을
두고 떠나게 될 것이다.

Union Squre Around
PREVIEW

샌프란시스코는 어딜가든 영화 속 한 장면 같다. 커피 한 잔을 마셔도, 공원을 산책해도,
버스 한 번을 타도, 어디서든 특별한 인연을 만날 것만 같다. 어느 골목에서든 사랑이
시작될 것만 같다. 도심 한가운데를 다니며 낭만적인 종소리를 내는 케이블카 때문일까?
굽이굽이 사연이 묻어 있을 것만 같은 언덕길과 아름다운 바다 때문일까? 이 도시에서는
차갑게 굳은 마음도 금새 노글노글해진다. 낯선 설렘이 가득한 샌프란시스코,
이 도시를 여행한다면 아름다운 풍경과 사랑에 빠질 준비를 하자! 단언컨대,
그것이 이 지역을 가장 잘 느낄 수 있는 방법이다.

PLAN

하루만에 이 지역의 모든 장소를 섭렵하는 것은 상당히 무리다. 최소한 이틀짜리 동선으로라도 계획할 것을 추천한다. 첫째 날은 롬바드 스트리트와 골든 게이트 브리지가 보이는 포트 포인트와 마리나, 피셔맨즈 워프, 피어 39 지역을 버스나 자전거로 돌아보자. 둘째 날에는 알카트라즈 아일랜드를 방문하고, 노스 비치에서 저녁 식사를 하는 코스.

어떻게 갈까?

여행의 시작은 도시 중심지인 파웰역 부근에서 시작하는 게 좋다. 케이블카의 종점 지역이기도 하고, 다양한 교통 수단이 정차하는 교통의 요지이기도 하기 때문. 쇼핑몰이 많은 유니언 스퀘어, 서부 지역의 월 스트리트로 불리는 파이낸셜 디스트릭트, 미국 최대 규모 차이나타운들이 밀집되어 있어 볼거리도 많다. 가능하다면 숙소도 이 지역에 잡는 것이 편리하다.

어떻게 다닐까?

자신의 일정에 맞추어 대중교통 패스를 구입하도록 하자. 케이블카, 스트리트카, 뮤니 버스 등을 적절히 이용하면 체력을 아낄 수 있다. 걸어서 도시 구석구석을 감상하고 싶다면 1회짜리 티켓을 구매(케이블카, 바트를 제외한 티켓들은 90분간 유효)하자. 케이블카는 3개의 노선이 있다. 탑승할 때 어느 라인인지 꼭 확인하자. 케이블카의 옆면에 노선 안내가 쓰여져 있다.

SEE

샌프란시스코의 랜드마크는 파웰역 부근에 모여 있다. 이 도시의 심장 유니언 스퀘어, 차이나타운, 롬바드 스트리트, 노스 비치 등이다. 코잇 타워에 오르면 샌프란시스코 도심의 전망이 한눈에 내려다보인다. 활기찬 부둣가 피셔맨즈 워프에서는 다채로운 볼거리가 여행객을 기다린다. 1906년 샌프란시스코 대지진에도 무너지지 않았던 페리 빌딩의 시계탑과 페리 빌딩 마켓플레이스까지! 샌프란시스코의 여행은 파웰역에서부터 시작된다.

ENJOY

파웰역 앞에서 출발하는 샌프란시스코의 명물 케이블카! 이 케이블카를 타고 도심을 누비는 일은 샌프란시스코에 발 디딘 사람이라면 반드시 해봐야 할 것 중 하나. 또 유니언 스퀘어는 그야말로 패셔니스트들의 천국! 구석구석 놓치지 않으려면 1박 2일을 할애해도 모자랄 지경이다. 시티 라이트 북 스토어의 2층은 시집들로 가득하다. 잠시 시간을 내어 조용히 시를 읽어보는 것 또한 이 도시를 음미하는 특별한 방법이다. 푸른 잔디밭이 있는 워싱턴 스퀘어나 미션 지역의 돌로레스 공원에서 피크닉을 즐기는 것도 꼭 해보자. 시간 여유가 된다면 페리를 타고 주변 소도시로 여행을 떠나도 좋겠다.

EAT

아일랜드에서 마시는 것보다 더 맛있는 아이리시 커피, 초콜릿을 직접 녹여 만든 기라델리 핫코코아 등은 쌀쌀한 바닷바람이 부는 샌프란시스코와 무척 잘 어울리는 음료들이다. 피셔맨즈 워프 지역에서는 신선한 해산물 요리들을 즐길 수 있다. 바다가 보이는 공원에서 샌드위치나 햄버거류를 먹으며 소풍을 즐기는 것도 좋다. 노스 비치 지역에서 향기로운 에스프레소 한 잔과 함께 아침을 시작해보자. 마마스는 샌프란시스코에서 알아주는 브런치 가게다. 페리 빌딩 마켓플레이스와 주변 지역에는 맛집으로 유명한 레스토랑들이 즐비하다. 바다의 노을을 바라보며 신선한 굴과 샴페인을 마시는 것이야말로 샌프란시스코를 가장 오랫동안 기억할 수 있는, 이 도시의 맛이다.

SAN FRANCISCO BY AREA 01
UNION SQURE AROUND

| 유니언 스퀘어 Union Squre |

Editor's Pick! 모든 패션은 여기서 시작된다
유니언 스퀘어 Union Square

패셔니스타라면 지나칠 수 없는 곳. 유니언 스퀘어는 샌프란시스코의 다운타운에 위치한 광장이다. 주변으로 유명 백화점. 부티크 상점. 셀렉트숍 등 다양한 상점들이 위치하고 있어 쇼핑의 메카로 불린다. 특히 뮤니 버스, 뮤니 메트로, 뮤니 스트리트카, 바트, 케이블카 등 다양한 대중교통 수단이 있다는 것이 큰 장점이다. 샌프란시스코에서 가장 교통이 좋은 곳 중 하나다.
또 주요 관광지와 인접해 있어 도시 관광객들이 가장 선호하는 숙소도 이곳에 모여 있다. 유니언 스퀘어 주변으로 보이는 하트 조형물 앞에서 찍은 사진은 SNS 업로드용 인증샷으로 딱이다.

Data Map 187 G
Access 바트, 뮤니 메트로 파웰역 하차 후 도보 5분. 또는 뮤니 버스 2, 3, 4, 30, 76번, 뮤니 스트리트카 F선 타고 파웰 스트리트&마켓 스트리트 하차 후 도보 5분. 케이블카 파웰-하이드, 파웰-메이슨 라인 파웰 스트리트&마켓 스트리트 하차 도보 5분

여기는 여행의 끝이 아니라 출발지
케이블카 턴어라운드 포인트 Cable Car Turnaround Point

항상 사람이 많은 이곳은 샌프란시스코의 명물인 케이블카의 진행 방향을 바꾸는 장소이자 종점이다. 케이블카는 말 그대로 케이블선을 따라서 운행되는데, 종점에서 진행 방향을 바꾸는 것은 사람이 직접 밀어야 한다. 1873년에 만들어진 그대로의 모습을 유지하기 위해 아직도 둥근 원형판 위에 케이블카를 올린 후 사람이 직접 손으로 케이블카를 밀어서 진행 방향을 바꾸고 있다. 그 모습을 구경하려는 사람들로 이 주변은 늘 북적인다. 크고 작은 언덕길을 오르내리는 케이블카는 도심의 빌딩숲을 통과하고, 푸른 바다가 보이는 절경을 선사하기도 한다.

Data Map 187 K
Access 바트, 뮤니 메트로 타고 파웰역 하차. 또는 케이블카 파웰-하이드, 파웰-메이슨 라인 파웰 스트리트&마켓 스트리트 하차

Talk
케이블카는 어떻게 만들어진 것일까?

안개가 짙게 깔린 1869년 어느 여름날, 언덕길을 오르던 말들이 미끄러져 큰 사고가 있었다. 당시 말은 이 도시의 주된 교통 수단이었다. 그 일을 안타깝게 생각한 앤드류 스미스 할리디Andrew Smith Hallidie라는 사람이 가파른 경사를 안전하게 오를 수 있는 대중교통 수단을 생각해냈다. 와이어 로프Wire-Rope 원리를 도입한 케이블카가 바로 그것. 그가 만든 케이블카는 곧 주요 대중교통 수단으로 사용되었다. 하지만 1906년 대지진으로 인해 대부분 파괴되었고 현재는 3개 노선만 운행 중이다. 케이블카 턴어라운드 포인트에서는 2개 노선(파웰-하이드, 파웰-메이슨)이 출발한다. 케이블카 옆 면에 노선 안내가 쓰여 있으니 반드시 확인하고 탑승하자.

케이블카 뮤지엄
케이블카의 역사에 관심이 있는 사람은 1974년에 설립되어 운영되고 있는 케이블카 뮤지엄Cable Car Museum을 방문해보자.

Data **Map** 187 G **Add** 1201 Mason St
Open 10:00~17:00(여름철은 18:00까지) **Cost** 무료입장

| 파이낸셜 디스트릭트 Financial District |

스트리트카의 역사를 한눈에
샌프란시스코 레일웨이 뮤지엄 San Francisco Railway Museum

대중교통이 편리하기로 잘 알려진 샌프란시스코에는 다양한 종류의 탈거리가 있다. 특히 엠바카데로 항구 지역을 다니다보면, 케이블카와 비슷하게 생겨 차도 위를 달리는 스트리트카를 볼 수 있다. 스트리트카는 세계 곳곳에서 수입된 차들이다. 보스턴에서 온 차도 있고, 밀라노에서 온 차도 있다. 세계 각국에서 더이상 사용되지 않는 차를 수입해, 그 나라에서 사용되었던 모양과 디자인 그대로 사용한다. 전 세계에서 온 스트리트카를 구경하는 재미도 쏠쏠하다. 스트리트카의 역사를 한눈에 볼 수 있는, 작지만 알찬 뮤지엄이다.

Data **Map** 187 H
Access 바트, 뮤니 메트로 타고 엠바카데로역 하차 후 도보 5분. 또는 스트리트카 F선 타고 동 치 웨이&스튜어트 스트리트 하차 후 바로 앞. 뮤니 버스 2, 14번 등 타고 마켓 스트리트&스튜어트 스트리트에서 하차 후 도보 3분
Add 77 Steuart St
Tel 415-974-1948
Open 화~일 10:00~18:00
Web www.streetcar.org
Cost 무료입장

SAN FRANCISCO BY AREA 01
UNION SQURE AROUND

금융과 우편의 역사 속에 샌프란시스코가 있다
웰스 파고 히스토리 뮤지엄 Wells Fargo History Museum

샌프란시스코 최초의 은행인 웰스 파고 내에 있는 작은 뮤지엄이다. 1852년 문을 연 이곳은 처음에는 화물과 우편 등을 배달하는 역할을 하던 곳이다. 그러나 도시가 발전하면서 자연스럽게 예금 수령이나 위탁, 관리일까지 하게 되면서 은행으로 성장하게 되었다. 그 과정을 자세히 볼 수 있는 다양한 영상물과 전시물을 관람할 수 있는 박물관이다. 특히 골드 러쉬에 대한 소개가 자세하다. 금을 찾아 캘리포니아에 모여든 사람들로 인해 급성장한 이 도시를 이해하는 데 도움이 된다.

Data Map 187 G
Access 바트, 뮤니 메트로 타고 몽고메리역 하차 후 도보 6분. 또는 뮤니 버스 9, 21, 38번 등을 타고 마켓 스트리트&몽고메리 스트리트 하차 후 도보 7분
Add 420 Montgomery St
Tel 415-396-2619
Open 월~금 09:00~17:00
Close 토
Web www.wellsfargohistory.com
Cost 무료입장

그저 멀리서 바라만 볼 뿐
트랜스아메리카 피라미드 빌딩 오피스 Transamerica Pyramid Building Office

1969년 건설을 시작하여 1972년 오픈한 곳으로 명실상부 샌프란시스코의 랜드마크로 알려진 건물이다. 북부 캘리포니아에서 가장 높은 48층의 고층 건물이다. 위로 올라갈수록 끝이 좁아지는 피라미드 형상이 인상적이다. 노브힐 지역에서 샌프란시스코 베이를 바라볼 때 전망이 가려지지 않도록 설계되었다.
48층에서 내려다보는 샌프란시스코의 전망이 아름답기로 유명하다. 그러나 관계자들 외에는 전망대에 올라갈 수가 없다. 총 3,678개나 되는 창문은 일 년에도 몇 번씩 닦아야 한다. 청소를 위해서도 어마어마한 비용과 시간이 드는 것. 트랜스 아메리카 피라미드 빌딩 옆에 위치한 레드우드 파크에는 벤치와 분수대 등이 있다. 방문객들과 거주자들의 휴식 장소로 좋다.

Data Map 187 G
Access 바트, 뮤니 메트로 타고 엠바카데로역 하차 후 도보 7분. 또는 뮤니 버스 9, 21, 38번 등을 타고 마켓 스트리스&뉴 몽고메리 스트리트 하차 후 도보 9분, 뮤니 버스 1번 타고 클레이 스트리트&몽고메리역에서 하차 **Add** 600 Montgomery St **Web** www.thepyramidcenter.com

| 노스 비치 | North Beach |

노스 비치의 아름다운 상징
세인트 피터 앤드 폴 가톨릭 교회 Saints Peter and Paul Catholic Church

'리틀 이탈리아' 또는 '이탈리안 동네'로 불리는 노스 비치 지역의 상징적 건물이다. 1924년에 세워진 교회로 58m의 쌍둥이 첨탑과 로마네스크 양식으로 지어진 건축물의 자태가 매우 아름답다. 덕분에 결혼식이나 결혼사진 촬영 장소로도 애용된다. 대리석으로 만든 화려한 내장품들이 우아한 분위기를 더한다.

교회 앞의 워싱턴 스퀘어공원은 한가로운 여유를 준다. 그러나 주요 이벤트가 있을 때에는 사람들로 북적인다. 푸른 잔디와 세인트 피터 앤드 폴 가톨릭 교회 모습이 그림같이 어우러진다.

Data Map 187 G
Access 뮤니 버스 8X, 30번을 타고 유니언 스트리트&콜럼버스 애비뉴 하차 후 도보 2분. 또는 케이블카 파웰-메이슨 라인 타고 메이슨 스트리트&필버트 스트리트 하차 후 도보 4분
Add 666 Filbert St
Tel 415-421-5219
Web www.sspeterpaulsf.org/church

비트 문학의 시작점! 그들의 아지트!
Editor's Pick!
시티 라이트 북스토어 City Lights Bookstore

대중 서적보다는 다양한 의견과 시각들을 볼 수 있는 독립 출판물들을 자주 만날 수 있는 곳. 1953년 시인 로렌스 퍼랭게티Lawrence Ferlinghetti가 오픈한 서점이다. 프랜차이즈 서점에서는 느낄 수 없는 특별한 에너지를 품고 있다. 자본주의와 기성세대의 도덕과 질서를 비판하고 노골적으로 혐오와 증오까지 드러냈던 세대인 비트 세대Beat Generation(1945~60년대)의 아지트로 손꼽히던 장소다. 비트 세대의 철학은 자유와 평화와 사랑을 노래하며, 전쟁을 반대했던 히피 문화에 지대한 영향을 주었다. 비트 문학에 큰 관심이 있다면 시티 라이트 북스토어에서 도보 3분 거리에 있는 비트 뮤지엄The Beat Museum(10:00~19:00, 입장료 8달러)을 방문해보자.

Data Map 187 G
Access 뮤니 버스 8X 이용 시 콜럼버스 애비뉴&커니 스트리트에서 하차 후 도보 2분. 또는 뮤니 버스 10, 12번 타고 파시픽 애비뉴&커니 스트리트에서 하차 후 도보 1분, 케이블카 파웰-하이드 라인으로 파웰 스트리트&잭슨 스트리트 하차 후 도보 6분
Add 261 Columbus Ave Tel 415-362-8193
Open 10:00~00:00 Web www.citylights.com

차이나타운 Chinatown

미국이야? 중국이야?
차이나타운 게이트 Chinatown Gate

'여기부터 중국 거리'라고 선언하는 듯한 차이나타운 게이트. 푸른색 기왓장이 인상적이다. 이 문은 '드레곤 게이트Dragon's Gate'라고도 불린다. 기왓장 위에 장식되어 있는 물고기 모양은 부와 번영을 뜻한다. 온 세상은 다같이 살아가며 공유하는 것이라는 게 바로 이곳 차이나타운의 철학이다.
20세기 초에 중국을 통일한 중국 근대화의 선구자 순얏센Yat sen(한국말로는 쑨원, 1866~1925년)이 주장한 평등, 정의, 선의가 기본이 되어 우정과 평화에 대한 바람을 적은 것이다. 차이나타운에 들어서기 전 왼쪽 문에는 '믿음, 평화', 오른편 문에는 '존중, 사랑'이란 말이 쓰여져 있다.

Data Map 187 G
Access 케이블카 파웰-하이드, 파웰-메이슨 라인 타고 파웰 스트리트&부쉬 스트리트에 하차 후 도보 3분. 또는 뮤니 스트리트카 F, 뮤니 버스 5,6, 88번 등을 타고 마켓 스트리트&3th 스트리트 하차 후 도보 7분, 바트, 뮤니 메트로 몽고메리역 하차 후 도보 7분
Add Grant Ave&Bush St
Web www.sanfrancisco-chinatown.com

 Editor's Pick! **행운의 과자를 만드는 곳**
골든 게이트 포천 쿠키 팩토리 Golden Gate Fortune Cookies Factory

차이나타운에서 꼭 구경해봐야 할 곳으로, 행운의 과자를 만드는 곳이다. 작은 규모의 공장같은 분위기로 꾸며져 있다. 규모나 모습 자체만으로는 딱히 대단할 것도 없지만, 이 유명한 행운의 과자가 샌프란시스코에서 제일 처음 시작되었다. 그래서 샌프란시스코 차이나타운에 오면 반드시 포천 쿠키를 사거나 맛본다.
포천 쿠키는 보통 중식 레스토랑에서 후식으로 나오는 과자로, 운세에 관한 메시지가 쓰여진 종이가 쿠키 안에 들어 있다. 가격대가 저렴해서 간단한 선물용으로도 좋다.

Data Map 187 G
Access 차이나타운 게이트에서 도보 9분. 또는 뮤니 버스 30, 45번 등을 타고 스톡톤 스트리트&퍼시픽 스트리트 하차 후 도보 3분
Add 56 Ross Alley Tel 415-781-3956
Open 09:00~18:00 Cost 포천 쿠키 작은 봉지 1달러 정도

유명한 포토 포인트 벽화
뉴 선 홍콩 레스토랑 New Sun Hong Kong Restaurant

이탈리아타운인 노스 비치에서 차이나타운으로 가다 보면, 하늘색의 건물 벽화가 눈길을 사로잡는다. 45년 넘게 이 자리를 지키고 있는 벽화로, 차이나타운의 명물이 되었다. 건물 위로는 일회용 포장 박스가 전깃줄에 넘실대며 매달려 있기도 해 마치 하나의 조형 예술을 보는 듯 하다. 벽화를 자세히 들여다보면 노스 비치의 상징인 코잇 타워와 어부들의 모습, 악보를 보며 피아노를 연주하는 사람, 드럼을 치는 사람 등이 그려져 있다.

반드시 인증샷을 찍어줘야 하는 포토 포인트. 벽화가 있는 건물의 1층에는 해산물 요리를 전문으로 하는 홍콩 음식점인 뉴 선 홍콩 레스토랑이 자리 잡고 있다. 맛집이라기보다는 멋진 건물 벽화로 더 유명한 곳이다.

Data Map 187 G
Access 뮤니 버스 10, 12번 등을 타고 퍼시픽 애비뉴&레번워스 스트리트 하차 후 도보 2분. 또는 케이블카 파웰-하이드 라인 타고 잭슨 스트리트&레번워스 스트리트, 하이드 스트리트&퍼시픽 애비뉴 하차 후 도보 3분
Add 606 Broadway
Tel 415-956-3338
Open 10:00~15:00
Web www.newsunhongkong.com

> **Tip 미국에서 가장 큰 차이나타운, 왜 샌프란시스코에 있을까?**
> 샌프란시스코 도시의 상징으로 알려져 있는 골든 게이트 브리지를 건설할 당시, 수많은 인력이 필요했다. 그때 대규모 중국인 이민자들을 받아들이게 되었고, 건설 현장에 많은 중국인 노동자들이 투입되었다. 그 때 미국에 왔던 중국인들이 자신들의 문화가 녹아 있는 타운을 만든 것이 지금의 차이나 타운이다.
> 현재 이곳은 미국 내의 관광지 역할도 톡톡히 하고 있다. 저렴한 기념품을 파는 가게들이 즐비하고, 간단한 먹거리도 풍부하다. 중국에서 행운을 뜻한다는 붉은색이 자주 보이고, 중국식 건축 양식들이 눈에 띄면 차이나타운이 시작된 것.

러시안 힐 Russian Hill

샌프란시스코에서 가장 유명한 길
롬바드 스트리트 Lombard Street

샌프란시스코의 랜드마크로 알려진 길! 이 도시를 방문했다면, 꼭 가봐야 하는 필수 코스다. '세계에서 가장 꼬불꼬불한 길'로 알려져 있다. 원래 이 길은 31.5도의 경사였는데, 좀 더 안전한 길을 만들고자 1922년에 구불구불 돌아가게 다시 설계되었다. 그 덕에 지금은 오히려 관광 명소가 되었다.

이 길 꼭대기에서 바라보는 노스 비치 지역의 모습은 한 폭의 그림이다. 대중교통인 케이블카를 이용하면 가장 편안하게 방문할 수 있다. 차량 이용 시 주차가 좀 어려울 수 있다는 것을 참고할 것.

Data Map 187 H
Access 케이블카 파웰-하이드 라인 타고 하이드 스트리트&롬바드 스트리트 하차. 또는 케이블카 파웰-메이슨 라인으로 콜럼버스 애비뉴&롬바드 스트리트에서 하차 후 도보 8분, 뮤니 버스 45번 타고 유니언 스트리트&레번워스 스트리트에서 하차 후 도보 5분
Add 1099 Lombard St
Web www.sfai.edu

1석 2조를 얻는 숨겨진 포인트
샌프란시스코 아트 인스티튜트 San Francisco Art Institute

이 도시에서 이름난 예술 학교다. 이곳을 반드시 들려야 하는 이유는 두 가지다. 하나는 1931년 멕시코의 유명 화가 디에고 리베라 Diego Rivera가 그린 프레스코 벽화를 관람할 수 있는 갤러리 때문이고, 또 다른 하나는 이 학교의 카페에서 보는 멋진 뷰 때문이다. 디에고 리베라 갤러리는 무료로 입장할 수 있다.

학교 안쪽으로 조금 더 들어가면 통유리를 통해 바다가 보이는 학교 카페가 있다. 값도 저렴하지만(오가닉 커피 3달러 정도) 이곳에서 보는 바다의 전망이 끝내준다. 샌프란시스코 주민들이 7월 4일 독립기념일에 불꽃놀이 즐기는 곳 중에 하나다.

Data Map 186 B
Access 케이블카 파웰-하이드 라인으로 하이드 스트리트&체스넛 스트리트에서 하차 후 도보 2분. 또는 파웰-메이슨 라인/뮤니 버스 30번 이용 시 콜럼버스 애비뉴&체스넛 스트리트에서 하차 후 도보 5분
Add 800 Chestnut St **Tel** 415-771-7020 **Open** 09:00~17:00

| 텔레그래프 힐 Telegraph Hill |

힘 안 들이고 도시 전체를 발 아래 둘 수 있다
코잇 타워 Coit Tower

64m 높이의 콘크리트 구조물로 된 원기둥 모양의 타워. 이 타워의 꼭대기층 전망대에서 보는 시원한 전망이 백만불짜리다. 1933년 릴리 히치콕 코이트Lillian Hitchcock Coit의 기부금으로 설립되었다.
1층 기념품숍에서 꼭대기 전망대까지 올라가는 티켓을 구입할 수 있다. 1층에 위치한 19세기 캘리포니아의 사회, 경제적 상황들 담은 벽화도 볼 만하다. 1930년대의 샌프란시스코인들의 모습을 엿 볼 수 있다. 버스나 도보로 타워까지 편리하게 갈 수 있다.

Data Map 187 C Access 뮤니 버스 39번 타고 코잇 타워 하차 Add 1 Telegraph Hill Blvd
Tel 415-249-0995 Open 5~10월 10:00~18:00, 11~4월 10:00~17:00
Web www.sfrecpark.org/coit-tower Cost 성인 9달러, 12~17세 6달러, 5~11세 3달러, 4세 이하 무료

| 노브 힐 Nob Hill |

장엄한 고딕양식이 돋보이는
그레이스 성당 Grace Cathedral

미국에서 세 번째로 큰 성당으로, 마치 유럽의 성당을 보는 듯 웅장하고 중후한 멋이 느껴진다. 하늘로 솟아오를 듯 수직으로 높게 뻗은 첨탑과 화려한 스테인드글라스, 높은 천장 등에서 고딕 양식의 특징을 찾아볼 수 있다. 고즈넉한 분위기에서 기도를 하려는 신자들이 많이 찾는다. 이탈리아 피렌체의 산 조반니 세례당에 있는 '천국의 문'을 그대로 복제한 성당의 정문도 인상적이다.
샌프란시스코의 역사를 표현한 벽화들과 세계적으로도 유명한 미국의 그래피티 아티스트 키스 해링Keith Haring의 작품도 놓치지 말자.

Data Map 187 G
Access 뮤니 버스 1번 이용 시 새크라멘토 스트리트&수프롤 레인 하차 후 도보 3분. 또는 케이블카 파웰-하이드, 파웰-메이슨 라인 타고 파웰 스트리트&캘리포니아 스트리트에서 하차 후 도보 5분
Add 1100 California St Tel 415-749-6300
Open 월~금 07:00~18:00, 토 08:00~18:00, 일 08:00~19:00
Web www.gracecathedral.org Cost 기부금 입장

> **Tip** 이나 쿨브리스 파크 Ina Coolbrith Park
> 노브 힐 주민들만 아는 시크릿한 공원이다. 시간 바쁜 여행자가 가기에는 무리지만 이 도시에 머무르는 시간이 긴 장기 여행자나 가파른 언덕의 노브힐을 몸소 걸으며 체험하고 싶은 사람들에게 추천한다. 전망이 좋은 공원이다. **Data** Map 187 G Access 그레이스 성당에서 도보 10분

| 마리나 The Marina |

로맨틱한 분위기 물씬
팰러스 오브 파인 아트 Palace of Fine Arts

우아한 자태를 뽐내는 둥근 원형 건축물이 돋보인다. 유럽의 어느 별궁을 보는 듯한 느낌. 화창한 날에는 그 분위기가 더욱 업된다. 호수 주변을 유유히 거니는 오리와 백조의 행렬이 고즈넉한 분위기를 더해준다. 풍경이 워낙 아름다운 곳이다보니 결혼식 장소나 웨딩 촬영 장소로 인기 있다. 날씨 좋을 때는 잔디에 누워 여유를 즐기는 가족 단위 방문객들의 모습도 많이 보인다.
원래 파나마 파시픽 국제 전시회를 위해 지은 건물. 하지만 그 자태가 워낙 아름다워 시민들의 기금을 통해 보강되어 현재의 모습으로 자리 잡았다. 없던 사랑도 불러들이는 로맨틱 장소. 돔의 뒷편 건축물 안에는 예술 퍼포먼스가 진행되는 극장이 있다.

Data Map 186 A
Access 뮤니 버스 30번 타고 브로데릭 스트리트&베이 스트리트 하차 후 도보 6분. 또는 뮤니 버스 80번 타고 리처드슨 애비뉴&프랜시스코 스트리트 하차 후 도보 4분
Add 3301 Lyon St
Tel 415-563-6504
Web www.palaceoffinearts.org

| 트레저 아일랜드 TREASURE ISLAND |

반짝이는 샌프란시스코의 야경이 그대 눈앞에!
트레저 아일랜드 Treasure Island

베이 브리지로 샌프란시스코 도심과 연결되어 있는 섬으로, 1939년 국제 박람회를 위해 간척되어 만들어진 인공 섬이다. 한 때는 미해군 소유였으나 지금은 샌프란시스코 도시에 포함되었다.
쌀쌀한 바닷바람 탓에 두꺼운 점퍼는 필수다. 도시의 불빛이 밝혀지는 밤에는 아름다운 야경을 감상할 수 있다. 샌프란시스코의 밤은 낮보다 아름답다는 생각이 절로 드는 곳. 샌프란시스코 다운타운에서 버스 108번을 타면 갈 수 있다.

Data Map 187 D **Access** 뮤니 버스 108번 타고 빌 스트리트&폴 아일랜드 스트리트 하차(108번 버스는 보통 20분 간격으로 배차). 또는 애비뉴 비&9th 애비뉴 하차

Tip 샌프란시스코 도심인 파웰역 쪽에서 빌 스트리트&폴 아일랜드 스트리트에 갈 경우 뮤니 버스 5, 38, 71번 등 이용 가능 **Data** **Add** Treasure Island

피셔맨즈 워프 Fisherman's Wharf

진한 달콤함을 한껏 느낄 수 있는
기라델리 초콜릿 Ghirardelli Chocolate

1852년에 설립되어 100년이 넘는 역사를 자랑하는 기라델리 초콜릿은 기라델리 스퀘어에 온 많은 방문객들이 꼭 들르는 상점이다. 기라델리 핫 퍼지 선데이Hot Fudge Sundae 아이스크림(8.95달러)은 꼭 먹어봐야 하는 간식. 진한 초콜릿 맛이 느껴지는 아이스크림 위에 부드러운 휘핑 크림과 체리가 얹혀져 있다. 예쁜 틴케이스에 들어 있는 초콜릿 제품들은 기념품이나 선물용으로도 만족스럽다.

Data Map 186 B
Access 케이블카 파웰-하이드 라인 하이드 스트리트&노스 포인트 스트리트 도보 3분. 또는 뮤니 버스 30, 47번 타고 노스 포인트 스트리트&라킨 스트리트 하차 후 도보 3분 **Add** 900 N Point St **Tel** 415-474-3938 **Open** 월~목·일 09:00~23:00, 금·토 09:00~00:00 **Web** www.ghirardelli.com **Cost** 틴케이스 초콜릿 1통 13달러

규모는 작지만, 구경하는 재미가 쏠쏠
기라델리 스퀘어 Ghirardelli Square

먹거리, 볼거리, 살거리가 넘치는 기라델리 스퀘어는 규모가 크지는 않다. 그러나 알짜배기 제품들을 구경할 수 있는 쇼핑몰이다. 1848년 이탈리아 출신의 도밍고 기라델리Domingo Ghirardelli가 초콜릿 공장으로 설립한 곳이다. 현재는 독특한 상점과 샌프란시스코의 맛을 대표하는 레스토랑들이 들어선 쇼핑센터가 되었다.

Data Map 186 B **Access** 케이블카 파웰-하이드 라인 타고 하이드 스트리트&노스 포인트 스트리트 도보 3분. 또는 뮤니 버스 30, 47번 타고 노스 포인트 스트리트&라킨 스트리트에서 하차 후 도보 3분 **Add** 900 N Point St **Tel** 415-775-5500 **Open** 월~목 10:00~18:00, 금·토 10:00~21:00, 일 11:00~18:00 **Web** www.ghirardellisq.com

센스 만점 제품들은 여기 다 있네
로라 오브 노스 비치 Lola of North Beach

예쁜 기념품을 구입할 수 있어서 자주 들르게 되는 로라 오브 노스 비치. 감각있는 주인의 센스 때문에 아이 쇼핑으로도 제격이다. 아기자기한 제품들도 많아 기꺼이 주머니를 열게 되는 곳. 카드 컬렉션도 좋고, 현지 아티스트들의 작품들로 만들어진 제품도 눈에 띈다.

Data Map 186 B **Access** 케이블카 파웰-하이드 라인 하이드 스트리트&노스 포인트 스트리트 도보 3분. 또는 뮤니 버스 30, 47번 타고 노스 포인트 스트리트&라킨 스트리트에서 하차 후 도보 3분 **Add** 900 N Point St **Tel** 415-567-7760 **Open** 월~목, 일 10:00~18:00, 금·토 10:00~21:00 **Web** www.lolaofnorthbeach.com **Cost** 기념 카드 3달러~

SAN FRANCISCO BY AREA 01
UNION SQURE AROUND

평화롭고 아름다운 산책 코스
하이드 스트리트 피어 Hyde Street Pier

1886년 만들어진 배인 밸클러서Balclutha가 푸른 바다와 어우러져 멋진 경관을 연출한다. 그 외에도 100여년 전 사용했던 증기화물선 유레카Eureka, 다이어Thayer호 등 다양한 배들이 정박되어 있다. 내부 관람을 원하는 사람은 직접 올라타 볼 수도 있다.
하이드 스트리트 피어를 중심으로 약 6만평 정도의 주변 지역은 1988년 샌프란시스코 국립 해양 역사공원San Francisco Maritime National Historical Park으로 지정이 되어 보존되고 있다. 세계적인 선박 전시관으로서의 역할도 한다. 전시물은 주로 샌프란시스코 도시의 지역 역사에 중요한 의미를 갖는 선박들이다. 주변 경관도 매우 아름답다.

Data Map 186 B
Access 기라델리 스퀘어 광장에서 바다 쪽으로 약 도보 5분
Add Hyde and Jefferson Streets **Tel** 415-447-5000
Web www.nps.gov/safr
Open 09:30~16:30
Cost 해양 국립 역사공원 입장권 성인 15달러, 16세 미만 무료

Tip 시간 여유가 된다면, 해양 박물관Maritime Museum (무료입장)에 들러보자.
Data Map 186 B
Add Fort Mason
Open 10:00~16:00

해산물의 보물 창고
피셔맨즈 워프 Fisherman's Wharf

기라델리 스퀘어부터 피어 35까지 북쪽 해안가 지역을 일컫는 이름으로, '어부들의 부두'라는 뜻. 19세기 후반부터 이탈리안 출신의 어부들이 어업을 하면서 활성화된 곳이다. 여행객들이 들러보는 대표적인 관광지로, 해안을 따라 형성된 부두 곳곳에 시푸드 레스토랑이나 쇼핑가, 기념품점, 페리 선착장 등이 자리 잡고 있다. 기라델리 스퀘어, 피어 39 부둣가가 가장 유명하다. 던지니스 크랩, 새우 샐러드 등 노점상에서도 해산물을 판매한다. 새벽 수산시장에 온 듯 활기가 넘친다.

Data Map 186 B
Access 스트리트카 F선 타고 제퍼슨 스트리트&테일러 스트리트 하차 후 도보 3분
Add Fisherman's Wharf Pier 45
Tel 415-674-7503
Web www.fishermanswharf.org

Tip 피셔맨즈 워프 지역 주변으로 자전거 대여할 수 있는 숍이 많다. 자전거(074p)를 타고 피셔맨즈 워프를 돌아보는 것도 좋겠다.

바다사자를 찾아라
피어 39 Pier 39

다소 상업적인 느낌이 있다. 그러나 흥겨운 분위기 덕분에 한 번쯤 들러볼 만하다. 1978년에 만들어진 2층 구조물 안에 다양한 제품을 판매하는 상점과 레스토랑, 바 등 90여 개가 들어 서 있다. 빙글빙글 회전목마에서 흘러나오는 음악이 더욱 흥겨운 분위기를 북돋운다. 곳곳에 포토존도 설치되어 있어 사진 찍는 재미를 더한다. 바다 쪽으로 가면 알카트라즈 아일랜드가 한눈에 보인다. 데크 위에 있는 바다사자들도 이곳에서 꼭 보아야 하는 명물이다.

Data Map 187 C
Access 뮤니 스트리트카 F선 이용하여 엠바카데로&스톡톤 스트리트에서 하차
Add Pier 39
Tel 415-705-5500
Open 월~목·일 10:00~21:00 금·토 10:00~22:00
Web www.pier39.com

재밌고 기괴한 추억의 오락실
뮤제 메카니크 Musee Mecanique

프랑스어로 '뮤제 메카니크'라고 써 있는 이름 때문에 기계 박물관이라고 생각하는 사람들이 종종 있다. 하지만 그런 딱딱한 이름보다는 '재미있는 기계들이 가득한 오락실'이라고 부르고 싶다. 입구에 들어서면 다양한 기계 음들이 신나는 박자를 표현하고 있어서 기분이 들뜬다. 저마다 기발한 아이디어가 돋보인다.
예를 들어, 동전을 넣고 기다리면 정교하게 만들어진 마리오네트 인형이 노래를 부른다거나 음악을 연주해주는 기계도 있다. 빈티지한 양철로 만들어진 인형끼리 싸움을 할 수 있는 게임기도 있다. 추억의 오락기들도 있고 전혀 본 적 없는 낯선 기계들도 풍성하다. 잠시 이상한 나라에 온 것처럼 흥미롭다.

Data Map 186 B
Access 뮤니 스트리트카 F선 타고 제퍼슨 스트리트&테일러 스트리트 하차 후 도보 3분
Add Fisherman's Wharf Pier 45
Tel 415-346-2000
Open 월~금 10:00~19:00, 토·일 10:00~20:00
Web www.museemecanique-sf.com
Cost 무료입장, 오락기 0.25달러~

엠바카데로 Embacadero

쇼핑과 식사와 휴식을 한번에!
페리 빌딩 마켓플레이스 Ferry Building Marketplace

소살리토, 티뷰론 등 샌프란시스코 근교 도시로 가는 페리들이 출발하는 곳이자 맛집과 쇼핑센터가 모여 있는 곳. 농부들이 재배한 신선한 유기농 식재료를 판매하는 파머스 마켓(매주 화·토요일 오전)이 열리는 날이면 더욱 활기가 넘친다.
보기에도 신선하고 먹음직스러운 채소, 과일들을 구경하는 것만으로도 에너지가 충전된다. 한국에선 꽤 비싼 고품질의 올리브유나 발사믹 식초 등도 시식 후 구매가 가능하다.

Data Map 187 H
Access 바트, 뮤니 메트로 타고 엠바카데로역 하차 후 도보 7분. 또는 뮤니 스트리트카 F선 타고 동 치 웨이&스튜어트 스트리트에서 하차 후 도보 3분, 뮤니 버스 2, 14번 등을 타고 마켓 스트리트&스튜어트 스트리트 하차 후 도보 5분
Add 1 Ferry Bldg
Tel 415-983-8030
Open 월~금 10:00~18:00, 토 09:00~18:00, 일 11:00~17:00
Web www.ferrybuilding-marketplace.com

샌프란시스코와 사랑에 빠진 큐피트 화살
링컨 파크 Rincon Park

이 도시와 사랑에 빠진 '큐피트의 화살'일까? 링컨 파크에는 거대한 화살이 땅에 꽂힌 형상을 한 조형물이 있다. 일상에서 흔히 보는 물건들을 엄청난 크기로 만들어 낯선 느낌을 주는 팝 아티스트의 거장 클레스 올덴버그Claes Oldenberg의 작품이다.
시원한 바닷바람과 바다 위를 떠다니는 요트, 그리고 베이 브리지 Bay Bridge의 풍경이 인상적인 공원이다. 베이 브리지는 버클리와 오클랜드를 연결하는 14km 길이의 유료 다리로, 세계에서 가장 높은 곳에 세워진 다리다.

Data Map 187 H
Access 바트, 뮤니 메트로 타고 엠바카데로역 하차 후 도보 7분. 또는 스트리트카 F선 타고 동 치 웨이&스튜어트 스트리트에서 하차 후 도보 3분, 뮤니 버스 2, 14번 등을 타고 마켓 스트리트&스튜어트 스트리트 하차 후 도보 5분

슬픈 이야기를 지닌 섬
알카트라즈 아일랜드 Alcatraz Island

죄질이 나쁜 흉악범들을 위한 특별 교도소가 있던 섬, 알카트라즈. 한 번 들어가면 누구도 탈출할 수 없는 지옥의 섬이라 불렸던 곳이다. 현재는 국립공원으로 지정되어 있으며, 역사적인 장소로 주목받고 있다. 피어 33에서 페리를 타고 약 15분이면 도착한다. 오디오 가이드 기기를 통해 당시 수감자들의 생활을 생생하게 느낄 수 있다. 이 섬에서 바라보는 샌프란시스코 도시의 스카이 라인이 눈물나게 멋지다. 그래서 더욱 슬픈 섬. 주말에는 특히 방문객이 많으므로 가능하면 평일에 가도록 하자. 표는 선착장 매표소와 공식 홈페이지를 통해 구입할 수 있으며, 예매해야 한다.

Data Map 185 C **Access** 뮤니 스트리트카 F선 타고 엠바카데로&베이 스트리트 하차 후 도보 2분. 또는 뮤니 버스 8X 타고 커니 스트리트&노스 포인트 스트리트 하차 후 도보 3분 **Add** 알카트라즈 페리 선착장, Pier 33 **Tel** 415-981-7625 **Open** 페리 09:10부터 출발, 약 30분 간격 **Web** www.alcatrazcruises.com
Cost 성인·12~17세 40달러, 5~11세 25달러, 62세 이상 38달러, 가족(성인 2명+어린이 2명) 120.25달러, 4세 이하 무료
(야간 투어 시 3~7달러 정도 요금이 더 높다)

과학을 몸으로 배우는 신나는 놀이터
익스플로라토리움 Exploratorium

경험을 통해 자연스럽게 신비한 과학 현상을 배울 수 있는 곳. 어린이들의 호기심을 충족시켜 주며, 다양한 볼거리와 할거리가 넘치는 체험 전시관이다. 1969년 물리학자인 프랭크 오펜하이머Frank Oppenheimer 박사가 문을 열었다. 최근 새로운 공간으로 이사를 해서 더욱 쾌적한 환경이 되었다. 샌프란시스코 어린이들은 연회원권을 구매해 주말마다 이용할 정도로 인기 있는 곳이다. 그러니 사람들에게 치이는 게 싫다면 되도록 평일에 가자.

Data Map 187 H
Access 스트리트카 F선 타고 엠바카데로&그린 스트리트 하차 **Add** Pier 15 **Tel** 415-528-4444 **Open** 화~일 10:00~17:00 (원칙적으로는 월요일에 문을 닫으나 일부 휴일에 오픈하기도 함) **Web** www.exploratorium.edu **Cost** 성인 29.95달러, 학생·13~17세·65세 이상 24.95달러, 4~12세 19.95달러, 3세 이하 무료(시티 패스, 샌프란시스코 고 카드 사용 가능)

유니언 스퀘어 Union Squre

단 한 곳의 식당만 가야 한다면 여기!
치즈케이크 팩토리 The Cheesecake Factory

가격대비 푸짐한 양과 친절한 서비스가 돋보인다. 특히 고층에 위치한 덕에 저녁 식사를 하며 야경을 즐기기에 좋다. 무엇을 시켜도 무난하다. 샐러드는 바비큐 랜치 샐러드BBQ Ranch Salad, 매콤한 파스타를 좋아한다면 잠발라야 파스타Jambalaya Pasta, 채소를 좋아한다면 양상추 위에 이것저것 싸먹는 타이 레터스 랩Thai Lettuce Warp을 추천한다. 이곳이 특별한 이유는 40여 종의 치즈케이크가 있다는 점! 디저트로 꼭 치즈케이크를 먹자.

Data Map 187 K
Access 바트, 뮤니 메트로 파웰역 하차. 또는 뮤니 버스 2, 3, 4, 30, 76번, 뮤니 스트리트카 F선 타고 파웰 스트리트&마켓 스트리트 하차 후 도보 5분. 케이블카 파웰-하이드, 파웰-메이슨 라인 타고 파웰 스트리트&마켓 스트리트 하차 후 도보 5분
Add 251 Geary St **Tel** 415-391-4444
Open 월~목 11:00~23:00, 금·토 11:00~24:30, 일 10:00~23:00
Web www.thecheesecakefactory.com
Cost 단품 14~22달러, 케이크 9달러 정도

Tip 메이시스 백화점 꼭대기 층에는 치즈케이크 팩토리 레스토랑이 있고 4층에는 스타벅스가 있다. 전면이 통유리로 되어 있어, 경치를 바라보며 마시는 커피 한 잔이 참 좋다.

스테이크라면 타의 추종을 불허
테즈 스테이크하우스 Tad's Steakhouse

크고 두툼하며 육즙 풍부한 스테이크에서 후한 인심이 느껴진다. 통감자와 마늘빵도 함께 나와 푸짐한 식사를 즐길 수 있다. 유니언 스퀘어에 자리 잡고 있어 찾아가기도 편리하다. 구운 닭 요리도 인기 메뉴이며, 가볍게 식사를 하고 싶다면 샌드위치류를 주문해보는 것도 좋겠다.

Data Map 187 K
Access 바트, 뮤니 메트로 파웰역 하차. 또는 뮤니 버스 2, 3, 4, 30, 76번, 뮤니 스트리트카 F선 타고 파웰 스트리트&마켓 스트리트 하차 후 도보 2분. 케이블카 파웰-하이드, 파웰-메이슨 파웰 스트리트&마켓 스트리트 하차 후 도보 2분
Add 120 Powell St **Tel** 415-982-1718
Open 07:00~23:30 **Web** www.tadssteaks-sf.com
Cost 스테이크 14달러

| 파이낸셜 디스트릭트 Financial District |

Editor's Pick!

누구든 만족할 만한 태국 음식점
오샤 타이 Osha Thai

고급스러운 인테리어로 분위기도 좋은데, 가격까지 착하다. 어떤 음식을 주문해도 맛과 양이 만족스럽다. 특히, 치킨 팟타이Pad Thai with Chicken, 똠얌 수프Tom Yum Soup는 모두가 좋아할만한 메뉴. 타이 아이스티Thai Iced Tea를 곁들여도 좋겠다.
샌프란시스코 내에 7개 매장이 있다. 홈페이지를 참고해서 편한 위치에 있는 지점을 찾아가면 된다. 단, 15달러 이하는 신용카드 받지 않는다. 간단하게 식사할 예정이라면 현금을 준비하자.

Data Map 187 H **Access** 바트, 뮤니 메트로 타고 엠바카데로역 하차 후 도보 5분. 또는 뮤니 스트리트카 F선 타고 엠바카데로&워싱턴 스트리트 하차 후 도보 5분 **Add** 4 Embarcadero Center
Tel 415-788-6742 **Open** 11:00~23:00
Web www.oshathai.com
Cost 단품 13달러~

Editor's Pick!

샌프란시스코 대표 레스토랑
불루바드 Boulevard

음식의 맛에 예술성까지 겸비했다. 미쉐린 1스타를 받은 레스토랑이고, 자갓 서베이에 3연속 1위를 하는 등 샌프란시스코의 대표 파인 다이닝으로 유명하다. 단, 가격대가 높은 편이다.

Data Map 187 H **Access** 뮤니 스트리트카 F선 타고 동 치 웨이&스튜어트 스트리트 하차 후 도보 2분
Add 1 Mission St
Tel 415-543-6084
Open 월~금 11:30~14:00, 월~목·일 17:30~22:00, 금·토 17:30~22:30
Web www.boulevardrestaurant.com
Cost 점심 1인 55달러~, 저녁 1인 70달러~

딤섬 맛집을 찾는다면 이곳
양크 싱 Yank Sing

분위기 좋고 깔끔하다. 샌프란시스코에서 알아주는 딤섬 맛집. 다양한 메뉴를 골라먹는 재미가 있다. 입안에 넣으면 톡 터지면서 수프 맛과 만두소, 그리고 야들야들 만두피의 조화가 일품인 수프 덤플링Soup Dumpling(소룡포)이 아주 유명하다. 가격대는 높은 편이다.

Data Map 187 H **Access** 뮤니 버스 2, 6번 타고 스피어 스트리트&마켓 스트리트에서 하차 후 도보 3분
Add 101 Spear St **Tel** 415-957-9300 **Open** 월~금 11:00~15:00, 토·일 10:00~16:00 **Web** www.yanksing.com **Cost** 요리당 8~22달러

| 노스 비치 North Beach |

아메리카 브런치의 정석
마마스 Mama's

현지인들 사이에서는 마니아층이 형성되어 있을 정도로 인기 있는 브런치 레스토랑이다. 관광객들도 많이 찾아서 평소 줄이 길기로 유명하므로, 점심시간이 지난 후 찾아가보는 것도 방법이다. 10달러 정도의 금액이면 아주 만족스러운 브런치를 즐길 수 있는, 샌프란시스코에서는 보기 드문 음식점이다. 에그 베네딕트와 몬테 크리스토는 특히 사랑받는 메뉴이며, 촉촉한 프렌치 토스트도 먹을만하다. 그러나 오믈렛은 기대 이하로 평범하다는 평가가 대부분이다. 팁은 현금으로 준비한 후, 테이블에 올려 놓고 나오면 된다. 기다리기 싫다면 평일 오후 2시쯤에 방문할 것.

Data Map 187 G
Access 뮤니 버스 30번 타고 콜럼버스 애비뉴&필버트 스트리트 하차 후 도보 3분.
Add 1701 Stockton St
Tel 415-362-6421
Open 화~일 08:00~15:00
Web www.mamas-sf.com
Cost 에그 베네딕트 10.50달러, 몬테 크리스토 10.95달러

Tip 마마스의 줄이 길다면 길 건너편에 위치한 리구리아 베이커리 Liguria Bakerey의 포카치아 Focaccia를 먹어보길 권한다. 이 동네 최고의 포카치아로 소문나 있는 곳. 포카치아 플레인 맛은 4달러, 포카치아 로즈마리 맛은 5달러 정도. 포카치아가 다 팔리면 문을 닫기 때문에 꼭 맛보고 싶다면 일찍 갈 것.
Data Add 1700 Stockton St

예술과 문학이 숨쉬는 아지트
베수비오 카페 Vesuvio Cafe

비트 문학을 이끌던 예술가들의 아지트였던 곳. 그들이 시 낭송을 하고 재즈를 들으며 술을 마셨던 장소. 예술과 문학, 사회에 대해 토론을 하던 정기적인 모임도 이곳에서 이뤄졌다. 세월의 느낌이 고스란히 간직된 곳이다. 지금은 카페 겸 레스토랑이다.
독특한 디자인의 건물 외벽과 인테리어 장식이 멋지다. 음료만 주문하고 개인적으로 가지고 온 샌드위치를 먹어도 된다. 저렴하게 점심을 해결하고 싶은 사람들에 대한 따뜻한 배려가 돋보인다.

Data Map 187 G **Access** 뮤니 버스 30, 45번 타고 스톡톤 스트리트&콜럼버스 애비뉴에서 하차 후 도보 4분 **Add** 255 Columbus Ave
Tel 415-362-3370 **Open** 06:00~다음 날 02:00
Web www.vesuvio.com **Cost** 칵테일 7달러~

지중해식 해산물 스튜를 샌프란시스코에서 만나다
소토 마레 Sotto Mare

노스 비치 지역의 작은 이탈리안 레스토랑이다. 특히 해산물 스튜인 치오피노가 맛있기로 유명하다. 치오파노는 게, 조개, 홍합 등 신선한 해산물을 가득 넣어 토마토 소스와 버무린 후 끓여내는 지중해식 스튜다. 통통한 갖가지 해물을 포크로 찍어 먹고 해물 육수에 브래드도 찍어 먹는다. 맛이 끝내준다.

식사 시간에는 항상 줄이 길어 기다리게 되는데 레스토랑 주인장은 기다리는 사람들에게 레드와인을 한 잔씩 건넨다. 기다리는 시간도 즐겁게 만드는 센스가 만점이다. 단체 손님이 아닌 경우 예약이 불가능하다. 주말 식사 시간대에는 20~30분 기다려야 한다.

Data Map 187 G
Access 뮤니 버스 8X, 30, 45번 타고 스톡톤 스트리트&콜럼버스 애비뉴 하차 후 도보 3분. 또는 뮤니 버스 41번 타고 콜럼버스 애비뉴&브로드 웨이 하차 후 도보 2분. 케이블카 파웰-메이슨 라인 타고 메이슨 스트리트&발레이오 스트리트 하차 후 도보 4분 **Add** 552 Green St **Tel** 415-398-3181 **Open** 월~토 11:00~21:30 **Web** www.sottomaresf.com **Cost** 치오피노 41달러, 파스타 19달러 정도

전통 이탈리아 에스프레소의 맛
카페 트리에스테 Caffe Trieste

노스 비치는 이탈리아계 사람들이 모여 사는 지역이다. 덕분에 이곳에서 전통 이탈리아식 커피를 맛볼 수 있다. 1956년에 문을 연 커피 전문 하우스인 카페로, 고상한 멋이 있는 곳이다. 카페라테 등 다른 음료도 주문할 수 있지만, 최고의 품질을 자랑하는 진한 에스프레소를 꼭 맛보도록 하자. 벽 한쪽에는 유명 인사들의 사진들이 걸려 있어 이곳의 유명세를 짐작할 수 있다.

Data Map 187 G **Access** 뮤니 버스 8X, 30, 45번 타고 스톡톤 스트리트&콜럼버스 애비뉴 하차 후 도보 3분. 또는 뮤니 버스 41번 타고 콜럼버스 애비뉴&브로드 웨이에서 하차 후 도보 2분, 케이블카 파웰-메이슨 라인 타고 메이슨 스트리트&발레이오 스트리트 하차 후 도보 4분 **Add** 609 Vallejo St **Tel** 415-550-1107 **Open** 월~목·일 06:30~22:00, 금·토 06:30~00:00 **Web** www.caffetrieste.com **Cost** 에스프레소 2달러

차이나타운 Chinatown

커스터드 타르트의 지존
골든 게이트 베이커리
Golden Gate Bakery

차이나타운의 많은 빵집 중에서 가장 인기 있는 베이커리. 특히 이 집의 커스터드 타르트는 꼭 맛봐야 할 빵이다. 노스 비치와도 가까워 관광 시 접근성이 좋다. 문 케이크도 인기 제품이다.

Data Map 187 G
Access 뮤니 버스 41번 타고 콜럼버스 애비뉴&브로드웨이 하차 후 도보 2분. 또는 케이블카 파웰-하이드, 파웰-메이슨 라인 타고 파웰 스트리트&잭슨 스트리트 하차 후 도보 4분
Add 1029 Grant Ave **Tel** 415-781-2627
Open 08:00~20:00
Cost 커스터드 타르트 1.40달러, 문케이크 5.80달러~

달과자 문케이크를 먹고 싶다면
이스턴 베이커리 Eastern Bakery

규모는 작지만 차이나타운의 주민들에게 신뢰받는 베이커리다. 중국 전통 과자인 문케이크와 커스터드 타르트 등을 판매하고 있다. 대체로 맛있고 가격대도 저렴한 편이라 가벼운 간식으로 즐기기에 괜찮다.

Data Map 187 G **Access** 뮤니 버스 30, 45번 타고 스톡톤 스트리트&새크라멘토 스트리트 하차 후 도보 2분. 또는 뮤니 버스 1번 타고 클레이 스트리트&스톡톤 스트리트에서 하차 후 도보 2분
Add 720 Grant Ave **Tel** 415-433-7973
Open 월~수 09:30~20:30, 목~일 09:30~21:30
Web www.easternbakery.com
Cost 문케이크 4.75달러, 커스터드 타르트 1.10달러

맛으로 승부하는 중국 레스토랑
R&G 라운지 R&G Lounge

캐주얼한 분위기의 중국 레스토랑. 오로지 맛 하나로 승부하는 곳이다. 베이징덕 요리는 상당히 부드럽다. 이집의 시그니처 요리인 소고기 요리는 특유의 달콤하면서도 짭조름한 맛이 일품이다. 소금, 후추로 양념한 크랩 요리도 추천할 만하다.
해산물을 얹어 나오는 갈릭 국수도 추천할만한 메뉴. 특제 소스에 새우, 죽순, 관자, 너트 등을 볶아 양상추에 싸서 먹는 민스 시푸드 인 레티스Minced Seafood in Lettuce도 맛있다. 가격대가 높은 편. 예약할 것을 추천한다. 만약 예약을 못했다면 점심, 저녁 식사 시간을 피해 방문해보자.

Data Map 187 G **Access** 케이블카 파웰-하이드, 파웰-메이슨 라인 타고 파웰 스트리트&클레이 스트리트 하차 후 도보 4분. 또는 뮤니 버스 8X번 타고 커니 스트리트&캘리포니아 스트리트 하차 후 도보 1분
Add 631 Kearny St **Tel** 415-982-7877 **Open** 11:00~21:30
Web www.rnglounge.com **Cost** 베이징덕 20달러, 크랩 요리 42달러 정도

| 노브 힐 Nob Hill |

맛있는 스테이크의 끝판왕
하우스 오브 프라임 립
House of Prime Rib

스테이크 메뉴로 50년간 줄곧 사랑을 받아온 곳. 노스 다코타North Dakota에서 자란 소고기들의 상위 2%의 최상급 부위를 가져온 다음 한 달간 자연 숙성한 후 구워낸다. 돈이 아깝지 않을 정도로 푸짐하고 맛있게 먹을 수 있다.

Data Map 186 F **Access** 뮤니 버스 47, 49번 타고 반 네스 애비뉴&클레이 스트리트 하차 후 도보 1분 **Add** 1906 Van Ness Ave **Tel** 415-885-4605 **Open** 월~목 17:30~22:00, 금 17:00~22:00, 토·일 16:00~22:00 **Web** www.houseofprimerib.net **Cost** 1인당 40~50달러 정도

최고의 해산물을 먹을 수 있는 곳
스완 오이스터 디포
Swan Oyster Depot

1912년에 개업한 이래, 줄곧 해산물의 신선함에 있어 실망시킨 적이 없는 레스토랑이다. 싱싱한 맛을 자랑하는 12개의 굴, 버터에 찍어 먹는 게 맛은 꼭 보고 가자. 가게가 매우 비좁아 식사 시간에는 긴 줄을 피할 수 없다. 예약 및 신용카드 결제가 불가능하다.

Data Map 186 F **Access** 뮤니 버스 1번 타고 클레이 스트리트&포크 스트리트 하차 후 도보 2분 **Add** 1517 Polk St **Tel** 415-673-1101 **Open** 월~토 10:30~17:30 **Cost** 17~25달러

명예 훈장까지 받은 도넛
밥스 도넛&패스트리 Bob's Donut&Pastry Shop

샌프란시스코에서 최고로 맛있는 도넛을 먹을 수 있는 곳이다. 1970년 오픈하여 샌프란시스코시에서 명예 훈장까지 수여한 유명 도넛 맛집이다. 외관은 허름하지만 인지도는 매우 높다. 24시간 영업하므로 편리하다. 반질반질 윤기 나는 글레이즈드 도넛Glazed Donut, 시나몬 트위스트Cinnamon Twist는 특히 사랑받는 제품이다. 그 외에도 진열장의 다양한 도넛들의 자태가 군침돌게 한다. 주요 관광지와는 거리가 떨어져 있어 일부러 찾아가야 하는 단점이 있다. 현금 결제만 가능하다.

Data Map 186 F **Access** 뮤니 버스 1번 타고 클레이 스트리트&포크 스트리트 하차. 또는 뮤니 버스 19번 타고 포크 스트리트&새크라멘토 스트리트에서 하차. 케이블카 파웰-하이드 라인 타고 잭슨 스트리트&하이드 스트리트 하차 후 도보 6분 **Add** 1621 Polk St **Tel** 415-776-3141 **Open** 24시간 **Web** www.bobsdonutssf.com **Cost** 글레이즈드 도넛 1달러 정도

| 마리나 The Marina |

세상의 모든 컵케이크
카라스 컵케이크 Kara's Cupcakes

어린 시절부터 단것을 너무나도 사랑했던 페스트리 전문 셰프가 자기 이름 걸고 만든 가게이다. 모든 재료는 유기농품을 사용한다. 추천 메뉴는 카라스 캐롯Kara's Karrot, 초콜릿 벨벳Chocolate Velvet 그리고 케이크 위에 소금을 올린 플로 드 셀Fleur de Sel을 골라보는 것도 좋다.

Data Map 186 E
Access 뮤니 버스 30번 타고 체스넛 스트리트&피어스 스트리트 하차
Add 3249 Scott St **Tel** 866-554-2253
Open 일~목 10:00~20:00, 금·토 10:00~22:00
Web www.karascupcakes.com
Cost 컵케이크 3.50달러

| 피셔맨즈 워프 Fisherman's Wharf |

Editor's Pick!

역사와 전통의 맛
보딘 사워도우 베이커리&카페
Boudin Sourdough Bakery&Cafe

1849년에 설립된 역사적인 베이커리. 설립 때 만들어낸 효모를 160년이 넘는 지금까지 쓰고 있는 것으로도 유명하다. 시큼한 맛의 빵 사워도우Sour Dough와 그 빵에 담겨 나오는 조갯살 크림 수프 클램 차우더Clam Chowder가 이곳의 대표 메뉴.

Data Map 187 C
Access 스트리트카 F선 타고 제퍼슨 스트리트&테일러 스트리트 하차 후 도보 1분
Add 160 Jefferson St **Tel** 415-928-1849
Open 월~목·일 08:00~21:30, 금·토 08:00~22:00 **Cost** 브레드 볼 수프 8.59달러

Editor's Pick!

아이리시 커피의 매력에 흠뻑 빠지다
부에나 비스타 카페 Buena Vista Cafe

이곳을 방문한 대부분의 사람들이 주문하는 특별한 음료가 있다. 바로 이 집의 스페셜티인 아이리시 커피Irish Coffee다. 추울 때 마시면 몸속으로 스며드는 위스키의 알콜이 몸을 데워주며 긴장을 풀어준다. 따뜻한 커피향과 설탕의 달콤함이 부드러운 크림과 함께 온몸으로 퍼진다. 아이리시 커피 한 잔과 함께 샐러드, 샌드위치 등의 브런치나 점심 메뉴를 즐기는 사람들도 자주 보인다.
카페 이름은 '멋진 경관'이라는 뜻의 스페인어다. 술이 약한 사람은 위스키 때문에 독하다고 느껴질 수도 있다.

Data Map 187 C
Access 케이블카 파웰-하이드 라인 하이드 스트리트&노스 포인트 스트리트 하차 후 도보 3분. 또는 뮤니 버스 30, 47번 타고 노스 포인트 스트리트&라킨 스트리트 하차 후 도보 3분
Add 2765 Hyde St **Tel** 415-474-5044 **Open** 월~금 09:00~다음 날 02:00, 토·일 08:00~다음 날 02:00 **Web** www.thebuenavista.com **Cost** 아이리시 커피 8달러, 음식 12달러~

싸구려 패스트푸드는 가라
Editor's Pick! **인 앤 아웃 버거**
In-N-Out Burger

캘리포니아 지역에 온 여행자들에게 '꼭 맛봐야 하는 햄버거집'으로 통한다. 미국에서도 캘리포니아, 유타, 네바다, 애리조나 주에서만 맛볼 수 있는 햄버거다. 100% 고기 패티를 사용하고 얼리지 않은 생감자를 튀겨 만든 감자칩이 건강하게 느껴진다. 또한 가격대도 저렴하다.

Data Map 186 B Access 뮤니 스트리트카 F선 타고 존 스트리트&비치 스트리트 하차 후 도보 2분
Add 333 Jefferson St Tel 800-786-1000
Open 월~목·일 10:30~다음 날 01:00, 금·토 10:30~다음 날 01:30 Web www.in-n-out.com
Cost 치즈버거 세트 8.10달러, 단품 3.60달러

니들이 게맛을 알아
Editor's Pick! **크랩 하우스 앳 피어 39**
Crab House At Pier 39

샌프란시스코에서 아주 유명한 크랩 요리를 맛보자. 관광지에 있어 찾아가기도 쉽다. 친절한 서비스는 기본이고 바다가 보이는 전망까지 훌륭하다. 가격대도 비교적 합리적이다. 주문할 때 갈릭 프라이를 추가해 곁들여보자. 고소한 버터향을 더하면 좀처럼 그 맛을 잊을 수 없다.

Data Map 187 C Access 뮤니 스트리트카 F선 타고 엠바카데로&스톡톤 스트리트 하차
Add Pier 39 내 위치(Building C, 2층)
Tel 415-434-2722 Open 11:30~22:00
Web www.crabhouse39.com
Cost 크랩 46달러, 마늘 갈릭 프라이드 스몰 7.95달러

들어나 봤나? 소금 캔디!
캔디 배런 Candy Baron

단단해질 정도로 설탕을 졸인 캐러멜을 태피Taffy라고 한다. 50여 가지의 맛의 소금물 사탕은 쫀득쫀득하고, 각각의 풍미도 다채롭다. 〈섹스 앤 더 시티〉의 캐리가 맛있다고 극찬하던 그 캔디다.

Data Map 186 B Access 뮤니 스트리트카 F선 타고 엠바카데로&스톡톤 스트리트 하차
Add Pier 39 내(Building M, 1층) Tel 415-773-0325
Open 일~목10:00~20:00(3월~11월~21:00), 금·토 10:00~21:00(3월~11월~22:00)
Web www.thecandybaron.com
Cost 1/2 파운드 당 4.99달러

꼭 한번 가고 싶은 파인 레스토랑
게리 단코 Gery Danko

샌프란시스코의 미쉐린 1스타가 빛나는 파인 다이닝 레스토랑. 단품도 판매하지만 코스 메뉴로 주문하는 것이 더 낫다. 분위기, 맛, 서비스 모두 보장된다. 특별한 디너를 계획하고 있다면 추천한다. 워낙 유명한 곳이니 두 달 전에는 예약해야 한다.

Data Map 186 B Access 케이블카 파웰-하이드 라인, 하이드 스트리트&노스 포인트 스트리트 하차 후 도보 1분 Add 800 North Point St
Tel 415-749-2060 Open 17:00~00:00
Cost 5코스 테이스팅 134달러(세금과 팁은 별도)
Web www.garydanko.com

| 엠바카데로 EMBACADERO |

 믿고 먹는 베트남 요리
슬랜티드 도어 The Slanted Door

퓨전 베트남 레스토랑이다. 현대적이고 깔끔한 느낌. 샌프란시스코에서는 알아주는 맛집이다. 그날그날 메뉴판에 총 책임자, 메인 셰프, 식재료 등이 적혀 있어서 더욱 신뢰가 간다. 아시안 음식이기 때문에 한국인의 입맛에도 잘 맞는다는 게 장점. 베이 브리지가 가까이 보이는 바다 앞에 위치해 있어 관광객들도 많이 찾는다.

Data Map 187 H
Access 뮤니 스트리트카 F선 타고 동 치 웨이&스튜어트 스트리트 하차 후 도보 3분
Add 1 Ferry Building, Shop3
Tel 415-861-8032
Open 점심 월~토 11:00~14:30, 일 11:30~14:30, 저녁 월~일 17:30~22:00
Web www.slanteddoor.com
Cost 단품 15달러~

 테이크아웃에 좋은 베트남 식당
아웃 더 도어 Out the Door

슬랜티드 도어 레스토랑과 자매 레스토랑 격인 테이크아웃 전문 베트남 식당이다. 주로 투고To Go 메뉴를 제공한다. 바삭한 인페리얼롤, 구수하고 진한 국물 맛이 일품인 치킨 수프, 짭짤하고 감칠맛 나는 양념과 부드러운 돼지고기의 육질이 어우러지는 레몬그라스 포크 등 어떤 음식을 먹어도 실패가 없는 것으로 소문난 곳이다. 찐만두처럼 생긴 번Bun도 인기 메뉴. 가격이 저렴할 뿐 아니라 예약해야 하는 번거로움이 없어서 좋다.
테이크아웃 전문점이므로 착석해서 식사하길 원하는 사람에게는 불편하다. 테이블이 있지만 좁고 좌석도 몇 개 없다.

Data Map 187 H **Access** 뮤니 스트리트카 F선 타고 동 치 웨이& 스튜어트 스트리트 하차 후 도보 3분
Add 1 Ferry Building, Shop 5 **Tel** 415-321-3740
Open 월~금 10:00~18:00, 토 08:30~17:00, 일 11:00~16:00
Web www.outthedoors.com **Cost** 단품 10달러 정도

Editor's Pick!

건강까지 생각하는 커피
블루 보틀 커피 Blue Bottle Coffee

유기농 생두와 로컬 브랜드의 유기농 유제품만을 고집하는 커피 전문점. 신선하고 건강한 커피를 즐길 수 있다. 달달한 맛의 아이스커피를 좋아한다면 뉴올리언스 스타일 아이스커피New Orleans Style Iced Coffee를 추천한다. 테이크아웃해 링컨 파크를 거닐며 마시거나 페리 빌딩 앞 바닷가 벤치에서 즐겨도 좋다.
페리 빌딩 마켓플레이스 안에 위치한 지점의 경우 접근성은 좋은데 앉을 자리가 없다. 블루 보틀 커피는 샌프란시스코 곳곳에 지점이 있으니 여유롭게 즐기고 싶다면 다른 지점으로 갈 것.

Data Map 187 H **Access** 뮤니 스트리트카 F선 타고 동 치 웨이&스튜어트 스트리트 하차 후 도보 3분
Add 1 Ferry Building, Shop 7
Open 월~토 07:00~19:00, 일 08:00~18:00
Web www.bluebottlecoffee.net **Cost** 아이스커피 4달러

Editor's Pick!

청정 굴의 진수
호그 아일랜드 오이스터
Hog Island Oyster

토말 베이Tomales Bay라는 청정 굴 농장에서 직배송되어 더욱 신선한 생굴 요리를 먹을 수 있는 전문점. 여러 종류의 굴이 있는데 그중에서도 달콤한 맛의 구마모토Kumamoto가 가장 인기가 높다. 해피 아워(월~목 17:00~19:00)를 이용하면, 평소 가격의 절반(굴 6개 20달러) 가격으로 싱싱하고 맛있는 굴을 먹을 수 있다.

Data Map 187 H **Access** 뮤니 스트리트카 F선 타고 동 치 웨이&스튜어트 스트리트에서 하차 후 도보 3분
Add 1 Ferry Building, Shop 11 **Tel** 415-391-7117
Open 월~목 11:30~21:00, 금 11:30~22:00,
토 11:00~20:00, 일 11:00~21:00

페루의 이국적 맛을 즐기는
라 마르 세비체리아 페루아나
La Mar Cebicheria Peruana

전 세계에 체인점이 있는 페루의 레스토랑으로, 맛과 서비스는 보장된다. 가격대는 높은 편. 다양한 해산물을 라임 소스와 향신료에 절인 전체 요리 세비체Ceviche, 소고기를 페루 스타일로 요리한 로모 살타도Lomo Saltado 등을 맛볼 수 있다. 페루 콜라인 잉카 콜라Inka Cola도 인기 있다.

Data Map 187 H **Access** 뮤니 스트리트카 F선 타고 엠바카데로&그린 스트리트 하차 **Add** Pier 1 2/1, The Embarcadero **Tel** 415-397-8880
Open 11:30~21:30(해피 아워 15:00~18:00)
Web www.lamarsf.com **Cost** 세비체 테이스팅 (세 가지 세비체 제공) 35달러, 잉카 콜라 4달러

San Francisco By Area

02

시빅 센터 부근
Civic Center Around

시빅 센터&헤이즈 밸리&소마&
알라모 스퀘어&헤이트&재팬타운&
카스트로&노이 밸리&
트윈 픽스&미션 디스트릭트

다문화라는 단어와 가장 걸맞는 도시. 샌프란시스코에는 아시아, 중남미, 유럽 등 각지에서 모인 이민자들이 모여 있다. 그들은 각 나라의 고유 문화와 전통을 이어간다. 그러다 보니 이 도시에서는 서로의 생각과 삶의 방식을 인정하는 것이 매우 중요하게 여겨진다. 나와 다른 생각을 가진 사람들에 대한 존중은 샌프란시스코가 가진 미덕 중 하나다. 성소수자들도 당당하게 살아갈 수 있을 만큼 세계의 어떤 도시보다 개방적이고 자유롭다. 열린 사고를 가진 만큼 예술성도 높다.

Civic Center Around
PREVIEW

우아한 자태를 뽐내는 샌프란시스코 시청은 마치 궁전같다. 건물 하나도
창의성과 예술성이 묻어나는 곳. 크고 작은 미술관, 갤러리가 많은 소마 지역에서
예술품을 감상하는 것은 샌프란시스코 도심에서 누릴 수 있는 매우 큰 호사다.
메마른 감수성을 끌어올릴 수 있는 절호의 기회. 활짝 열린 마음으로 다가가는
사람만이 이 도시의 다채로운 오색 빛깔에 물들 수 있다.

PLAN

집의 모양부터 레스토랑, 길의 분위기나 음식 맛까지 제각기 다른 문화를 뽐내는 곳. 특별한 것들로 넘쳐난다. 볼거리가 상당한 만큼 하루만에 이 지역을 모두 섭렵하는 것은 무리다. 최대한의 일정을 따져본 후에 지역별로 최적의 동선을 짜야 한다. 자신의 취향을 고려하여 절대 놓쳐서는 안 되는 곳과 과감히 생략해야 할 것들을 구분하자.

어떻게 갈까?

대중교통 수단이 많은 지역이다. 뮤니 버스, 뮤니 스트리트카, 뮤니 메트로를 적절하게 활용하면 좋다. 어느 지역을 먼저 갈 것인가에 따라 이용할 수 있는 교통 수단의 노선도 달라진다.
게이 동네로도 알려져 있는 카스트로 지역으로 이동할 때에는 스트리트카 F선을 타고 17th 스트리트&카스트로 스트리트에서 내리면 된다. 그외 버스도 이용할 수 있다.

어떻게 다닐까?

시청이 위치하고 있는 시빅 센터 지역과 라틴 동네로 유명한 미션 지역은 낮에는 괜찮지만, 해가 진 후에는 치안이 상당히 안 좋다. 되도록 야간 일정은 피하는 게 좋고 항상 안전에 유의해야 한다.
히피 문화의 근거지로 유명한 문화의 거리 헤이트 애시버리 지역은 노숙자가 많은 지역이란 점을 염두에 두자. 그러나 맛집도 많다. 이국적인 음식 맛보기를 놓치지 말자.

SEE

현대 미술의 정수를 느낄 수 있는 소마 지역의 뮤지엄은 가장 먼저 들러봐야 할 곳. 시청에서 결혼식을 올리는 커플들의 모습도 흥미롭다. 지역 주민들의 사랑을 한몸에 받고 있는 알라모 스퀘어에서 페인티드 레이디로 불리는 빅토리안 하우스는 샌프란시스코에서 인증 사진을 남겨야 하는 곳이다.
헤이트 애시버리는 빈티지 아이템의 천국이다. 특이한 모양의 장신구와 괜찮은 중고 상점도 많으니, 사는 재미와 보는 재미를 톡톡히 느껴보자. 트윈 픽스 언덕에 올라 시원한 도시의 전경을 조망하거나 미션 지역의 이름 모를 아티스트들의 벽화를 감상하는 것도 여행을 더욱 풍성하게 만드는 비결이다.

ENJOY

헤이트 애시버리 지역에서는 타투, 피어싱을 할 수 있는 가게들이 많다. 히피 문화의 시작점인 만큼, 이곳에서 타투와 피어싱을 해보는 것은 히피 문화와 히피 정신을 느껴보는 특별한 체험이 될 것이다. 모든 편견과 억압으로부터 자유로워지는 자신을 발견한다면, 여행이 주는 최고의 선물을 받은 것이다.
여행의 흔적을 오래 간직하고 싶다면 고려해보자. 실내 장식이 아름다워서 더욱 눈길을 끄는 카스트로 시어터에서 예술 영화 한 편을 보는 것도 좋겠다.

EAT

재팬타운에는 한식과 일식 전문 레스토랑이 많다. 한국인들이 운영하는 레스토랑도 많아 고향에 온 것처럼 아주 반갑다. 미션 지역에서는 부리토나 타코가 인기 음식. 맛은 본토에서 먹는 것과 다름없고, 가격도 상당히 저렴한 편이다.
미션 지역의 발렌시아 스트리트Valencia St와 무지개빛 깃발이 나부끼는 카스트로 일대는 맛있는 음식점들이 밀집해 있는 지역이다. 질 좋은 커피를 마실 수 있는 카페도 많다.

발미 스트리트에는 강렬한 색체의 벽화가 많다.

평범한 관공서는 가라
시청 City Hall

유럽의 궁전같은 우아하고 화려한 건축물이다. '이게 관공서야?' 싶을 만큼 돋보이는 샌프란시스코 시청. 1978년 미국 역사상 최초로 자신의 성 정체성을 공개한 시의원 하비 밀크가 시장을 역임했던 곳이자, 마스코니에게 암살당한 장소이기도 하다. 자세한 내용이 알고 싶다면, 숀펜 주연의 2008년 영화 〈밀크〉를 참고하자.
〈더록〉, 〈웨딩플래너〉 등 다양한 영화의 배경이 되기도 했던 샌프란시스코의 아름다운 시청. 시청 내부에서는 평일 투어가 진행된다. 더 자세한 설명을 원한다면, 투어 시간(공휴일 제외한 월~금 10시, 12시, 14시에 시작)이전에 방문하여 참가하자. 단, 영어로 진행된다. 입장 시 가방 검사를 한다. 911테러 이후, 미국 내 공공장소의 경비가 삼엄해졌다. 문제가 될 만한 소지품은 가져 가지 않는다.

Data Map 217 C
Access 뮤니 버스 5번 타고 메칼리스터 스트리트&라킨 스트리트 하차 후 도보 2분
Add 1 Dr. Carlton B. Goodlett Place
Tel 415-701-2311
Open 월~금 08:00~20:00
Close 토·일
Web www.sfgsa.org
Cost 무료

Tip 이 시청은 시민들이 결혼식을 올리는 장소로도 유명하다. 미국의 인기 드라마 〈섹스 앤 더 시티 3〉에서 주인공 캐리가 빅과 시청 결혼식을 하는 장면도 나온다. 대게 신부는 원피스 차림, 신랑은 세미 정장 차림으로 오는 경우가 많다. 본인이 원한다면 청바지에 티셔츠 차림의 캐주얼 복장도 전혀 문제가 되지 않는다. 하객을 초대하지 않는 경우도 많고 부케를 들지 않는 경우도 많다.
시청에서의 결혼은 한 달 전쯤 신청을 해서 판사와 날짜와 시간 약속을 잡은 후 이루어진다. 진행 시간은 5분 정도로 매우 간단한 편이다. 이렇게 혼인선서를 시청에서 한 후 보통 한 달 후에 교회나 성당 등에서 정식 결혼식을 올리는 경우가 대부분이다. 물론 이 시청 결혼식만 하는 커플들도 있다. 이곳에서 마릴린 먼로와 조 디마지오가 결혼했다.

영화 〈시티 오브 엔젤〉 속 그 장소
샌프란시스코 공공 도서관 San Francisco Public Library

1996년에 지어진 이 건물의 천장은 유리 돔의 형태로 설계되었다. 이 지붕에서 쏟아져 들어오는 빛이 내부를 가득 채운다. 5층 높이로 탁 트여 있는 중앙홀은 온통 책으로 가득 둘러싸여 있다. 1998년작, 맥라이언, 니콜라스 케이지 주연의 영화 〈시티 오브 엔젤City of Angels〉을 본 사람이라면, 이 공간을 기억할 수도 있겠다. 메신저라 불리던 천사들이 이 도서관에 산다는 설정이었다.
이곳은 남녀노소, 외국인까지 누구나 이용할 수 있다. 도서관 내에서는 유무선 인터넷 연결도 가능하며 오래된 연식이긴 하지만 데스크톱 컴퓨터도 비치되어 편리하다.

Data **Map** 217 C
Access 바트, 뮤니 메트로 시빅 센터역 하차 후 도보 4분. 또는 뮤니 버스 5번 타고 메칼리스터 스트리트&라킨 스트리트 하차 후 도보 1분
Add 100 Larkin St **Tel** 415-557-4400 **Open** 월·토 10:00~18:00, 화~목 09:00~20:00, 금 12:00~18:00, 일 12:00~17:00
Web www.sfpl.org **Cost** 무료

미국 속의 아시아 문화
아시안 아트 뮤지엄 Asian Art Museum

골든 게이트 파크 안에 있었던 박물관을 2003년 이곳으로 옮겨와 재개관하였다. 한국, 중국, 일본, 서아시아, 동남아시아, 히말라야 등 아시아 예술품과 유물 1만 7,000여 점을 소장하고 있다. 1995년 실리콘 밸리의 성공한 한국 기업가인 이종문 씨가 개인 기업가로는 가장 많은 기부를 해서 뮤지엄 간판에 이름이 새겨져 있는데, 한국인으로서 자랑스럽다. 서양 문화권에서 바라보는 아시아 문화에 대한 해석을 엿볼 수 있는 의미있는 전시가 자주 개최된다.

Data **Map** 217 C
Access 뮤니 버스 5번 타고 메칼리스터 스트리트&라킨 스트리트에서 하차 후 도보 1분. 또는 뮤니 버스 71L 타고 마켓 스트리트&라킨 스트리트 하차 후 도보 3분
Add 200 Larkin St
Tel 415-581-3500
Open 화·수·금~일 10:00~17:00, 목 10:00~21:00
Web www.asianart.org
Cost 성인 15달러, 대학생과 청소년·65세 이상 10달러, 12세 이하 무료, 목요일 17:00~21:00 입장 시 10달러, 매달 첫 번째 일요일 무료 (샌프란시스코 고 카드 사용 가능)

|소마 Soma |

Editor's Pick!

창의성 톡톡 기발한 작품을 보는 재미
샌프란시스코 현대 미술관 San Francisco Museum of Modern Art

샌프란시스코의 대표적인 현대 미술관이다. 1935년 설립되어 1995년에 현재의 모습으로 신축되었다. 20세기 예술가들의 회화, 조각, 사진, 디자인 작품 등 2만 7,000여 점을 소장하고 있다. 창의성이 돋보이는 현대 예술 작품들을 만날 수 있다.
갈색 벽돌을 쌓아올린 건축물은 스위스 출신의 유명한 건축가 마리오 보타Mario Botta의 작품. 3층에 위치한 사이트글라스 Sightglass와 5층에 위치한 카페 5Cafe 5 카페테리아에서 간단한 음료와 식사를 즐길 수 있다.

Data Map 217 D Access 뮤니 스트리트카 F선, 뮤니 버스 71번 타고 마켓 스트리트&커니 스트리트 하차 후 도보 4분 Add 151 3rd St Tel 415-357-4000 Open 금~화 10:00~17:00, 목 10:00~21:00 Web www.sfmoma.org Cost 성인 25달러, 19~24세 19달러, 65세 이상 22달러, 18세 이하 무료(시티 패스, 샌프란시스코 고 카드 사용 가능)

문화 공간으로 둘러싸인 초록 공원
예르바 부에나 가든 Yerba Buena Gardens

샌프란시스코라는 이름이 붙기 전, 이 땅은 스페인어로 '예르바 부에나'라고 불렸었다. 좋은 풀이라는 뜻의 예르바 부에나. 옛날 이름처럼 여전히 좋은 풀들이 가득하다. 주변에는 박람회장으로 자주 사용되는 모스콘 센터, 최신 영화를 볼 수 있는 복합 문화 공간인 메트레온Metreon, 샌프란시스코 현대 미술관, 유대인 현대 박물관 등이 있다. 공원 분수대 안쪽 공간에는 마틴 루터 킹의 기념관도 설치되어 있다.

Data Map 217 D Access 뮤니 버스 8X, 30, 45번 타고 5th 스트리트&하워드 스트리트 하차 후 도보 6분. 또는 뮤니 버스 14번 타고 미션 스트리트&4th 스트리트 하차 후 도보 3분 Add 745 Mission St Open 06:00~22:00 Web www.yerbabuenagardens.com

> **Tip** 예르바 부에나 아트 센터Yerba Buena Center for the Arts에서는 톡톡 튀는 현대 미술을 감상할 수 있다. 실험적이고 기발한 아이디어가 돋보이는 작품이 많다. 개성 강한 작품을 만날 수 있는 기회이므로 현대 미술에 관심이 있다면 꼭 방문하자.
> **Data** Add 701 Mission St Open 화·수·금~일 11:00~18:00, 목 11:00~20:00(매달 첫 번째 화요일 무료) Web www.ybca.org Cost 성인 10달러, 65세 이상 및 학생, 교사 9달러, 5세 이하 무료

뜨겁고 짜릿하게, 미국 야구를 즐기자
AT&T 파크 AT&T Park

Editor's Pick!

미국 프로야구 팀인 샌프란시스코 자이언츠 Sanfrancisco Giants팀의 홈구장. 경기장이 바다를 끼고 있어서 전망도 아주 좋다. 홈페이지를 통해 경기 일정을 확인할 수 있다. 경기가 없는 날에도 10:30, 12:30에 경기장 구석구석을 둘러볼 수 있는 투어가 진행된다. 홈페이지를 통해 투어 티켓 구매를 할 수 있다. 시즌 경기 입장권은 다양한 판매처를 통해 구매할 수 있다(091p 참고).

Data Map 217 D
Access 뮤니 메트로 N, KT 라인 타고 킹 스트리트&2th 스트리트 하차 Add 24 Willie Mays Plaza Tel 415-972-2400 Web www.mlb.com/giants Cost 투어 성인 22달러, 12세 이하 12달러

상상력과 창의력이 쑥쑥!
어린이 창의성 박물관
Children's Creativity Museum

로봇 코딩 연구소, 애니메이션 스튜디오, 뮤직비디오 촬영하는 뮤직 스튜디오, 이노베이션 연구소 등 다양한 체험 공간이 마련되어 있다.
어린이를 동반한 여행자들에게 추천한다. 박물관 앞에 위치한 회전목마는 입장료 4달러에 이용 가능하며, 박물관 입장 티켓이 있으면 3달러이다.

Data Map 217 D Access 뮤니 스트리트카 F선, 뮤니 버스 71번 타 고마켓 스트리트&커니 스트리트 하차 후 도보 7분 Add 221 Fourth St Tel 415-820-3320 Open 수~일 10:00~16:00 Close 월·화 Web www.creativity.org/visit Cost 2세 이상 15달러, 2세 미만 무료

변화무쌍한 기하학적 건축물
유대인 현대 박물관 Contemporary Jewish Museum

1994년 샌프란시스코 재개발 계획의 일환으로 설계되어 2008년에 개장했다. 세계적인 해체주의 건축가 다니엘 리베스킨트Daniel Libeskind의 세련된 설계가 인상적이다. 기하학적인 모양의 건축물은 짙푸른색을 띠고 있다. 특수 처리된 페인트를 사용한 것인데, 덕분에 날씨, 시간대, 보는 사람의 위치 등에 따라 각기 다른 색으로 보인다. 변화무쌍한 모습이 매우 역동적이다. 박물관 안에 들어가지 않더라도, 특이한 건축물의 자태는 감상해보자.

Data Map 217 C Access 뮤니 스트리트카 F선, 뮤니 버스 71번 타고 마켓 스트리트&커니 스트리트 하차 후 도보 3분 Add 736 Mission St Tel 415-655-7800 Open 월·화·금~일 11:00~17:00, 목 11:00~20:00 Web www.thecjm.org Cost 성인 16달러, 학생 12달러, 65세 이상 14달러, 18세 이하 무료, 매주 목요일 오후 5시 이후부터는 8달러로 할인(샌프란시스코 고 카드 사용 가능)

| 헤이트 Haight |

Editor's Pick! 사랑과 평화를 사랑했던 사람들의 거리
헤이트&애시버리 Haight&Ashbury

'올 유 니즈 이즈 러브All You Needs is Love'. 끊임없이 전쟁에 대해 반대하고, 사랑과 평화를 노래했던 히피 문화. 그 발상지로 알려진 문화의 거리이다. 헤이트&애시버리 지역에는 자유롭고 편안한 분위기의 레스토랑과 카페가 많다. 비싸지 않은 가격대로 즐길 수 있는 먹거리와 살거리들도 풍부하다. 타투나 피어싱을 할 수 있는 숍들도 많으므로 과감하게 도전해보는 것도 좋겠다. 그러나 최근에는 노숙자가 부쩍 늘었다. 늘 소지품 관리와 안전에 유의하자.

Data Map 216 E
Access 뮤니 버스 6, 71번 타고 헤이트 스트리트&메소닉 애비뉴 하차
Add Haight&Ashbury

Editor's Pick! 나만의 웨딩드레스를 득템하는 행운
데케이드 오브 패션 Decades of Fashion

규모가 크고 다양하며 빈티지한 제품들을 많이 만날 수 있는 상점이다. 60~70년대 웨딩드레스나 파티복들도 판매한다. 신혼여행으로 이 도시를 방문한 커플이라면 드레스를 구입하거나 빌려서 셀프 웨딩촬영을 하는 것도 빅 이벤트가 되겠다.

Data Map 216 E Access 뮤니 버스 71번 타고 헤이트 스트리트&클레이턴 스트리트 하차 후 도보 1분 Add 1653 Haight St
Tel 415-551-1653 Open 11:00~19:00
Web www.decadesoffashionsf.com Cost 원피스 25달러 정도

거대한 음악의 성지
아메바 뮤직 Amoeba Music

음악을 사랑하는 사람들에게는 정말 천국같은 곳이다. 한국에서는 구하기 힘든 희귀한 음반도 아주 저렴한 가격에 살 수 있다. 프로모션도 자주 하기 때문에 저렴한 가격의 중고 CD도 구매할 수 있다. 악기나 음악인들과의 교류도 이뤄지는 곳이다.

Data Map 216 E Access 뮤니 버스 71번 타고 헤이트 스트리트&스탠안 스트리트 하차 Add 1855 Haight St Tel 415-831-1200
Open 월~토 10:30~22:00, 일 11:00~21:00
Web www.amoeba.com

| 알라모 스퀘어 Alamo Square |

빅토리안 스타일의 건축물과 아름다운 도시의 조화
알라모 스퀘어 Alamo Square

저 멀리 샌프란시스코 도시의 전경까지 펼쳐지는 그림같은 풍경이 마음을 사로잡는다. 알라모 스퀘어 앞 페인티드 레이디스Painted Ladies로 불리는 여섯 채의 빅토리안 양식 집들이 더욱 사랑스러운 풍경을 만들어낸다. 1895년에 지은 이 여섯 채의 집은 현재 역사적 장소로 지정되어 보존 중이다. 아기자기한 느낌이 참 좋은 알라모 스퀘어는 산책 코스로도 사랑받는 곳이다.

Data **Map** 216 B **Access** 뮤니 버스 21번 타고 하예즈 스트리트&스타이너 스트리트 하차. 또는 뮤니 버스 5번 타고 메칼리스터 스트리트&피어스 스트리트 하차 후 도보 6분, 뮤니 버스 22번 타고 필모어 스트리트& 메칼리스터 스트리트 하차 후 도보 7분 **Add** Steiner St&Hayes St

| 재팬타운 Japantown |

뉴 피플을 위한 쇼핑 문화 공간
뉴 피플 New People

모던한 건축물 외관이 돋보인다. 이곳에서는 일본스러운 소품 가게와 옷 가게, 악세서리 전문점, 갤러리, 영화관 등이 자리 잡고 있다. 일본 정서가 느껴지는 깔끔하고 세련된 복합 문화 공간이다. 아기자기한 소품들은 기념품으로 적당하다. 2009년 문을 열었으며, 쇼핑과 문화를 즐기고자 하는 사람들에게 사랑받는 쇼핑몰이다.

©Daichi Ano/New People,Inc.

Data **Map** 216 B **Access** 뮤니 버스 38번 타고 기어리 블루바드&웹스터 스트리트 하차 후 도보 2분 **Add** 1746 Post St **Open** 월~토 12:00~19:00, 일 11:00~18:00 **Web** www.newpeopleworld.com

샌프란시스코 안의 작은 일본
재팬 센터 Japan Center

재팬타운에 가면 마치 일본의 한 동네에 온 것 같다. 일어로 쓰인 가게 간판, 일본 건축 양식 등 일본스러움이 곳곳에서 묻어난다. 1960년대 만들어진 재팬 센터는 일본의 문화를 만나볼 수 있는 쇼핑센터다. 재팬 센터 앞에는 재팬 타운의 랜드마크인 평화의 탑Peace Pagoda이 있다. 샌프란시스코의 자매 도시인 일본 오사카에서 1968년에 선물로 보낸 탑이다.

Data **Map** 216 B **Access** 뮤니 버스 38번 타고 기어리 블루바드&라구나 스트리트 하차 후 도보 2분 **Add** 1581 Webster St **Tel** 415-922-7765

> **Tip** 재팬 센터 안에 있는 이치반 캔Ichiban Kan은 1~2달러를 가치있게 쓸 수 있는 상점이다. 그릇, 수저, 샴푸, 염색약, 도마, 칼, 슬리퍼, 도시락 등 생필품도 저렴하게 구입할 수 있다.

| 카스트로 Castro |

Editor's Pick! 오래된 예술 극장에 즐기는 영화 한 편
카스트로 시어터 Castro Theatre

1910년에 개관한 이래 지금까지 같은 자리를 지키고 있는 오래된 극장이다. 아르누보 양식으로 꾸며진 극장 내부, 고즈넉한 실내 분위기기가 매력적이다. 100여 년의 시간을 지내오는 동안, 이곳을 스쳐간 수 많은 사람들의 추억과 사연이 깃들어 있는 뜻깊은 장소다. 주로 거장의 작품이나 독립 영화를 상영한다. 시간이 된다면 이곳에서 영화 한 편 볼 것을 추천한다.

Data Map 216 J Access 뮤니 메트로 M, L, K, T선 타고 카스트로역 하차 후 도보 1분 Add 429 Castro St Tel 415-621-6120 Web www.castrotheatre.com Cost 상영 영화마다 다르다. 대게 성인 13달러, 62세 이상 또는 12세 이하 10달러 정도

> **Tip 카스트로 지역은?**
> 성소수자들의 인권 운동이 시작된 곳. 현재 게이 동네라는 별명으로 불리는 지역이다. 알록달록 다양성의 존중을 나타내는 무지개색 깃발은 이 지역의 정체성을 대변한다. 미각을 사로잡는 맛집들이 많고, 야릇한 느낌의 물건, 패셔너블한 액세서리 등을 판매하는 상점들이 모여 있어서 볼거리가 많다. 이 지역에서 37번 버스를 타면 샌프란시스코 도시 전경을 한눈에 볼 수 있는 트윈 픽스로 이동할 수 있다.

| 트윈 픽스 Twin Peaks |

Editor's Pick! 샌프란시스코 전경을 볼 수 있는 뷰 포인트
트윈 픽스 Twin Peaks

언덕과 바람의 도시 샌프란시스코를 제대로 느낄 수 있는 곳. 이 도시를 이루고 있는 43개의 언덕 중 하나다. 높이가 비슷한 두 개의 언덕이 나란히 있다. 그래서 이름도 쌍둥이 봉오리란 뜻의 트윈 픽스. 고도 281m에 위치하고 있어서 도시의 전경이 한눈에 보인다. 대중교통으로 갈 수도 있지만 그럴 경우 오르막을 걷는 수고를 감수할 것. 체력을 아끼려면 택시나 자가용, 관광버스 등을 이용하자.

Data Map 216 I Access 뮤니 스트리트카 F선 종점 Add 501 Twin Peaks Blvd

미션 디스트릭트 Mission District

여유로운 휴식을 위한 최상의 선택
돌로레스 파크 Dolores Park

사람들로 북적이지만 워낙 넓어서 붐빈다는 느낌 보다는 여유가 느껴지는 공원이다. 크고 작은 이벤트나 페스티벌도 자주 열리며 공원 주위로 인기 있는 레스토랑, 아이스크림 가게들이 자리 잡고 있다. 주민들의 주말 나들이 장소로 사랑을 듬뿍 받는 곳이다.

Data Map 216 J **Access** 뮤니 메트로 J선 타고 라이트 오브 웨이&20th 스트리트 하차
Add 18th St&Dolores St
Web www.friendsofdolorespark.org

열정이 살아있는 라틴 예술의 풍미
발미 스트리트 뮤랄
Balmy Street Murals(Balmy Alley)

강렬한 색채, 과감한 스케치, 열정적인 에너지가 느껴지는 벽화 작업을 곳곳에서 만날 수 있다. 샌프란시스코의 벽화 80% 이상이 이 지역에 있다. 벽화마다 느낌과 메시지도 매우 다양하다. 특히 발미 스트리트의 벽화들은 다민족, 다문화 지역 특색을 반영한 벽화 예술 프로젝트의 일환으로 만들어졌다.

Data Map 216 K **Access** 뮤니 버스 12번 타고 폴섬 스트리트&24th 스트리트 하차 후 도보 2분
Add 1 Balmy St

가장 오래되고, 가장 튼튼한 교회
미션 돌로레스 Mission Dolores

1776년 초석을 다지고, 1791년 완공된 교회. 신대륙에서 건너온 스페인의 프란시스코 선교회 선교사들에 의해 지어진 교회이다. 1906년 샌프란시스코 대지진 속에서도 굳건히 살아남은 건물로 현재 이 도시에서 가장 오래된 교회다. 겉으로 드러나는 하얀 벽의 단순한 외관만 봐서는 평범하게 보인다.
하지만, 당시 인디언 원주민들의 솜씨로 지어진 1.2m 두꺼운 벽 덕분에 큰 지진에도 견딜 수 있었을 만큼 내구성이 뛰어나다. 현재까지도 교회 곳곳에서 인디언 원주민들의 색채 감각을 엿볼 수 있다.

Data Map 216 F **Access** 뮤니 버스 22번 타고 16th 스트리트&미션 스트리트 하차 후 도보 2분 **Add** 3321 16th St **Tel** 415-621-8203
Open 5~10월 09:00~16:30, 11~4월 목~목 09:00~16:00, 금 09:00~12:00 **Web** www.missiondolores.org
Cost 기부금 성인 5달러, 어린이 3달러

시빅 센터 Civic Center

영혼을 위한 음식
브렌다스 프렌치 소울 푸드 Brenda's French Soul Food

관광지와 떨어진 곳에 위치해 있지만, 맛은 보장한다. 고로케와 비슷한 모양의 베네Beignets, 튀긴 해산물을 프렌치롤에 넣어서 만든 샌드위치인 포보이Po Boy, 슈림프&그리츠Shrimp&Grits는 인기 메뉴이다. 그리츠Grits는 따뜻한 우유에 옥수수가루를 넣어 죽처럼 만든 후 버터, 생크림, 파마산치즈 등을 섞어서 부드럽게 즐기는 음식이다. 이 음식을 시킬 때에는 핸드메이드로 만든 커다랗고 고소한 비스킷을 추가 주문해서 같이 먹어보자. 밤에는 치안이 좋지 않다.

Data Map 217 C
Access 뮤니 버스 31번 타고 에디 스트리트&포크 스트리트 하차
Add 652 Polk St
Tel 415-345-8100
Open 월~화 08:00~15:00, 수~토 08:00~22:00, 일 08:00~20:00
Web www.frenchsoulfood.com
Cost 슈림프&그리츠 12달러

좋은 원두로 이름난 곳
사이트글라스 커피 Sightglass Coffee

높은 천장, 나무와 철제의 조화가 스타일리시한 내부 분위기가 인상적이다. 생두를 직접 볶는 로스터리Roastery 커피 전문점이다. 이곳에서 로스팅된 원두들이 깔끔하게 포장된 후 전국의 유명 레스토랑이나 카페에 배달되기 때문에 커피 애호가들 사이에서는 무척 유명한 곳이다.
매장에 들어서면 고소한 커피향이 풍겨난다. 매장 한 켠에 자리 잡은 로스팅 기계가 눈길을 끈다. 카페 구석에서는 그라인더, 프레스기, 주전자 등과 함께 매일 볶는 신선한 원두를 판매한다. 주요 관광지에서 꽤 멀리 떨어져 있다.

Data Map 217 C
Access 바트, 뮤니 메트로 타고 시빅 센터역 하차 후 도보 8분. 또는 스트리트카 F선, 뮤니 버스 9L, 71, 21 등 타고 마켓 스트리트&7th 스트리트 하차 후 도보 6분
Add 270 7th St
Tel 415-861-1313
Open 월~토 07:00~19:00, 일 08:00~19:00
Web sightglasscoffee.com
Cost 카페라테 5달러 정도

| 헤이즈 밸리 | Hayes Valley |

즉석 아이스크림이란 이런 것
스미텐 아이스크림 Smitten Ice Cream

액화질소를 이용해 단 60초 안에 영하 160도 정도의 낮은 온도로 급속 냉각해 만드는 아이스크림으로, 얼음 조각의 입자가 매우 곱다. 따라서 아주 부드러운 질감의 아이스크림을 맛볼 수 있다. 게다가 첨가제, 방부제 등을 사용하지 않아 건강에도 이롭다. 아이스크림이 만들어지는 광경을 지켜보는 것도 즐겁다.
특히 초콜릿맛과 민트향이 나는 프레시 민트 초콜릿 청크 Fresh Mint Chocolate Chunk 맛은 인기가 많다. 계절에 따라 특별 메뉴가 추가되기도 하니 주문 시 참고하자.

Data Map 216 B
Access 뮤니 버스 21번 타고 마켓 스트리트&그랜트 애비뉴 하차 후 도보 2분
Add 432 Octavia St
Tel 415-863-1518
Open 월~목 12:00~22:00, 금 12:00~22:30, 토 11:30~22:30, 일 11:30~22:00
Web www.smittenicecream.com **Cost** 5달러 정도

퓨전 요리의 정석
주니 카페 Zuni Cafe

깔끔하고, 세련되고, 아늑하다. 아메리카, 아시아, 유럽 스타일의 음식을 새롭게 각색해서 만드는 퓨전스타일 요리를 선보이는 곳이다. 피자, 샐러드, 파스타 등 신선한 재료로 만들어 음식이 정말 맛있고, 서빙하는 사람들이 무척 친절하다. 특히, 신선한 시저샐러드는 재료의 참맛을 느낄 수 있다. 이 집의 가장 유명한 음식은 로스트 치킨 위드 브레드 샐러드 Roast Chicken with Bread Salad다.
주문 후 1시간 정도 요리 시간이 걸린다. 요리책을 구매할 수 있다. 식사 시간대에 맞춰 가면 자리를 잡지 못할 수 있다. 홈페이지를 통해 예약하거나 오픈 시간에 맞춰 가야 식사를 즐길 수 있다.

Data Map 216 F **Access** 뮤니 스트리트카 F선 타고 마켓 스트리트&고프 스트리트 하차 **Add** 1658 Market St **Tel** 415-552-2522
Open 화~목 11:30~23:00, 금·토 11:30~00:00, 일 11:00~23:00
Web www.zunicafe.com **Cost** 로스트 치킨 위드 브레드 샐러드 48달러

|소마 Soma |

분위기를 먹는 스타일리쉬한 레스토랑
앵커&홉 Anchor&Hope

천장이 높고 배관시설이 그대로 드러나 있어 간간이 드러나보이는 벽화와 조명들이 매력적이다. 분위기가 좋아서 음식이 더 맛있게 느껴지는 곳. 분위기가 음식을 더해준다. 스타일리시한 분위기를 좋아하는 사람에게 추천할만하다. 샌드위치, 샐러드처럼 간단한 음식부터 해산물 요리까지 다양한 음식을 즐길 수 있다.
양이 적고 가격대가 다소 높다. 워낙 맛집으로 알려진 곳이라 식사 시간대는 자리 잡기가 어려우니 예약하고 가자.

Data Map 217 D
Access 바트, 뮤니 메트로 타고 몽고메리역 도보 5분. 스트리트카 F선 타고 마켓 스트리트&2th 스트리트하차 후 도보 4분. 또는 뮤니 버스 2번 타고 포스트 스트리트&몽고메리 스트리트 하차 후 도보 5분 Add 83 Minna St
Tel 415-501-9100
Open 월~금 11:30~14:00, 월~목·일 17:30~22:00, 금·토 17:30~23:00
Web anchorandhopesf.com
Cost 점심 단품 15~22달러 정도

마음까지 살살 녹이는 슈크림빵
비어드 파파 크림 퍼프 Beard Papas Cream Puffs

매장에서 직접 구워낸 바삭한 빵 안에 달콤하고 부드러운 슈크림이 들어 있다. 한입 베물면 행복감이 밀려온다. 바닐라, 녹차, 딸기맛 등 그날그날 조금씩 다른 맛을 선택할 수 있다. 녹차 슈크림도 맛있다. 한 개당 가격은 2.25달러지만 여러 개를 사는 경우 가격 할인이 된다.
테이크아웃해서 부에나 비스타 파크에 가서 먹어도 좋겠다. 뉴욕 맛집으로만 기억하는 사람들도 있는데 샌프란시스코에서도 디저트로 각광받고 있다. 전 세계에 지점이 있기 때문에 샌프란시스코에서만 먹을 수 있는 특별 간식은 아니다.

Data Map 217 C
Access 뮤니 버스 5번 타고 마켓 스트리트&그랜트 애비뉴 하차 후 도보 2분
Add 99 Yerba Buena Ln
Tel 415-978-9972
Open 토 10:00~19:00, 일 11:00~19:00
Web www.beardpapa.com

| 헤이트 Haight |

직접 만든 맥주의 위엄
매그놀리아 펍&브루어리 Magnolia Pub&Brewery

건강한 유기농 재료로 만든 음식, 아메리칸 맥주 페스티벌에서 상도 받은 신선한 맥주! 가벼운 맥주를 원한다면 캘리포니아 라거California Lager를, 쌉쌀하면서 풍미있는 진한 맥주를 원한다면 블루 벨 비터Blue Belle Bitter이나 바킹 펌킨Barking Pumkin 맥주를 추천한다. 스페인식 소시지인 초리소Chorizo를 넣어 만든 베이크드 에그 위드 초리소 소시지Baked Eggs with Chorizo Sausage(14달러)는 주말 브런치 시간의 인기 메뉴.

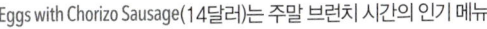

Data Map 216 E
Access 뮤니 버스 6, 71번 타고 헤이트 스트리트&메소닉 애비뉴 하차 Add 1398 Haight St
Tel 415-864-7468
Open 월~목 11:00~00:00, 금 11:00~다음 날 01:00, 토 10:00~다음 날 01:00, 일 10:00~00:00
Web www.magnoliapub.com
Cost 단품 10~15달러 정도

정통 아메리칸 스타일의 브런치
포크 스토어 카페 Pork Store Cafe

푸짐한 아메리칸 스타일의 브런치를 즐길 수 있는 곳이다. 샌프란시스코 현지인들에게도 인기 만점인 곳. 인테리어는 약간은 투박하고 소박하다. 1916년 소시지 가공점으로 개업하여 1979년 현재 모습의 브런치 레스토랑이 되었다. 그 역사가 거의 100년의 세월이라니, 놀랍다. 인테리어 또한 운치 있다.

추천 메뉴는 구운 감자, 베이컨, 채소 위에 체더치즈를 쫙 녹인 에그 인 어 테이스티 네스트Eggs in a Tasty Nest. 사이드 메뉴를 토스트나 비스킷 가운데 고를 수 있으며, 달걀의 익힘 정도도 선택할 수 있다. 양이 너무 많아서 남을 것 같다면 포장을 부탁하자. 한국인의 입맛에는 다소 느끼할 수 있다.

Data Map 216 E
Access 뮤니 버스 6, 71번 타고 헤이트 스트리트&메소닉 애비뉴 하차 후 도보 3분 Add 1451 Haight St Tel 415-864-6981
Open 월~금 7:00~15:30, 토·일 08:00~16:00
Web www.porkstorecafe.com
Cost 에그 인 어 테이스티 네스트 9.95달러, 팬케이크 7~8달러 정도

재팬타운 Japantown

맛도 모양도 최고!
스위트 메이플 Sweet Maple

주말이면 웨이팅이 필수인 곳. 잉글리시 머핀 위에 이 집의 특제 밀리어네어스 베이컨 Millionaire's Bacon과 아스파라거스, 레몬 홀렌데이즈 소스 등을 올리고 구운 감자와 함께 나오는 블랙스톤 에그 베네딕트 Blackstone Egg Benedicts가 인기 메뉴. 메이플 시럽과 통후추 등을 발라 4시간 넘게 구운 밀리어네어스 베이컨은 달콤 짭짤하다. 반죽을 튀겨 겉은 바삭하고 속은 촉촉한 팬케이크 위에 메이플 시럽과 딸기잼, 버터 등을 올려 먹는 빅힙Big Hip도 맛있다. 모든 메뉴가 접시에 예쁘게 담겨 나와서 더욱 만족도가 높다.

Data Map 216 B Access 셔터스트리트&스테이너 스트리트에서 하차 후 도보 1분
Add 2101 Sutter St Tel 415-655-9169 Open 08:00~15:00 Web www.sweetmaplesf.com
Cost 블랙스톤 에그 베네딕트 19달러, 빅힙 11.50달러, 밀리어네어스 베이컨 8달러

한 번 맛보면 다시 가고 싶은
대호 Daeho

재팬타운에 위치한 코리안 레스토랑이다. 지글지글 뜨겁게 달궈진 돌판에 서빙되어 나오는 갈비찜을 맛볼 수 있다. 가격대는 조금 높은 편이지만, 음식 맛이 좋아서 인기 있는 맛집이다. 비빔밥, 갈비탕, 수육 등도 있다. 맛집이라 웨이팅이 긴 편이다. 문을 여는 시간에 맞춰 조금 서둘러 가면 긴 줄을 피할 수 있다.

Data Map 216B Access 38번 뮤니 버스를 타고 기어리 블루바드&라구나 스트리트 하차 후 도보 5분
Add 1620 Post St Open 수~월 11:00~14:30, 17:00~22:00
Web daeho-korean-bbq-beef-soup.business.site Cost 갈비탕 17달러, 갈비찜 보통 사이즈 52달러

한국 스타일의 중식
산 왕 레스토랑 San Wang Restaurant

대만 요리사가 만드는 중식당으로, 한국 스타일의 중식이 그립다면 이 집을 가보자. 윤기가 흐르는 자장면과 해산물을 가득 담은 얼큰한 국물의 짬뽕을 맛볼 수 있다. 매운 음식을 좋아한다면 주문 시 더 맵게 해달라고 요청하자. 양이 푸짐한 편이라 더 만족스럽다. 잦은 해외 출장이 있는 항공사 승무원, 유학생들에게 입소문이 난 맛집이다. 평일 점심에는 가격대가 더 저렴하다.

Data Map 216 B Access 뮤니 버스 38번 기어리 블루바드&라구나 스트리트 하차 후 도보 2분 Add 1682 Post St Tel 415-921-1453
Open 11:00~22:00 Cost 자장면 12달러

| 카스트로 Castro |

 미쉐린 레스토랑에서 맛보는 특별 요리
프랜시스 Frances

미쉐린 1스타에 빛나는 곳으로, 신선한 재료들의 맛을 잘 살린 캘리포니아 퀴진의 진수를 느낄 수 있는 곳이다. 음식이 맛있고 서버들의 세련된 서비스가 돋보인다. 명성에 비해 가격대는 저렴한 편으로, 전식 요리는 7달러부터, 메인 요리는 27달러 정도다. 시그니처 전식 요리로 불리는 애플우드 스모크드 베이컨 베네Applewood Smoked Bacon Baignet, 베이크드 체리스톤 클램Baked Cherryston Clams은 꼭 맛보도록 하자.

Data Map 216 F **Access** 뮤니 메트로 M,L,K,T선 타고 카스트로역 하차 후 도보 3분
Add 3870 17th St **Tel** 415-621-3870 **Open** 화~목·일 17:00~22:00, 금·토 17:00~22:30
Web www.frances-sf.com **Cost** 1인당 45달러~

 맞춤식 드립 커피를 맛보자
필즈 커피 Philz Coffee

맞춤식 커피 주문이 가능한 곳. 풍부한 맛의 드립 커피를 맛볼 수 있는 기쁨을 누려보자. 어떤 것을 주문해도 다 만족스럽다. 메뉴판에 없더라도 바리스타에게 원하는 커피를 설명하면 나만을 위한 커피를 만들어준다. 최상급 과테말라산 커피를 내린 후 신선한 민트와 얼음을 넣어 시원하게 만든 민트 모히토 아이스 커피Mint Mojito Iced Coffee가 추천 메뉴다. 내부가 꽤 협소하다.

Data Map 216 J **Access** 뮤니 버스 33번 타고 18th 스트리트&노 스트리트 하차
Add 549 Castro St **Tel** 415-875-9656 **Open** 월~금 06:00~20:00, 토·일 07:00~20:00
Web www.philzcoffee.com **Cost** 드립 커피 4달러~

속옷 가게? NO! 쿠키 가게? YES~
핫 쿠키 Hot Cookie

현란한 삼각팬티로 뒤덮인 가게 입구가 시선을 끈다. 속옷 가게가 아닌 쿠키 가게로, 맛좋은 쿠키를 판매한다. 달콤한 시니커 두들 Snickerdoodle, 고소한 피너트 버터Peanut Butter가 가장 사랑받는 쿠키다. 쿠키 한 조각이면 눈도 즐겁고 입도 즐거운 여행이 될 것이다. 작은 가게 내부의 벽면은 삼각팬티를 입은 게이와 레즈비언들의 사진으로 도배되어 있다.

Data Map 216 J **Access** 뮤니 메트로 M, L, K, T선 타고 카스트로역 하차 후 도보 2분, 또는 스트리트카 F선 종점 17th 스트리트&카스트로 스트리트 도보 2분 **Add** 407 Castro St
Tel 415-621-2350 **Open** 월~목 11:00~23:00, 금·토 11:00~다음 날 01:00, 일 11:00~23:30
Cost 쿠키 1개당 2.50달러~

| 노이 밸리 Noe Valley |

매일매일 신선하게
노이 밸리 베이커리 Noe Valley Bakery

노이 밸리 주민들이 인정하는 유명한 빵집이다. 어떤 제품을 먹더라도 맛이 좋다고 입소문이 난 곳. 그날 만든 제품은 무조건 그날 판매한다. 때문에 진열되어 있는 빵이 많지 않다. 하지만 있을 만한 빵은 빠짐없이 다 있다. 오가닉 피그Organic Fig, 사워 도우Sour Dough, 푸딩, 조각 케이크 등 종류도 다양하다. 매주 화요일(10:00~14:00), 토요일(08:00~14:00) 페리 빌딩 앞에서 열리는 파머스 마켓에서도 만날 수 있다.

Data Map 216 J Access 뮤니 버스 24번 타고 카스트로 스트리트&24th 스트리트 하차 Add 4073 24th St Tel 415-550-1405 Open 월~금 07:00~19:00, 토·일 07:00~18:00 Web www.noevalleybakery.com Cost 아몬드 크루아상 2달러, 미니 케이크 5달러~

영국식 애프터눈 티가 여기에
러브조이스 앤티크&티 룸 Lovejoy's Antiques&Tea Room

아기자기하고 사랑스러운 분위기, 소박하고 친근한 영국식 애프터눈 티를 즐길 수 있는 티 룸이다. 예쁜 레이스 테이블보 위에 꽃무늬 찻잔, 원목 의자와 테이블 등이 마치 영국의 가정집 같은 분위기다. 품질 좋고, 향기 좋은 차를 마시며 영국의 라이프 스타일을 즐겨보자. 길 건너편에 주인이 운영하는 소품 가게도 있다. 기념품, 선물용으로 괜찮은 제품들이 꽤 있으니 시간된다면 들러보자. 주요 관광지와 상당히 떨어져 있는 편. 일부러 찾아가야 한다는 게 단점.

Data Map 216 J Access 뮤니 메트로 J선 타고 처치 스트리트&클리퍼 스트리트역 하차. 또는 뮤니 버스 48번 타고 24th 스트리트&처치 스트리트 하차 Add 1351 Church St Tel 415-648-5895 Open 수~일 11:00~18:00 Web www.lovejoystearoom.com Cost 차 세트(스콘 또는 샌드위치 포함) 14.95달러~

> **Tip 애프터눈 티 Afternoon Tea란?**
> 비교적 늦은 시간(밤 8~9시)에 저녁 식사를 하는 영국인들이 오후 3~5시 사이, 홍차와 함께 샌드위치, 스콘, 케이크 등의 티푸드를 즐기는 데서 유래됐다. 테이블 셋팅에 상당히 심혈을 기울여 예쁘게 데코하는 것이 특징. 티푸드 접시를 3단 트레이에 올려 서빙해준다. 가장 아랫층에서 맨 윗층 접시순으로 음식을 먹는다. 보통 샌드위치, 스콘, 마들렌, 마카롱, 초콜릿 순서다. 19세기에는 상류사회 귀족들이 즐기던 문화였지만 지금은 친구끼리 혹은 가족들끼리 소통의 시간으로 활용된다.

| 미션 디스트릭트 Mission District |

십점 만점에 십점
타르틴 베이커리&카페 Tartine Bakery&Cafe

간판도 없이 작고 소박해보이지만, 유명 베이커리다. 2002년 오픈한 이래 최고라는 찬사를 듣지 못한 적이 없다. 특히 주말이면 길게 늘어선 줄이 이 집의 명성을 짐작케 한다. 모든 재료를 유기농만 사용하고 제철 재료에 의해 메뉴를 결정하니 재료의 신선도를 얼마나 중요시하는지 알 수 있다.

이 베이커리 주인장 부부는 6년 동안 유럽의 시골을 다니며 천연 효모 베이킹을 연구했다고 한다. 눈으로만 봐도 몸에 좋은 빵임을 알 수 있는 메뉴가 많다. 내부에 넓은 공용 테이블이 있지만 합석이 불편할 수도 있다. 그럴 땐 야외 좌석 쪽을 선택하자. 가능하다면 평일에 방문하는 것이 좋다.

Data Map 216 J **Access** 뮤니 버스 33번 타고 18th 스트리트&게레로 스트리트 하차 **Add** 600 Guerrero St **Tel** 415-487-2600 **Open** 월 08:00~19:00, 화·수 07:30~19:00, 목·금 07:30~20:00, 토 08:00~20:00, 일 09:00~20:00

도우가 맛있어야 진짜 맛있는 피자
피제리아 델피나
Pizzeria Delfina

쫄깃하고 바삭한 도 맛이 일품이다. 여기에 맥주 한 잔을 곁들이면 완벽하다. 취향에 따라 골라먹을 수 있게 피자 메뉴가 다양하다. 브런치나 점심 식사로 딱이다. 주말에는 기다리는 줄이 긴 편이다. 미트볼은 약간 짜다.

Data Map 216 J
Access 뮤니 버스 33번 타고 18th 스트리트&게레로 스트리트 하차
Add 3611 18th St **Tel** 415-437-6800
Open 월 05:30~22:00, 화~목 11:30~22:00, 금 11:30~23:00, 토 12:00~23:00, 일 12:00~22:00
Web www.pizzeriadelfina.com
Cost 피자류 13~17달러 정도, 미트볼 14달러

유기농 아이스크림의 자존심
바이 라이트 크리머리
Bi Rite Creamery

부드러운 질감과 풍부한 맛을 자랑하는 집으로, 최고의 아이스크림을 자랑한다. 모든 재료는 유기농만을 고집한다. 솔티드 카라멜Salted Caramel은 강력 추천 메뉴. 무엇을 먹어야 할지 고민된다면 직원에게 '맛보기'를 요청하자.

Data Map 216 J
Access 뮤니 메트로 J선 타고 처치 스트리트&18th 스트리트에서 하차 후 도보 3분. 또는 뮤니 버스 33번 타고 18th 스트리트&돌로레스 스트리트 하차
Add 3692 18th St **Tel** 415-626-5600
Open 월~목·일 11:00~22:00, 금·토 11:00~23:00
Web www.biritecreamery.com
Cost 4~8달러 정도(사이즈에 따라 다름)

 제대로 만든 부리토와 타코
타쿼리아 바랄타
Taqueria Vallarta

라틴계 사람들이 많이 거주하는 미션 지역에서 꼭 맛봐야 할 부리토Burrito와 타코Taco. 이곳은 대형 프렌차이즈에서 판매하는 것과는 완전히 다른 맛을 선보인다. 내용물도 알차서 간단한 한 끼 식사로 안성맞춤이다.

Data Map 217 K Access 바트 타고 24th 스트리트역 하차 후 도보 6분
Add 3033 24th St Tel 415-826-8116
Open 일~목 08:00~다음 날 01:00, 금·토 08:00~다음 날 03:30
Cost 부리토 9달러, 타코 3달러 정도

 아침을 깨우는 향긋한 커피 한 잔
리추얼 커피 로스터
Ritual Coffee Roasters

세계 여러 나라의 생두를 수입해서 직접 로스팅하기 때문에 신선한 원두로 만든 커피를 마실 수 있는 곳이다. 고급 레스토랑에도 원두를 납품할 정도이니, 품질은 보장된다. 다양한 원두로 만든 커피를 골라 마시는 재미가 있다.

Data Map 216 J Access 뮤니 버스 49번 타고 미션 스트리트&21th 스트리트 하차 후 도보 4분
Add 1026 Valencia St Tel 415-641-1011
Open 월~금 06:00~22:00, 토·일 07:00~20:00
Web www.ritualroasters.com
Cost 아메리카노 4달러~

바나나 파이의 대명사
미션 파이 Mission Pie

파이, 타르트 등 다양한 수제 제과를 판매하는 곳이다. 지역에서 생산되는 밀가루와 설탕 등 좋은 재료를 사용하는 것을 원칙으로 하니 믿고 먹을 수 있다. 부드럽고 달콤한 바나나 파이는 이 집에서 꼭 맛봐야 할 메뉴다. 향긋한 향의 커피와 함께 즐겨보자.
친절한 직원의 서비스 역시 만족스럽다. 평일 오전에 방문하면 더욱 여유로운 시간을 가질 수 있다. 그러나 주요 관광지와 떨어진 탓에 다소 찾아가기에 불편하다는 단점이 있다.

Data Map 217 K Access 바트 타고 24th 스트리트 하차 후 도보 2분 Add 2901 Mission St Tel 415-282-1500
Open 월 07:00~14:00, 화~금 07:00~22:00, 토 08:00~22:00, 일 09:00~22:00 Web www.missionpie.com Cost 바나나 파이 4달러, 커피 1.75달러

  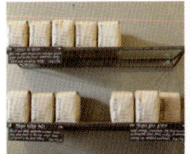 

영화처럼, 영화와 함께 즐기는 식사
 포린 시네마 Foreign Cinema

육중한 문을 열고 들어가면 촛불이 하늘거리고 영화가 상영 중이다. 실내 공간의 느낌이 너무 좋아서 그 자체만으로도 감탄이 절로 나온다. 밤에는 치안이 좋지 않다.

Data **Map** 217 K **Access** 뮤니 버스 14, 49번 타고 미션 스트리트&21th 스트리트 하차 **Add** 2534 Mission St **Tel** 415-648-7600 **Open** 월~목·일 17:30~22:00, 토·일 11:00~14:30, 금·토 17:30~23:00 **Web** www.foreign-cinema.com **Cost** 단품 15~27달러, 굴 6개 22달러

분위기 좋은 공간, 향긋한 커피
 포 배럴 커피 Four Barrel Coffee

다양한 각도에서 바리스타들의 작업을 구경할 수 있다. 쉴새없이 흘러나오는 세련된 음악이 즐겁고 유쾌한 분위기를 연출한다. 신선한 원두로 뽑은 좋은 커피를 저렴한 가격대로 마셔보자. 관광지와 떨어져 있다.

Data **Map** 216 F **Access** 바트 타고 16th 스트리트역 하차 후 도보 5분 **Add** 375 Valencia St **Tel** 415-252-0800 **Open** 07:00~20:00 **Web** www.fourbarrelcoffee.com **Cost** 아메리카노 4달러~

유대인식 브런치로 화사한 하루
와이즈 선스 주이시 델리커테슨 Wise Sons Jewish Delicatessen

깔끔하고 화사한 분위기의 인테리어가 편안하다. 카운터에서 음식을 주문하고, 계산 먼저 한 뒤 번호표를 받고 기다렸다가 자리가 나면 원하는 자리에 착석한다. 유대인 전통 음식인 맛초 볼 수프Matzo Ball Soup, 파스트라미 치즈 프라이Pastrami Cheese Frie가 맛있다.

Data **Map** 217 K **Access** 뮤니 버스 14L번 타고 미션 스트리트&24th 스트리트 하차 후 도보 4분. 또는 뮤니 버스 12번 타고 폴섬 스트리트&24th 스트리트 하차, 바트 24th 하차 후 도보 3분 **Add** 3150 24th St **Tel** 415-787-3354 **Open** 월~토 08:00~21:00, 일 09:00~15:00 **Web** www.wisesonsdeli.com **Cost** 수프 6달러~, 버거 10달러 정도

진한 풍미의 피자
리틀 스타 피자 Little Star Pizza

시카고의 명물, 딥 디시Deep Dish 피자를 경험할 수 있는 곳. 두툼하고 바삭한 크러스트, 버섯, 소시지, 양파 등 절묘한 하모니를 이루는 토핑을 골라보자. 두 가지 피자를 고른 후 반반Half&Half으로 주문할 수도 있다. 주문 후 피자가 만들어지므로 30분 정도 기다려야 한다. 피자 외에도 갈릭 브레드, 스파이시 치킨윙 등도 판매한다.

Data **Map** 216 F **Access** 바트 타고 16th 스트리트역 하차 후 도보 5분 **Add** 400 Valencia St **Tel** 415-551-7827 **Open** 일ㅍ수·목 12:00~22:00, 월·화 17:00~22:00, 금·토 12:00~23:00 **Web** www.littlestarpizza.com **Cost** 딥 디시 피자 스몰 19달러 정도, 갈릭 브레드 5달러

San Francisco By Area

03

골든 게이트 파크
Golden Gate Park

샌프란시스코 도심의 허파라고 말할 수 있는 골든 게이트 파크. 빌딩숲 한가운데서 자연 속 휴식을 보장한다. 130년이나 된 공원이자, 세계에서 가장 큰 인공 공원이기도 하다. 여러 개의 호수와 박물관, 미술관, 식물원까지 있는 엄청난 크기의 공원. 화려한 꽃과 오래된 나무, 초록빛 잔디, 푸른 호수가 한 폭의 그림처럼 펼쳐지는 곳. 천국의 에덴동산이 바로 이런 모습이 아니었을까? 골든 게이트 파크는 그곳에 발 디딘 모든 사람들에게 천국의 시간을 선사한다.

©Conservatory of Flower

Golden Gate Park
PREVIEW

폭 1.6km, 길이 5km. 작은 나라에 사는 한국인들에게는 공원의 크기가 잘 가늠되지 않을 정도다. 공원 곳곳에 위치한 크고 작은 호숫가. 그곳에서 더불어 살아가는 다람쥐, 오리, 비둘기 등 다양한 동식물은 그 자체로 자연 체험장이고 평화의 모델이다. 드 영 뮤지엄, 캘리포니아 아카데미 오브 사이언스, 재패니즈 티 가든 등 문화, 예술, 과학 등을 다양하게 즐길 수 있는 시설도 마련되어 있다. 특히 이 지역은 샌프란시스코의 대표 공원인 골든 게이트 파크가 있다.

PLAN

재패니즈 티 가든은 매주 월·수·금요일 오전 10시 이전에 입장하면 무료다. 캘리포니아 아카데미 오브 사이언스는 볼거리가 많아서 최소 3시간 정도의 시간을 쏟아야 한다. 시간을 넉넉히 잡고 동선을 짜도록 한다.
시간적 여유가 있다면 서쪽 끝에 위치한 오션 비치, 클리프 하우스 등을 방문해보는 것도 좋다. 모두 날씨가 화창한 날에는 환상적인 일몰을 즐길 수 있는 곳이다.

어떻게 갈까?

다운타운 파웰역 근처에서 출발할 예정이라면 마켓 스트리트&파웰 스트리트에서 뮤니 버스 5L번을 이용하자. 풀턴 스트리트&10th 애비뉴에서 하차한 후 5분 정도 걸어가면 된다.
메트로 N선을 탑승한 후 얼빙 스트리트&9th 애비뉴 하차 후 12분 정도 걸어가는 방법도 있다. 이 경우, 하차 정류장 근처 카페인 비너리가 있다. 커피를 좋아한다면 잠시 들러보자.

어떻게 다닐까?

120만 평이 넘는 어마어마한 크기의 공원을 모두 도보로 다니기는 사실상 불가능하다. 욕심을 버리고 특정 지역을 한정하여 알차게 다니자.
가장 인기 있는 지역은 드 영 뮤지엄, 캘리포니아 아카데미 오브 사이언스, 재패니즈 티 가든이 옹기종기 모여 있는 지역이다. 이곳을 중심으로 돌아봐도 좋고 자전거나 보드, 인라인 등 자신의 취향에 따라 이동 방식과 볼거리를 결정한 뒤 동선을 짜도 된다.

SEE

어린이를 동반한 여행자라면 서부 지역 최대 크기 과학관인 캘리포니아 아카데미 오브 사이언스를 놓치지 말자. 골든 게이트 파크에서 꼭 가볼 만한 곳 중 하나다. 고즈넉한 분위기가 인상적인 일본식 정원 재패니즈 티 가든을 방문해보는 것도 좋다. 미국에서 가장 오래된 일본식 정원이다.
17세기 태평양 연안 국가들의 유물부터 21세기 팝아트나 추상 미술까지 다양한 예술품을 접할 수 있는 드 영 뮤지엄도 문화 지수를 높이는 훌륭한 선택이다. 미국에서 가장 오래된 유리 온실로 알려져 있는 컨서버토리 오브 플라워에서는 이국적인 희귀 꽃나무들을 볼 수 있다.

ENJOY

우선 발이 편한 신발을 신자. 골든 게이트 파크을 돌아보기 위한 가장 기본적인 준비다. 그 다음 풀내음을 맡고 공원의 호수를 거닐며 상쾌한 공기를 들이키기 위해 몸과 마음을 활짝 열자. 한두 시간 느리게 걷다보면 이 도시의 주민들이 왜 그토록 이 공원을 사랑하는지 느낄 수 있다.
자전거를 빌려 타볼 것도 추천한다. 이곳에서는 자동차를 피해 위험하게 달려야 하는 곡예 라이딩은 필요 없다. 마음껏 즐기면 된다. 캘리포니아 아카데미 오브 사이언스 과학관에서는 갖가지 해양 동물을 직접 만져보며 관찰할 수 있다. 열대 우림 기후에서 서식하는 식물, 곤충들을 가까운 눈 앞에서 자세히 볼 수 있는 체험관도 잘 마련되어 있다.

EAT

드 영 뮤지엄 내에 있는 카페테리아나 캘리포니아 아카데미 오브 사이언스 과학관 1층에 자리한 카페테리아를 이용해도 편리하다. 공원에서 도보 15분 정도 걸리는 곳에 맛집인 파크 차우가 있다.
특히, 골든 게이트 파크에는 피크닉을 즐길 수 있는 공간이 많아서 샌드위치 등 도시락을 준비해와도 좋다. 현지인들은 바비큐 시설이 갖춰진 장소에서 파티를 열기도 한다.

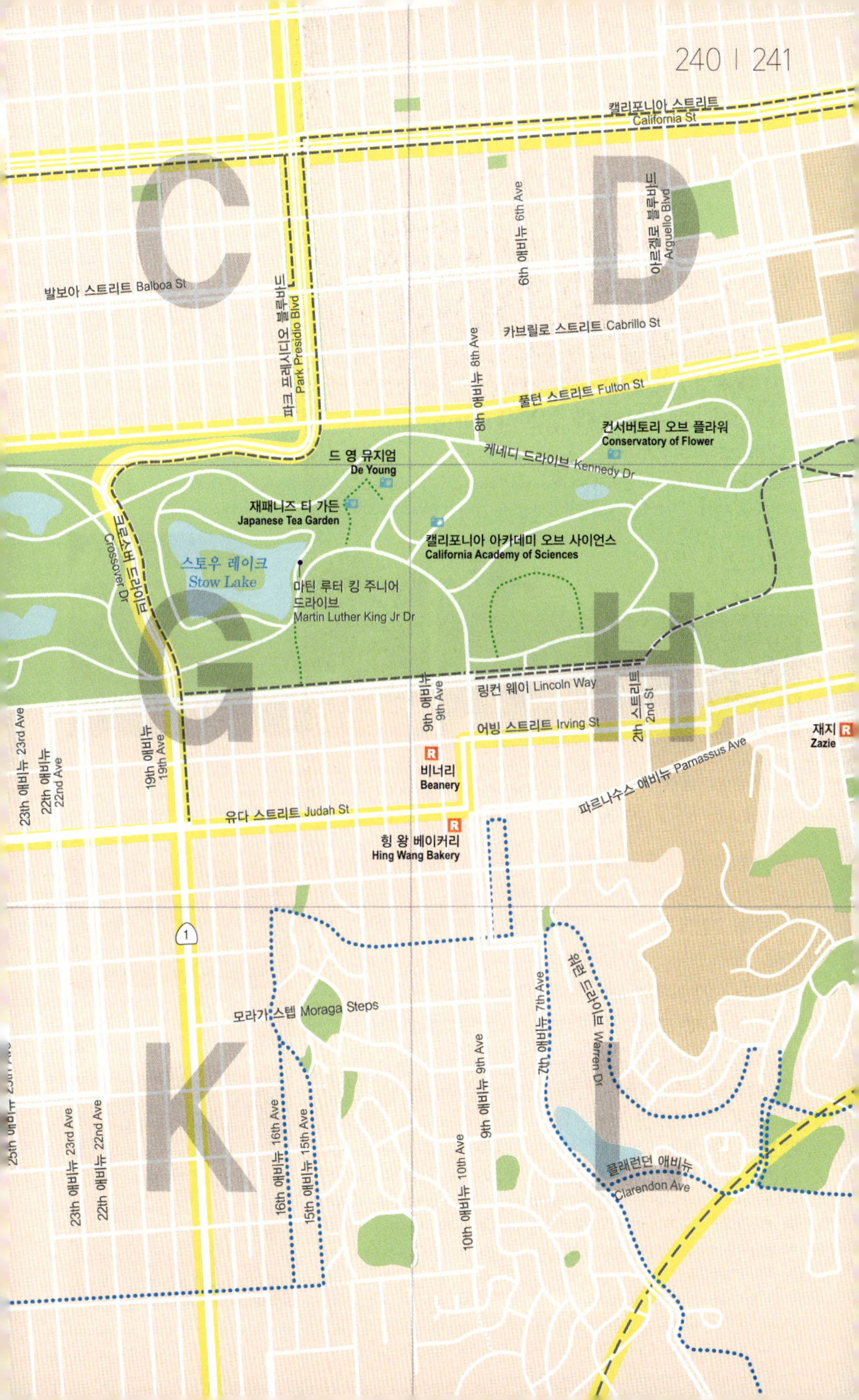

240 | 241

- 캘리포니아 스트리트 California St
- 발보아 스트리트 Balboa St
- 6th 애비뉴 6th Ave
- 아르겔로 블루버드 Arguello Blvd
- 파크 프레시디오 블루버드 Park Presidio Blvd
- 카브릴로 스트리트 Cabrillo St
- 8th 애비뉴 8th Ave
- 풀턴 스트리트 Fulton St
- 컨서버토리 오브 플라워 Conservatory of Flower
- 케네디 드라이브 Kennedy Dr
- 드 영 뮤지엄 De Young
- 재패니즈 티 가든 Japanese Tea Garden
- 스토우 레이크 Stow Lake
- 크로스오버 드라이브 Crossover Dr
- 마틴 루터 킹 주니어 드라이브 Martin Luther King Jr Dr
- 캘리포니아 아카데미 오브 사이언스 California Academy of Sciences
- 링컨 웨이 Lincoln Way
- 9th 애비뉴 9th Ave
- 2th 스트리트 2nd Ave
- 어빙 스트리트 Irving St
- 재지 Zazie
- 비너리 Beanery
- 23th 애비뉴 23rd Ave
- 22th 애비뉴 22nd Ave
- 19th 애비뉴 19th Ave
- 유다 스트리트 Judah St
- 파르나수스 애비뉴 Parnassus Ave
- 힝 왕 베이커리 Hing Wang Bakery
- ①
- 모라가 스텝 Moraga Steps
- 워런 드라이브 Warren Dr
- 7th 애비뉴 7th Ave
- 9th 애비뉴 9th Ave
- 10th 애비뉴 10th Ave
- 16th 애비뉴 16th Ave
- 15th 애비뉴 15th Ave
- 22th 애비뉴 22nd Ave
- 23th 애비뉴 23rd Ave
- 클래런던 애비뉴 Clarendon Ave

SAN FRANCISCO BY AREA 03
GOLDEN GATE PARK

Editor's Pick! 샌프란시스코를 숨쉬게 만드는 공원
골든 게이트 파크 Golden Gate Park

골든 게이트 파크가 없는 샌프란시스코를 상상할 수 있을까? 골든 게이트 파크 없이 여가를 즐길 수 있다는 말을 믿을 수 있을까? 샌프란시스코에 사는 사람들은 나고, 자라고, 늙을 때까지 이 공원에서 자전거를 타고, 연을 날리고, 축구를 하고, 하이킹을 즐긴다. 골든 게이트 파크는 사실 관광지로서 한 번 슬쩍 보고 가는 곳이 아니다. 걸음마를 떼기 전부터 이곳 샌프란시스코 사람들을 건강하고 건전하게 키워내는 자연의 품이다.

Data Map 241 H **Access** 뮤니 버스 5L번 타고 풀턴 스트리트&10th 애비뉴 하차 후 도보 5분
Add John F Kennedy Dr&Transverse Dr **Web** www.parks.sfgov.org **Cost** 무료입장

고요한 명상의 공간
재패니즈 티 가든 Japanese Tea Garden

작은 시냇가에 서정적인 돌다리와 소나무와 벚나무들이 정갈하게 서 있다. 그 나무 사이로 날아드는 나비와 새들의 모습이 한 폭의 수채화를 연상케 하는 곳. 미국에서 가장 오래된 일본식 전통 정원이다. 1895년 마코타 하기와라Makota Hagiwara라는 쿄토 출신 일본인 정원사가 설계와 조성을 맡았다. 그는 일본에서 직접 1천여 그루의 벚꽃과 식물, 새, 금붕어 등을 가져와 정원을 꾸몄다.
이곳을 방문하기에 가장 좋은 시간은 이른 아침이다. 방문객이 적어서 고즈넉한 분위기에 흠뻑 취할 수 있다. 단아한 분위기의 정자에서 차 한 잔의 여유도 즐길 수 있다.

Data Map 241 G
Access 뮤니 버스 5L번 타고 풀턴 스트리트&10th 애비뉴 하차 후 도보 5분
Add 75 Hagiwara Tea Garden Dr **Tel** 415-668-0909
Open 3/1~10/31 09:00~18:00, 11/1~2/28 09:00~16:45
Web japaneseteagardensf.com
Cost 성인 9달러, 12~17세 또는 65세 이상 7달러, 5~11세 3달러, 4세 이하 무료, 매주 월·수·금요일 10:00 이전 무료입장

Editor's Pick! 롤러코스터처럼 흥미진진한 과학관
캘리포니아 아카데미 오브 사이언스
California Academy of Sciences

2008년 개관한, 미국 서부 지역 최대 크기의 과학 아카데미다. 어린이를 동반한 여행자들의 필수 코스로 손꼽힌다. 태양광을 이용한 에너지를 사용하며, 재생 콘크리트로 만든 벽이 있고 건물 지붕에 심어진 다양한 식물들을 이용한 냉난방 시스템이 운영 중이다. 건축물 자체만으로도 예사롭지 않은 곳이다. 실제로 조류 연구자, 생태 분석 과학자 등의 생생한 강의도 들을 수 있어 더욱 알차다.
천문, 대기 등에 관한 교육 자료들을 상영하는 천문관 Planetarium은 상영 시간이 정해져 있다. 시간을 확인한 뒤 입장권을 받아두도록 하자. 과학관 관람은 보통 3시간 정도 소요된다.

Data Map 241 H **Access** 뮤니 버스 5L번 타고 풀턴 스트리트&10th 애비뉴 하차 후 도보 5분 **Add** 55 Music Concourse Dr **Tel** 415-379-8000 **Open** 월~토 09:30~17:00, 일 11:00~17:00(목요일 18:00~22:00에는 21세 이상 입장 가능) **Web** www.calacademy.org **Cost** 성인 29~39달러, 3~17세 23~29달러, 65세 이상 26~35달러, 2세 이하 무료(날짜마다 입장료가 조금씩 다르다. 시티 패스, 샌프란시스코 고 카드 사용 가능), 매주 목요일 18시부터는 12~17달러 (단, 21세 이상만 출입 가능)

Editor's Pick! 세월 따라 옷을 갈아입는 박물관
드 영 뮤지엄 De Young Museum(Fine Arts Museum of San Francisco)

골든 게이트 파크 한가운데 위치해 있다. 17세기 태평양 연안 국가의 유물부터 남미, 아프리카, 오세아니아 지역의 미술품, 21세기 팝아트, 추상미술 등 다양한 예술품을 전시하고 있다. 스위스 출신 건축가 헤르조그&드 뫼롱의 현대적 박물관 건물이 인상적이다. 목재와 콘크리트로 건축물의 구조를 만든 후 구리로 표면을 덮었다고 한다. 구리의 특성상 공기 중에 산화되어 시간이 지날수록 녹색으로 점차 바뀐다는 특이점이 있다. 자유의 여신상처럼 세월의 흔적을 건축물 자체에 드러내고자 하는 것. 무료로 입장할 수 있는 9층 전망대도 놓치지 말자.

Data Map 241 G **Access** 뮤니 버스 5L번 타고 풀턴 스트리트&10th 애비뉴 하차 후 도보 5분
Add 50 Hagiwara Tea Garden Drive **Tel** 415-750-3600
Open 화~일 09:30~17:15 **Web** www.de-youngmuseum.org
Cost 성인 15달러, 학생 6달러, 65세 이상 12달러(시티 패스, 샌프란시스코 고 카드 사용 가능), 17세 이하 무료, 매달 첫 번째 화요일 무료

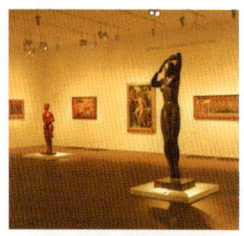

네덜란드 풍차가 있는 이국적인 분위기
더치 윈드밀 Dutch Windmill

골든 게이트 공원 서쪽 끝자락에는 네덜란드형 풍차가 있다. 1870년대 골든 게이트 파크를 조성할 당시 200만 그루가 넘는 나무들을 심다보니 엄청난 물이 필요했었다고 한다. 효과적으로 물을 끌어올리기 위한 방식을 고민하던 중 결정된 것이 바로 풍차다. 지금은 운행되고 있지 않지만 옛 모습을 간직한 채 자리를 지키고 있다. 2~3월에는 튤립이 아름답게 피는 정원이 조성되어 있다. 골든 게이트 파크에서 오션 비치로 가는 길에 위치한다.

Data Map 240 E Add 1690 John F Kennedy Dr

색색깔의 아름다운 층계
모라가 스텝 Moraga Steps

색색의 타일로 모자이크 해서 꾸민 163개 층의 아름다운 계단이다. 주민들이 낸 기금과 자원 봉사자들의 노력에 의해 탄생했다. 한 구석에는 기금을 낸 사람들의 이름을 적어 놓았다. 바둑판처럼 샌프란시스코의 모습과 바다가 한눈에 들어온다. 8도 지진까지 견딜 수 있는 내구성까지 겸비한 것이 특징. 주요 관광지와 먼 탓에 일부러 찾아가야 하는 점이 아쉽다.

Data Map 241 K Access 뮤니 버스 66번 타고 16th 애비뉴&모라가 스트리트 하차 Add 1700 16th Ave
Web www.tiledsteps.org/Default.asp

꽃천지로 가는 길
컨서버토리 오브 플라워 Conservatory of Flower

1879년에 지어진 온실로 미국 내에서 가장 오래되었다. 화려한 색들의 꽃을 볼 수 있고 시즌마다 특별전이 바뀌어 열린다. 수없이 다양한 식물들을 만날 수 있기 때문에 어린이를 동반한 여행자들이나 꽃을 사랑하는 모든 사람들에게 행복을 가득 안겨주는 곳이다. 멸종 위기에 놓인 식물, 희귀종의 식물 등 아이들의 호기심을 자극할 만한 것들도 많다.

Data Map 241 D Access 뮤니 버스 5L 번 타고 풀턴 스트리트&10th 애비뉴 하차 후 도보 5분. 또는 뮤니 버스 71L번 타고 링컨 웨이&19th 애비뉴 하차 후 도보 9분 Add 100 John F Kennedy Dr
Tel 415-831-2090 Open 화~일 10:00~16:30(입장 마감 16:00)
Web www.conservatoryofflowers.org Cost 성인 9달러, 12~17세 청소년·65세 이상·학생 6달러, 5~11세 3달러, 4세 이하 무료

EAT

Editor's Pick! 질 좋은 원두로 승부한다
비너리 Beanery

밸런스가 잘 잡힌 좋은 커피를 마실 수 있는 곳이다. 가게에서 다크 로스팅으로 직접 볶은 유기농 원두를 사용하기 때문에 향이 풍부하고 깊은 맛이 난다. 골든 게이트 파크과 도보 15분 정도 거리에 위치한다. 가격대도 상당히 저렴한 편. 비너리는 '커피콩을 만들어내는 곳'이란 뜻이다. 이름에서부터 질 좋은 원두에 대한 그들의 자부심이 느껴진다.

Data Map 241 H Access 뮤니 메트로 N선 타고 어빙 스트리트&9th 애비뉴 하차. 또는 뮤니 버스 6번 타고 9th 애비뉴&쥬다 스트리트 하차 후 도보 4분. 뮤니 버스 71번 타고 링컨 웨이&9th 애비뉴 하차 후 도보 2분 Add 1307 9th Ave Tel 415-661-255 Open 월~토 06:00~19:00, 일 07:00~19:00 Cost 에스프레소(싱글샷) 2달러, 카페라테 4달러

Editor's Pick! 골든 게이트 파크 근처 인기 레스토랑
재지 Zazie

프렌치 비스트로 느낌의 레스토랑으로 브런치 메뉴가 유명하다. 따로 팁을 주지 않아도 된다는 문구가 인상적인 곳. 주말에는 최소 1시간은 기다려야 할 정도로 인기 있는 맛집이니 평일 중 방문하는 것이 낫다.

식전주로는 매직 미모사Magic Mismosa가 좋으며, 다양한 에그 베네딕트를 즐길 수 있다. 해당하는 메뉴에 원하는 토핑을 고르고, 달걀을 몇 알을 추가할 건지 정한 후, 샐러드와 구운 감자 중 하나를 사이드 메뉴로 선택하면 된다. 폭신한 반죽에 포피 씨앗 씹히는 미라클 팬케이크Miracle Pancakes, 에그 빈센트Eggs Vincent, 프렌치 토스트도 인기 메뉴.

Data Map 241 H Access 뮤니 메트로 N선 타고 콜 스트리트&칼 스트리트에서 하차 후 도보 1분 Add 941 Cole St Tel 415-564-5332 Open 월~금 08:00~14:00, 토·일·공휴일 09:00~15:00 Web www.zaziesf.com Cost 매직 미모사 12달러, 미라클 팬케이크 9달러, 에그 빈센트 18달러

작지만 맛있는 브런치 레스토랑
아우터랜즈 Outerlands

가격대비 만족스러운 양과 창의적인 요리를 맛볼 수 있다. 요일, 시간대별로 메뉴가 조금씩 달라진다. 주말 브런치 시간에 방문했다면 식빵 속 반숙 달걀이 숨어 있는 에그 인 제일Eggs in Jail(11달러)과 더치 팬케이크Dutch Pancake(12달러)를 추천. 주요 관광지에서는 상당히 떨어져 있다.

Data Map 240 E Access 뮤니 메트로 N선 타고 주다 스트리트&46th 애비뉴 하차 후 도보 1분 Add 4001 Judah St Tel 415-661-6140 Open 08:00~15:00, 17:00~22:00 Web www.outerlandssf.com Cost 단품 11~26달러, 디저트 10달러

San Francisco By Area

04

프레시디오&
시 클리프
The Presidio&Sea Cliff

붉은빛 자태를 뽐내는 골든 게이트 브리지, 초록빛 광활한 녹지대인 프레시디오, 탁 트인 태평양의 바다를 감상할 수 있는 랜즈 엔드와 클리프 하우스, 오션 비치 등이 모여 있는 지역이다. 로맨틱한 데이트 장소로도 유명한 리전 오브 아너 미술관에서 유럽 예술품을 감상하는 시간도 더없이 행복하다. 오션 비치의 긴 해변을 따라 걸으며 바라보는 일몰은 평생 잊을 수 없을 만큼 멋있다. 영화 〈비포 선셋〉처럼 샌프란시스코 여행 중에 사랑이 시작된다면 아마 이 지역 어딘가에서가 아닐까?

The Presidio&Sea Cliff
PREVIEW

광활한 자연을 즐기기에 더없이 좋은 장소들이다. 서퍼들이 사랑하는 오션 비치를 거닐며 산책하는 것도 큰 즐거움이다. 랜즈 엔드에서 태평양의 시원한 바닷바람을 맞으며 지는 해를 바라보면, 그 누구라도 로맨틱 가이가 될 수밖에 없다. 여행 사진의 단골 메뉴인 샌프란시스코의 명소, 골든 게이트 브리지도 그림처럼 빛난다. 언제, 어디서, 어떻게 보든 골든 게이트 브리지는 인상적이다.

PLAN

골든 게이트 브리지는 다운타운에서 직행으로 가는 것보다는 피셔맨즈 워프 혹은 마리나 지역을 갈 때 같이 가자. 교통편이 훨씬 편리하다. 또한 피셔맨즈 워프, 피어 39, 기라델리 스퀘어 주변에 있는 자전거 렌탈숍에서 자전거를 빌린 후 40분 정도 해안 도로를 달려 가보는 것도 좋은 방법. 골든 게이트 브리지만 건너면 소살리토 마을이니 자전거를 빌렸다면 내친김에 소살리토까지 달려보자.

어떻게 갈까?

다운타운에서 곧장 가는 교통편이 많지 않다. 대중교통을 이용할 예정이라면, 환승을 많이 해야 한다.
뮤니 버스나 프레시디오 셔틀버스를 적절히 이용하자. 셔틀버스 탑승장은 유니언 스트리트&반네스 애비뉴에 위치해 있다. 타고 가다가 프레시디오 트랜짓 센터에서 크리시 필드행 프레시디오 셔틀버스로 갈아타야 한다. 그 다음 골든 게이트 브리지 또는 렌드럼 코트 정류장에서 내려 도보로 10분 더 간다.

어떻게 다닐까?

뮤니 버스나 자전거를 이용해서 다닐 것을 권한다. 버스를 이용할 예정이라면 기라델리 스퀘어를 방문할 때 함께 다녀오면 좋겠다.
30번 버스로 브로데릭 스트리트&베이 스트리트에서 하차 후 도보 6분 거리에 있는 마리나 지역의 팰러스 오브 파인 아츠를 간다. 28번 버스에 탑승, 골든 게이트 브리지&파킹 랏 정류장에서 내린 후 도보 14분 더 간다.

SEE

리전 오브 아너는 미국 내에서 가장 멋진 유럽 예술품 컬렉션을 보유한 곳이다. 미국 어디에 가더라도 이 정도의 미술관은 보기 어렵다. 12세기 유럽 미술품부터 인상주의 화가인 모네의 수련 연작까지 볼거리가 다채롭다. 로맨틱한 분위기 덕분에 프로포즈 장소 또는 결혼식 장소로도 인기 만점이다. 리전 오브 아너에서 도보 17분 정도면 랜즈 엔드에 닿는다. 랜즈 엔드 절벽에서 시원한 태평양 바다를 바라볼 수 있는 기회는 누구나 가질 수 있는 게 아니다. 놓치지 말자. 지금은 흔적만 남은 수영장의 모습도 볼 수 있다.

ENJOY

샌프란시스코의 랜드마크인 골든 게이트 브리지. 강한 바닷바람과 파도, 조류에 견딜 수 있도록 설계해 다리 위에 올라서면 흔들흔들 진동이 느껴진다. 아찔하지만 그곳에서 바라보는 풍광이 너무나 아름다워 입이 다물어지지 않는다. 오션 비치의 긴 모래사장을 걸으며 철썩철썩 밀려오는 파도에 잠시 발을 담가보자. 차가운 수온을 자랑하는 드넓은 태평양 바닷물에 잠시 나의 흔적이 새겨졌을지도 모른다.
광활한 녹지대인 프레시디오 지역을 제대로 즐기려면 트레킹을 하거나 자전거를 타고 달리는 게 좋다. 여행에서는 몸을 많이 움직인 만큼 얻는 게 많다.

EAT

먹거리가 풍부한 지역은 아니다. 이 지역에서 가장 유명한 레스토랑인 클리프 하우스에서 탁 트인 태평양 바다를 바라보며 식사를 즐기거나, 칵테일을 마시며 샌프란시스코의 아름다운 노을을 감상하는 것도 좋다.
꼭 가봐야 하는 맛집은 없지만 차를 마실 수 있는 카페나 간단하게 식사를 할 수 있는 레스토랑들은 간간이 보인다.

프레시디오&시 클리프
The Presidio&Sea Cliff

0 — 500m

A　　B

태평양
Pacific Ocean

E　　F

차이나 비치
China Beach

링컨 파크
Lincoln Park

링컨 하이웨이
Lincoln Hwy

리전 오브 아너
Legion of Honor

34th 애비뉴
34th Ave

25th 스트리트 25 th St

랜즈 엔드 트레일
Land's End Trail

랜즈 엔드
Land's End

수트로 배스
Sutro Baths

18th 애비뉴&포인트로보스 애비뉴
48th Ave & Point Lobos Ave

클리프 하우스
Cliff House

실 록
Seal Rock

48th 애비뉴 48th Ave
44th 애비뉴 44th Ave
40th 애비뉴 40th Ave

SAN FRANCISCO BY AREA 04
THE PRESIDIO&SEA CLIFF

| 프레시디오 The Presidio |

골든 게이트 브리지를 가장 잘 볼 수 있는 곳
포트 포인트 Fort Point

대중교통을 이용해서 가장 편하게 갈 수 있는 포인트다. 이곳에서 바라보는 골든 게이트 브리지는 정말 최고다. 그러나 예측불허한 날씨 덕분에 맑은 하늘이 갑자기 짙은 안개에 휩싸이거나 쌀쌀한 바닷바람이 강하게 불어닥치기도 한다. 이곳에 다리를 놓는다는 것은 정말 쉽지 않았음을 실감할 수 있다.

Data Map 251 B
Access 뮤니 버스 28번 버스 타고 골든 게이트 브리지&파킹 랏 하차 후 도보 14분 **Add** Marine Dr
Tel 415-556-1693
Web www.nps.gov/fopo
Cost 무료

광활한 녹색지대
프레시디오 The Presidio

181만 평의 광대한 녹색지대 프레시디오. 관광객보다는 현지인들에게 산책로와 피크닉 장소로 많이 이용되는 곳이다. 크리시 필드Crissy Field(**Add** 1199 East Beach)에서 골든 게이트 기지의 벽돌 요새인 포드 포인트 국립사적지Fort Point National Historic Site쪽으로 난 산책로는 개인적으로 강추하는 곳.

Data Map 251 C
Access 뮤니 버스 30번 타고 브로데릭 스트리트&제퍼슨 스트리트에서 하차 후 도보 20분. 또는 뮤니 버스 28번 타고 골든 게이트 브리지&파킹 랏에서 하차 후 도보 14분 **Add** 215 lincoln blvd
Web www.presidio.gov

> **Tip** 다운타운에서 프레시디오 가는 법
> 프레시디오 지역은 대중교통으로 방문하기가 쉽지 않다. 이런 불편을 보완하기 위해, 다운타운에서 출발하는 셔틀버스를 운행 중이다. 평일 09:30~16:00과 19:30 이후에는 무료로 이용할 수 있다. 그 외의 시간에는 뮤니 패스포트 교통권 소지자만 이용할 수 있다. 주요 탑승지는 엠바카테로역 앞 유니언 스트리트&반네스 애비뉴이다.
> **Web** www.presidio.gov/transportation

에브리바디 점핑!
하우스 오브 에어 House of Air

일명 방방, 봉봉, 퐁퐁이라 불리며 우리의 어린 시절을 추억하게 해주는 트램펄린. 이곳의 트램펄린 규모는 초대형이라, 어른도 얼마든지 트램펄린 위에서 맘껏 뛰며 즐길 수 있다. 3세 이상 어린이부터 성인까지 모두 이용할 수 있으므로, 온가족이 다 함께 동심으로 돌아가 점핑 놀이에 빠져볼 수 있겠다.

넓은 규모의 이 건물은 100년 전 비행기 격납고로 사용되던 곳을 개조한 것이다. 활동성 있는 놀이를 중요하게 생각하는 미국답게 어린이들이 많다. 몇 번 뛰고 나면 상당히 덥고 목이 마르니 생수를 미리 준비해 가자. 주말에는 사람이 많으므로, 홈페이지를 이용하여 예약하면 좋다. 주중에는 비교적 한산한 편.

Data Map 251 B
Access 뮤니 버스 28번 타고 골든 게이트 브릿키&파킹 랏 하차 후 도보 13분
Add 926 Old Mason St
Tel 415-345-9675
Open 월·일 10:00~21:00, 화~목 14:00~21:00, 금·토 10:00~22:00
Web houseofair.com
Cost 3세 이상 이용 가능, 금~월 18달러, 화~목 14달러

디즈니의 살아있는 꿈동산
월트 디즈니 패밀리 뮤지엄 The Walt Disney Family Museum

어린 시절, 디즈니 캐릭터들에 대한 추억이 있다면 관심 있게 볼만하다. 미키마우스의 최초 드로잉, 캐릭터 만화가 만들어지는 과정들을 보여주는 자료 등 흥미진진한 것들로 가득하다. 어린이를 동반한 가족 단위 관람객들에게는 더욱 즐거운 장소가 된다. 당시 일흔이 넘는 디즈니의 딸 다이안이 아버지를 추억하며 이 공간을 채웠다. 단, 대중교통으로 가기에는 다소 불편함이 있다.

Data Map 251 C
Access 뮤니 버스 43번 타고 레터맨 드라이버&링컨 블루바드 하차 후 도보 10분
Add 104 Montgomery St
Tel 415-345-6800
Open 수~월 10:00~18:00
Close 화·주요 국경일
Web www.waltdisney.org
Cost 성인 25달러, 6~17세 15달러, 학생 및 65세 이상 20달러, 5세 이하 무료(샌프란시스코 고 카드 사용 가능)

| 시 클리프 Sea Cliff |

유럽 미술품 컬렉션의 최강
리전 오브 아너 Legion of Honor

미국 내 최고의 유럽 미술 컬렉션을 가진 곳. 1920년대 캘리포니아 유럽 예술 진흥을 위해 건립되었다. 미술관 건물은 그리스식의 웅장한 건축물로, 고전적인 예술품을 감상하는 장소로서는 딱 어울리는 건축 양식이다. 우아하고 고즈넉한 분위기 덕분에 연인들의 데이트나 결혼식 장소로 애용된다. 12세기 유럽 조각과 회화부터 드가, 마네, 모네, 로댕 등 비교적 친근한 인상주의 화가들의 작품까지 다양한 작품을 만날 수 있다. 기획력이 돋보이는 기획 전시가 수시로 진행되고 있다. 자세한 전시 일정은 홈페이지를 참고하자.

Data **Map** 250 D
Access 뮤니 버스 18번 타고 리전 오브 아너 하차. 또는 뮤니 버스 1번 타고 31th 애비뉴&클레멘트 스트리트 하차 후 도보 15분
Add 100 34th Ave
Tel 415-750-3600
Open 화~일 09:30~17:15
Web legionofhonor.org
Cost 성인 15달러, 학생 6달러, 65세 이상 12달러, 17세 이하 무료, 매달 첫 번째 화요일 무료(시티 패스, 샌프란시스코 고 카드 사용 가능)

땅끝에서 느끼는 태평양의 바람
랜즈 엔드 Land's End

보는 것만으로도 가슴이 탁 트이는 아메리카 대륙의 서쪽 끝, 땅끝에 서면 그곳은 끝이 아니라 시작점이 된다. 과거 대규모의 수영장이 있었던 자리로, 지금은 흔적만 남아 있다.
펌프질을 통해 해수를 건물로 끌어들이고, 보일러를 통해 그 물을 따뜻하게 데워 사용했던 수트로 배스Sutro Baths가 있었던 곳. 철골과 나무로 된 구조물을 세우고 유리로 만든 지붕을 돔 형태로 건축했다. 5개의 풀장과 1개의 바닷물 수영장을 운영하였다고 한다. 태평양을 바라보며 수영했을 사람들의 행복과 호사가 부러울 따름이다.

Data **Map** 250 D
Access 뮤니 버스 38번 타고 48th 애비뉴&포인트 로보스 애비뉴 하차 후 도보 2분. 또는 뮤니 버스 18번 타고 45th 애비뉴&발보아 스트리트 하차 후 도보 13분. 리전 오브 아너에서 도보 17분
Add El Camino del Mar&32nd Ave **Web** www.parksconservancy.org

아름다운 석양이 있는 긴 해변
오션 비치 Ocean Beach

랜즈 엔드 지역에서 바다를 바라보며 15분쯤 걸어가면, 오션 비치에 닿는다. 태평양 바다를 끼고 있는 긴 해변, 아름다운 석양을 감상할 수 있는 포인트다. 차가운 수온을 자랑하는 곳이지만 일 년 내내 파도타기를 즐기는 서퍼들의 방문이 끊이지 않는다. 근처에 대형 마트 세이프 웨이(**Add** 850 La Playa St)가 있으니 간단한 간식을 사다가 해변에서 피크닉을 즐겨도 좋겠다.

Data Map 240 I **Access** 뮤니 버스 5L 타고 라 플라야 스트리트&풀톤 스트리트 하차 후 도보 1분. 또는 뮤니 버스 31번 타고 카브리요 스트리트&라 플라야 스트리트 하차 후 도보 3분 **Add** Fulton St&Great Hwy

200여 종의 동물들을 만나자
샌프란시스코 동물원 San Francisco Zoo

얼룩말, 고릴라, 독수리, 코뿔소, 하마, 호랑이, 곰, 펭귄, 플라밍고 등 다양한 동물들이 거주하고 있어 지역거주민들의 사랑을 받고 있는 곳이다. 단, 쌀쌀한 바람이 부는 지역이니 따뜻한 옷을 꼭 준비하도록 하자. 대부분의 전시공간이 실외공간으로 구성되어 있어서 아이들이 신나게 뛰어놀기 좋다.

Data Map 012 I **Access** 뮤니 L선을 타고 47th 애비뉴&커틀러 애비뉴에서 하차 후 도보 2분 **Add** Sloat blvd. at the Great Highway **Tel** 415-753-7080 **Open** 10:00~17:00 **Web** www.sfzoo.org **Cost** 성인 23달러, 4~14세 17달러, 65세 이상 19달러, 3세 이하 무료(샌프란시스코 고 카드 사용 가능)

| 시 클리프 Sea Cliff |

절벽 위의 집
클리프 하우스 Cliff House

클리프 하우스 내의 레스토랑인 수트로스Sutro's는 태평양이 보이는 절벽 위에 있다는 것 하나만으로도 특별하다. 차, 식사, 칵테일 등 원하는 것에 따라 자리를 안내해준다. 파도가 넘실대는 푸른 바다를 보며 브런치를 만끽하거나 붉고 노란 석양을 닮은 칵테일 한 잔을 즐긴다면 세상을 다 가진 듯 행복함을 누릴 수 있을 것이다. 특히 일요일 브런치는 가족 단위 방문자들에게 인기 있다. 현지인뿐만 아니라 관광객도 많이 찾는 곳이다. 단체 손님이 방문하는 경우도 많아서 소란스러울 수도 있다. 가격대도 높은 편.

Data Map 250 D **Access** 뮤니 버스 38L 노선 타고 48th 애비뉴&포인트 로보스 애비뉴 하차 후 도보 5분. 또는 뮤니 버스 5L 노선 타고 라 플라야&카브리요 스트리트 하차 후 도보 9분 **Add** 1090 Point Lobos **Tel** 415-386-3330 **Open** 11:30~21:30 **Web** www.cliffhouse.com **Cost** 일요일 브런치 성인 59달러, 12세 미만은 반값, 연휴 기간에는 원래 가격에서 10달러 추가

SANFRANCISCO SUBURBS BY
AREA

샌프란시스코 근교 가이드

01 소살리토
02 버클리
03 나파 밸리&소노마 밸리
04 몬트레이
05 요세미티 국립공원
06 그 외 추천 근교 지역

San Francisco Suburbs By Area

01

소살리토
Sausalito

화려한 대도시의 불빛과는 다른
고요함과 한적함이 느껴지는 곳.
평화로움이 온몸을 감싼다. 푸른 바다
위를 떠다니는 하얀 요트가 한폭의 그림
같다. 저 멀리 보이는 샌프란시스코 도심의
모습도 비현실적인 세계인듯 아련하고
아름답다. 대도시에서는 느낄 수 없는
신선함이 가득한 곳. 당신의 무뎌진
심장이 두근두근 뛸 것이다.

Sausalito
PREVIEW

바쁘고 빡빡한 도심에서의 일상이 지루하다면 주저 말고 교외로 나가자. 샌프란시스코 도시에서 페리로 20분 정도만 가도, 도시와는 다른 여유로움을 만끽할 수 있는 소살리토에 닿는다. 골든 게이트 브리지를 건너 자전거를 타고 쭉 달리다 보면 여유와 활력이 되살아난다.

SEE

소살리토에서는 샌프란시스코 도시의 스카이라인이 한눈에 들어온다. 언덕으로 빼곡하게 지어진 고급스러운 주택들이 각자의 개성을 뽐내고 있다. 아무것도 하지 않을 자유, 이곳에서는 얼마든지 가능하다. 아무것도 하지 말고 그저 하늘과 구름과 바다를 바라보자. 시간이 허락한다면 고즈넉한 마을 티뷰론과 빼곡한 레드우드를 볼 수 있는 아름다운 숲 뮤어 우드 국립기념지도 들러볼 것을 권한다. 차량으로 이동이 가능하다면 포인트 레이스 라이트하우스를 방문하는 것도 좋다. 세월이 빚어놓은 특별한 절벽 지형과 해안 도로는 황홀할 만큼 멋있다.

ENJOY

샌프란시스코 도시뿐만 아니라 인근 지역에도 자전거 도로가 잘 되어있다. 샌프란시스코 도시에서 자전거를 빌린 후 골든 게이트 브릿지를 직접 건너 소살리토까지 오는 코스가 유명하다. 샌프란시스코로 돌아갈 때에는 페리에 자전거를 싣고 갈 수 있어서 체력 부담이 적다. 풍경이 아름다운 해안 도로를 신나게 달리면 스트레스가 날아간다.

EAT

레스토랑이 많은 것은 아니지만, 칵테일 마시기 좋은 바, 브런치 카페, 간단한 스낵을 즐길 수 있는 곳까지 다양하다. 선택의 폭이 넓은 편. 도시락을 준비해서 바다가 보이는 자리에 앉아 피크닉을 즐기는 것도 좋겠다. 단, 바람이 다소 차갑다는 것을 참고하자.

어떻게 다닐까?

도보, 자전거, 렌터카 등을 이용해 다닐 수 있다. 사색과 산책을 즐기거나 경치 좋은 카페에서 느긋한 시간을 보내고 싶다면 샌프란시스코 도심에서 페리로 이동한 후 걸어서 다니는 것이 좋다. 또한 페리 선착장 앞에서 버스를 탑승하여 뮤어 우드 국립기념지까지 다녀올 수도 있다. 하지만 좀 더 이곳저곳 자유롭게 다니고 싶다면 자전거 또는 렌터카를 추천한다. 소살리토 마을은 평지가 많아서 자전거를 타고 돌아보기에 적합하다. 샌프란시스코 도심에서 소살리토로 자전거를 타고 올 경우 해안 도로를 달리고 골든 게이트 브리지를 건너며 샌프란시스코의 눈부신 풍경을 감상할 수 있다는 점도 큰 장점이다. 소살리토, 티뷰론 등 각 마을마다 선착장이 있어서 샌프란시스코 도심으로 돌아갈 때 편리하다.

Sausalito
ONE FINE DAY

샌프란시스코에서 출발하여 자전거로 소살리토 가기

'예술가들의 마을'이라고 불릴 정도로 이국적이고 아기자기한 분위기의 상점들과 카페, 레스토랑이 여행자를 반긴다. 여유롭고 한적한 분위기를 즐기기에 딱인 곳. 자전거 또는 페리를 타고 도착할 수 있는 근교 마을이다.

자전거 40분
출발 장소에 따라 소요 시간 다름

09:00
샌프란시스코 도심 자전거 대여소에서 자전거 빌리기

자전거 30분

10:10
포트 포인트에서 골든 게이트 브리지 경치 감상 후 골든 게이트 브리지 건너가기

10:50
비스타 포인트 들러서 잠시 휴식 취하기

자전거 35분

자전거 50분

16:00
티뷰론 도착 및 주변 돌아보기

자전거 35분

14:45
플로팅 홈 협동 조합 구경하기

12:00
소살리토 도착 및 점심 식사 후 주변 산책하기

도보 10분

17:00
샌프란시스코로 돌아가는 페리 탑승하기

소살리토는 작은 마을로, 자전거를 타고 돌아보기에 좋다.

Sausalito
TRAVEL INFORMATION

샌프란시스코 도심에서 가까운 마을인 소살리토. 갈 수 있는 방법이 다양하다.
페리, 자전거, 버스, 렌터카 등 자신의 여행 스타일에 맞추어 선택하면 된다.
추천 방법은 자전거. 온몸으로 이 도시를 감싸는 바닷바람을 느끼며
다채로운 풍경을 즐길 수 있기 때문이다. 단, 체력 소모가 상당하다는 단점이 있다.
페리를 타고 가는 방법도 좋다. 페리를 타고 바다 위에서 샌프란시스코 도심과
주변 경관을 감상하는 것이 특별하게 느껴진다.

어떻게 여행할까?

페리로 가기
샌프란시스코 도심에서 가장 편리하게 소살리토나 티뷰론 지역을 방문할 수 있는 방법은 페리를 이용하는 것이다. 페리 선착장이 마을 중심지에 위치하고 있다. 30분 정도 소요된다. 페리 회사에 따라 출발하는 페리 시간표와 비용, 출발하는 장소가 다르니 미리 체크하자.

❶ 골든 게이트 페리Golden Gate Ferry 홈페이지(www.goldengateferry.org/schedules/Sausalito.php) 참조. 페리 빌딩에서 출발(소살리토 기준 성인 10.75달러, 65세 이상 및 6~18세 5.25달러, 5세 이하 무료).

❷ 블루&골드 플릿Blue&Gold Fleet 홈페이지(www.blueandgoldfleet.com/ferry-services/ferry-schedules) 참조. 피어 41에서 출발함(소살리토 기준 성인 12.5달러, 65세 이상 및 5~12세 7.5달러, 5세 이하는 무료)

렌터카로 가기
렌터카를 이용하는 경우, 주차는 길거리 주차 공간(미터 파킹)을 하는 것이 가장 저렴하다. 하지만 주말에는 주차 자리를 찾는 것이 쉽지 않으며, 유료 주차장의 경우 시간당 4~7달러 정도로 요금이 비싸다.

자전거로 가기
유니언 스퀘어 쪽과 피어 39쪽에서 골든 게이트 방향으로 가다 보면 자전거 대여소가 많다. 호텔, 백화점, 공항 등에서 쿠폰을 쉽게 구할 수 있으니 할인 쿠폰을 이용할 것. 보통 하루 기준 대여료는 30달러 정도다. 대여 시 여권과 신용카드는 필수며, 반납은 저녁 6시까지다. 자전거 상태를 살펴보고 고를 것.
골든 게이트 브리지에 도착하면 자전거 도로가 잘 정비되어 있다. 거리는 약 13.2km, 2시간 정도 걸린다. 돌아오는 길에는 페리에 자전거를 싣고 오자.

버스로 가기
골든 게이트 트렌짓Golden Gate Transit 버스로 갈 수 있다. 70, 101번은 미션 스트리트&5th 스트리트(파웰역에서 도보 4분), 70, 80번은 마켓 스트리트&7th 스트리트(시빅 센터역에서 도보 2분)에 있는 정류장에서 탑승하면 된다. 버스 배차 시간은 1시간이며 홈페이지(goldengatetransit.org)에서 버스 시간표를 확인할 수 있다. 페리를 이용하는 것이 더 편리하지만, 비용은 버스가 저렴하다. 소살리토까지 약 45분 소요(편도 6.5달러).

소살리토
Sausalito

마린 시티
Marin City

플로팅 홈 협동 조합
Floating Homes Association

Gate 6 Rd

Gate 5 Rd 게이트 5 로드

마틴 루터 킹 주니어 파크
Martin Luther King Jr Park

0 200m

마린십 파크
Marinship Park

Woodward Ave 우드워드 애비뉴

브리지웨이 Bridgeway

프레즈 커피숍
Fred's Coffee Shop

Redwood Hwy William T. Bagley Fwy 레드우드 하이웨이 윌리엄 T. 배글리 프리웨이

던피 파크
Dunphy Park

보니타 스트리트 Bonita St

소살리토 비지터 센터&히스토리컬 디스플레이
Sausalito Visitor Center&Historical Display

카사 마드로나
Casa madrona

포지오 Poggio

스피니커
The Spinnaker

햄버거 소살리토
Hamburgers Sausalito

가브리엘슨 파크
Gabrielson Park

소살리토 바이크 렌탈
Sausalito Bike Rentals

소살리토 페리 터미널

래퍼트 아이스크림
Lappert's Ice Cream

사우스뷰 파크
Southview Park

브리지웨이 Bridgeway

2nd 스트리트 2nd St

나파 밸리 버거 컴퍼니
Napa Valley Burger Co.

인 어보브 타이드
The Inn above Tide

↓ 샌프란시스코 도심 방향

알렉산터 애비뉴
Alexander Ave

SEE

휴양의 느낌 가득한 아름다운 마을
소살리토 Sausalito

골든 게이트 브리지를 건너면 바로 만날 수 있는 예술가 마을이다. 스페인어로 '작은 버드나무'라는 뜻. 사시사철 화창한 날씨와 푸른 바다 위의 하얀 요트들이 마치 지중해에 있는 어느 마을 같다. 샌프란시스코에서 약 30분이면 페리 타고 올 수 있는 부촌이다. 아름다운 풍경을 즐기고자 하는 사람들이 자주 찾는 곳. 풍경 좋은 곳에서 커피를 마시거나 갤러리에 들러 예술 작품을 감상하자.

Data Map 263 C
Access 샌프란시스코 도심에서 페리로 20분, 자전거로 1시간 20분
Add 760 Bridgeway, Sausalito

물 위의 집, 수상 가옥의 향연
플로팅 홈 협동 조합 Floating Homes Association

물 위에 떠있는 특이한 형태의 집, 수상 가옥들이 모여 있는 장소다. 집집마다 개성 있는 외관, 다채로운 색감을 자랑한다. 빛에 의해 시시각각 변하는 자연의 색채를 느낄 수 있어 매력적이다.
다양한 형태로 지어진 세련된 수상 가옥을 구경해보자. 단, 페리 선착장(소살리토 마을 중심가)에서 도보로 가기에는 상당히 멀다. 자전거나 차를 렌트했다면 들러보자.

Data Map 263 A
Access 자전거나 차량으로 이동 가능, 페리 선착장에서 차로 7분
Add Corner of Gate 6 St & Gate 6.5 St, Sausalito
Web www.floatinghomes.org

소살리토 역사를 한눈에
소살리토 비지터 센터&히스토리컬 디스플레이
Sausalito Visitor Center&Historical Display

여행 관련 정보들을 구할 수 있는 소살리토의 여행 안내소. 엽서, 카드, 소살리토 지역 관련 책, DVD 등을 판매한다. 궁금한 점은 안내 데스크의 점원에게 물어보면 친절하게 설명해준다.
안쪽으로 들어서면 이 지역의 역사를 보여주는 작은 전시관이 마련되어 있다. 2차 세계대전 중 조선업의 중심지였던 시절의 사진과 물품 자료들도 볼 수 있다. 예술 마을, 휴양 마을로 손꼽히는 지금과는 사뭇 다른 모습이다.

Data Map 263 C
Access 소살리토 중심가에 위치, 도보 이동 가능
Add 760 Bridgeway, Sausalito
Tel 415-332-0505
Open 월~토 11:30~16:00
Cost 무료

자전거 타고 마을 구석구석까지
소살리토 바이크 렌털 Sausalito Bike Rentals

소살리토는 비교적 완만한 지형의 작은 마을로, 자전거를 타기 좋은 지역이다. 소살리토 바이크 렌털숍에서 자전거를 대여해 마을 구석구석을 둘러보자. 소살리토의 아기자기한 예쁜 풍경을 감상하기에는 자전거만한 교통 수단이 없다.
티뷰론Tiburon까지는 자전거로 약 1시간, 뮤어 우드 국립기념지 Muir Woods National Monument까지는 자전거로 약 1시간 15분, 골든 게이트 브리지까지는 약 40분 소요된다. 혼자 자전거를 타는 것에 두려움이 있다면 투어를 이용하는 것도 좋은 방법이다. 투어 예약은 홈페이지 참고.

Data Map 263 C
Access 소살리토 중심가에 위치, 도보 이동 가능
Add 34A Princess St, Sausalito
Tel 415-331-2453
Open 10:00~18:00
Web www.SausalitoBike-Rentals.com
Cost 산악자전거 대여 시간당 20달러, 1일 95달러

바다 위 하얀 돛단배
스피니커 The Spinnaker

Editor's Pick!

'커다란 삼각 돛'을 뜻하는 스피니커. 낮에는 푸른 빛의 바다를, 밤에는 샌프란시스코의 반짝이는 야경을 감상할 수 있는 레스토랑으로, 커피 한 잔을 마셔도 특별한 추억이 되는 곳이다.
단, 가격대비 음식 맛은 평범하며 유료 주차장 요금이 비싸다. 길가의 미터 주차를 이용하는 것이 가장 저렴하게 주차하는 방법이다. 하지만 늘 사람들이 많다.

Data Map 263 C
Access 소살리토 페리 선착장에서 도보 5분
Add 100 Spinnaker Dr, Sausalito **Tel** 415-332-1500
Open 11:00~23:00 **Web** www.thespinnaker.com
Cost 카페라테 5달러, 단품 13~20달러

즉석 햄버거가 진리
햄버거 소살리토 Hamburgers Sausalito

360도 천천히 돌아가는 그릴 위에 빵과 패티를 굽는 모습이 인상적이다. 신선하게 바로 굽기 때문일까? 페리 선착장 바로 앞에 있어서일까? 늘 기다리는 사람이 많기로 유명한 곳이다. 그릴 위에서 지글지글 구워지는 음식을 보는 즐거움도 쏠쏠하다.
유명하긴 하지만 맛이 대단한 정도는 아니다. 가격대도 그리 저렴하지 않다. 늘 사람이 많아 매번 줄을 서서 기다려야 하는 것도 단점. 테이블이 한 개 정도만 있으므로 반드시 테이크아웃해야 하는 것도 불편하게 느껴질 수 있다.

Data Map 263 C
Access 소살리토 페리 선착장에서 도보 2분
Add 737 Bridgeway Ave, Sausalito
Tel 415-332-9471
Open 11:00~17:00
Cost 햄버거 8~9달러 정도

햄버거도 건강식으로
나파 밸리 버거 컴퍼니 Napa Valley Burger Co.

믿을 만한 재료로 만들어지는 맛있는 수제 버거 가게다. 호르몬, 항생제, 방부제 등 첨가물 없이 사육되는 소고기와 닭고기를 이용할뿐만 아니라 슬라이스 토마토, 샐러드, 상추 등은 지역에서 재배되는 신선한 재료만을 고집한다.
고급 와인 리스트도 잘 갖춰져 있으니, 햄버거와 와인의 어울림을 느껴보자. 물론 탄산음료, 맥주 등의 음료도 판매한다.

Data Map 263 C **Access** 소살리토 페리 선착장에서 도보 5분
Add 670 Bridgeway, Sausalito **Tel** 415-332-1454
Open 11:30~18:00 **Web** www.napavalleyburgercompany.com
Cost 햄버거 13~15달러 정도

맛집 이탈리안 레스토랑
포지오 Poggio

고급스러운 분위기의 이탈리안 레스토랑. 캐주얼하면서도 깔끔하다. 화덕에 구운 피자, 다양한 스타일의 파스타 등 다양한 요리를 선보인다. 담당 서버의 도움을 받아 주문하면 엄지가 척하고 올라갈 만한 만족스러운 식사를 즐길 수 있다. 날씨가 좋을 때에는 바깥 테이블을 이용하는 것을 추천하다.

Data Map 263 C **Access** 소살리토 페리 선착장에서 도보 3분
Add 777 Bridgeway, Sausalito **Tel** 415-332-7771
Open 06:30~22:30 **Web** www.poggiotrattoria.com
Cost 피자 12달러~, 파스타 17달러~

디저트로, 간식으로 최고!
래퍼트 아이스크림 Lappert's Ice Cream

주말이면 사람들이 모여드는 소문난 아이스크림 전문점. 향이 좋은 커피를 마실 수 있다. 한입 베어물면 입안 가득 부드럽게 퍼지는 풍부한 아이스크림 질감과 다양한 맛이 이 집의 인기 비결. 특히 코나 커피, 마카다미아너트 등 하와이 특유의 재료로 만드는 아이스크림이 맛있다. 인기 메뉴는 코나 커피 아이스크림과 마카다미아너트, 초콜릿 맛이 어우러지는 카우아이 파이. 담당 직원에게 맛을 보여달라고 한 후 마음에 드는 것으로 선택하면 된다.

Data Map 263 C **Access** 소살리토 페리 선착장에서 도보 3분
Add 689 Bridgeway, Sausalito **Tel** 415-332-4575
Open 일~목 09:30~21:00, 금·토 09:30~22:00
Web www.lapperts.com **Cost** 레귤러 컵 3.80달러, 1스쿱 추가 시 2.30달러, 와플콘 추가 시 1달러 추가

SAN FRANCISCO SUBURBS BY AREA 01
SAUSALITO

Theme

가보면 좋을 북부 지역 명소

뮤어 우드 국립기념지에서 레드우드(삼나무 일종)의 향을 맡다 보면, 온몸 구석구석 깨끗해지는 기분을 느낄 수 있다. 차량을 렌트했다면, 해안 도로를 달리는 드라이브 코스를 추천한다. 굴 양식장에서는 신선한 굴도 맛볼 수 있다. 샌프란시스코에서 당일치기로 다녀올 수 있는 여행지 중 북부에 위치한 곳 위주로 모았다.

숨 막힐 듯 아름다운 절경
포인트 레이스 라이트하우스 Point Reyes Lighthouse

해안 도로를 달리는 내내 절경이 펼쳐진다. 특히 해안선이 끝없이 이어지는 그레이트 비치Great Beach는 장관이다.

그러나 딱 두 가지 아쉬운 점이 있다. 하나는 차량을 이용해서만 방문이 가능하다는 것, 그리고 또 하나는 1년에 약 24%만 맑은 날씨라는 것. 1년 365일 중 278일은 안개가 끼는 지역이니 일기 예보를 꼭 체크하자. 겨울에는 고래 떼의 대이동도 볼 수 있다.

Data **Map** 268 **Access** 샌프란시스코 도심에서 차량으로 1시간 30분~2시간
Add 27999 Sir Francis Drake Blvd, Inverness **Tel** 415-669-1534
Open 연중무휴(등대는 금~월 10:00~16:30에만 오픈) **Web** www.nps.gov/pore/historyculture

- 토말스 베이 오이스터 컴퍼니
  Tomales Bay Oyster Company

포인트 레이스 국립해변
Point Reyes National Seashore

샌 파블로 베이
San Pablo Bay

올레마
Olema

드레이크 베이
Drakes Bay

포인트 레이스
라이트하우스
Point Reyes Lighthouse

뮤어 우드 국립기념지
Muir Woods National Monument

북부 근교

0   5km

마린 헤드랜드
Marin Headland

비스타 포인트
Vista Point

호크힐
Hawk Hill

소살리토
Sausalito

티뷰론
Tiburon

샌프란시스코
San Francisco

고급스러운 분위기가 좋다
티뷰론 Tiburon

참 깨끗한 마을 티뷰론은 스페인어로 '상어'를 뜻한다. 샌프란시스코 주변 도시 중 고급 주택이 가장 많이 모여 있는 부촌이다. 샌프란시스코에서 페리로 30분 정도 가야 한다. 화창한 날이 많아, 조용한 분위기에서 아름다운 풍경을 즐기고자 하는 사람들에게 인기 만점이다. 페리 선착장에는 샌프란시스코의 페리 빌딩 또는 피어 41을 연결하는 페리가 자주 있다(30분 소요, 편도 요금 10.50달러). 운치 있는 히스토릭 아크 로우 Historic Ark Row(**Add** 77 Main St) 거리를 걷거나 마음에 드는 카페에 들어가서 시간을 보내볼 것. 여유로움을 즐길 수 있는 방법이다. 티뷰론은 우리나라의 스포츠카 이름과 같아 우리에게도 낯익은 지명이다.

Data Map 268
Access 샌프란시스코 도심에서 페리로 30분 또는 차량으로 1시간 10분, 소살리토 마을에서 자전거로 1시간
Add Main St, Tiburon

천 년을 지내온 나무, 레드우드의 향
뮤어 우드 국립기념지 Muir Woods National Monument

세상에서 가장 키가 큰 나무인 레드우드를 만날 수 있는 곳. 그윽한 레드우드 향을 즐기며 2~3시간 산림욕을 하면, 머릿속이 맑아진다. 온몸으로 수분을 흡수하는 레드우드는 천연 방어물질 덕분에 웬만한 산불에도 타지 않을 정도로 열에 강하다. 그 덕에 천 년의 시간을 거뜬히 버텨온 것. 영화〈혹성탈출〉의 배경지이기도 하다. 대중교통으로도 방문이 가능해 더욱 반갑다.

Data Map 268
Access 소살리토 마을에서 버스로 1시간 정도, 차량으로 30분
Add Muir Woods National Monument, Mill Valley
Tel 415-388-2596 **Open** 08:00~해질 때까지(계절에 따라 다름)
Web www.nps.gov/muwo/index.htm
Cost 성인 15달러, 15세 이하는 무료(연간 패스권 45달러)

> **Tip** 대중교통을 이용해서 간다면 홈페이지(www.marintransit.org)에서 버스 시간표를 확인하고 1달러짜리 지폐로 요금을 준비해서 가자. 차량 방문 시 주차 공간이 협소한 탓에 주차가 어려울 수 있으므로, 가능한 일찍 갈 것(080p 참고).

San Francisco Suburbs By Area

02

버클리
Berkeley

샌프란시스코 다운타운에서 바트를
타고 약 30분이면 도착하는 버클리.
버클리에는 공과대학, 화학, 건축학 등으로
유명한 미국의 명문 주립대학인 버클리 대학교가
있다. 샌프란시스코를 방문한 많은 사람들이
미국의 대학 문화를 느껴보기 위해, 또는 자녀를
위한 견학 코스 등으로 이곳을 방문한다.
새더 타워에 올라 바라보는 샌프란시스코의
풍경이 근사하다.

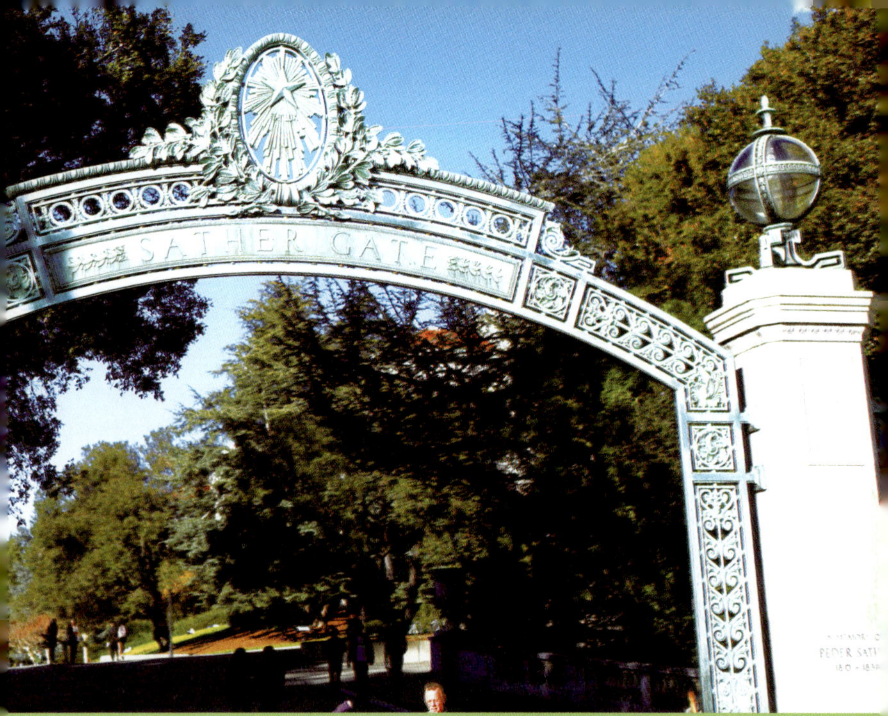
SATHER GATE

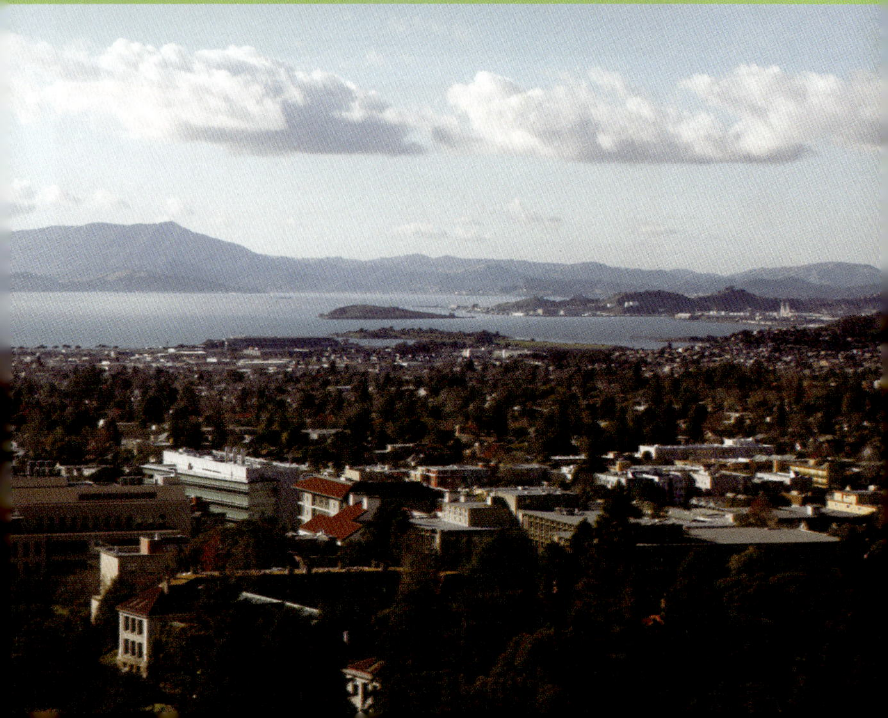

Berkeley
PREVIEW

미국 내에서도 최고의 주립 대학으로 불리는 버클리 대학교.
젊은이들의 활기찬 에너지를 느끼고 싶어하는 방문객들의 발길이 끊이지 않는다.
버클리 대학교 중심부에 위치한 새더 타워는 꼭 올라가 보자. 샌프란시스코 전경이 환상적이다.

SEE

텔레그래프 애비뉴Telegraph Ave는 이 도시의 메인 로드로 샌드위치 가게, 커피숍, 옷 가게 등이 즐비하다. 이 길에서 새더 로드Sather Rd쪽으로 가면 버클리의 정문으로 불리는 남쪽문인 새더 게이트가 있다. 새더 타워는 버클리 대학교에 방문한 사람이라면 한 번쯤 올라가야 하는 필수 코스. 타워에 오르면 골든 게이트 브리지와 샌프란시스코가 한눈에 보인다. 버클리 아트 뮤지엄에서는 늘 새로운 기획 전시가 열린다. 예술과 현대 건축물에 관심있다면 꼭 가보자.

ENJOY

명문 대학교의 도서관은 어떤 모습일까? 도서관에 들어서면 마치 학창 시절로 돌아간 듯한 기분을 느낄 수 있다. 아시안 도서관Asian Library에서는 한국어 책도 있다. 도 메모리얼 도서관Doe Memorial Library은 이 대학에서 가장 큰 중앙 도서관이다. 자전거를 빌려서 캠퍼스 안을 누벼보는 것도 좋겠다.

EAT

버클리에서 가장 유명한 피자 가게인 치즈 보드를 가보자. 단, 대학교 앞에서 버스를 타고 15분 정도 이동해야 한다. 도보로 갈 경우 30분 정도 걸린다. 대학가 근처에도 간단하게 끼니를 해결할 수 있는 샌드위치 가게, 테이크아웃 전문점들이 많다. 특히 셰 패니스 카페&레스토랑은 2002~2008년 레스토랑 매거진이 주최하여 꼽은 '세계 50위권 레스토랑'의 12위까지 올랐던 곳이다. 한식이 그리운 사람에게는 오가네 레스토랑을 추천한다.

어떻게 갈까?

바트가 가장 편리하다. 다운타운에서 리치몬드행 바트를 타고 버클릭역에서 하차(파웰역 기준 약 30분 소요). 메인 로드인 텔레그래프 애비뉴Telegraph Ave까지는 걸어서 20분 더 가야한다. 일요일은 다운타운에서 버클리로 가는 직행이 없다. 되도록이면 평일에 방문하자.

어떻게 다닐까?

렌터카를 이용할 경우 길거리의 미터 주차를 이용할 수 있다. 미터 주차는 보통 최대 주차 가능 시간이 1~2시간으로 제한된다. 여유를 갖고 천천히 이 지역을 돌아볼 예정이라면, 유료 주차장(**Add** 2450 Durant Avenue, Berkeley 또는 2362 Bancroft Way, Berkeley)을 이용하자.

버클리
Berkeley

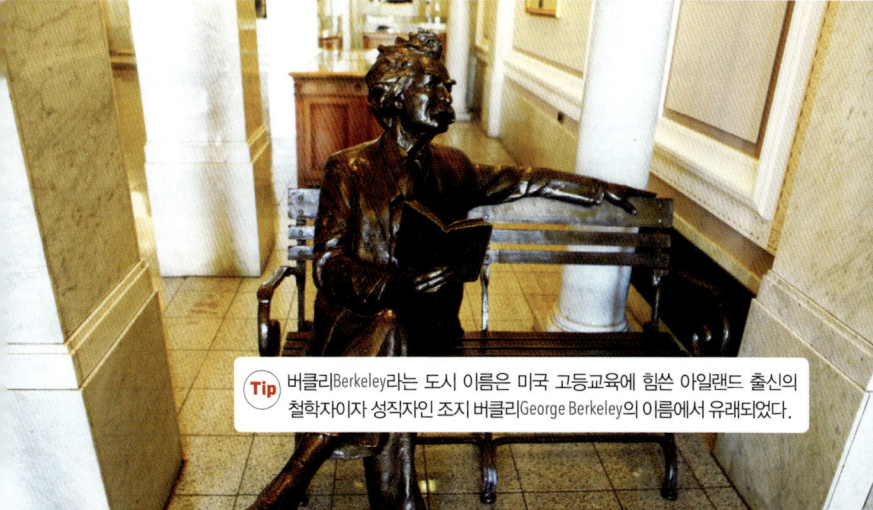

> **Tip** 버클리Berkeley라는 도시 이름은 미국 고등교육에 힘쓴 아일랜드 출신의 철학자이자 성직자인 조지 버클리George Berkeley의 이름에서 유래되었다.

SAN FRANCISCO SUBURBS BY AREA 02
BERKELEY

미국 최고의 주립대
Editor's Pick! **버클리 대학교** University of California Berkeley

세계에서 가장 많은 노벨상 수상자를 배출한 대학 중 하나로 현재 총 66명의 노벨상 수상자가 있다. 애플, 인텔, 구글 등 실리콘밸리의 유수 기업을 세운 인재들을 많이 배출한 명문 대학교이다. 샌프란시스코에서 동쪽으로 16km 떨어진 버클리 도시에 위치한다. 1849년 설립된 캘리포니아 최초의 대학이며, 미국 내 최고의 주립 대학으로 꼽힌다. 대학 내에 무료 투어 코스가 진행되고 있다.

유명한 학교답게 학생들과 학부모들에게 특히 인기가 높다. 정문인 새더 게이트Sather Gate는 텔레그래프 애비뉴 쪽인 남쪽에 위치한다. 청동으로 만들어진 문의 모습이 인상적이다. 입구 쪽에는 〈톰소여의 모험〉 등을 집필한 미국 유명 소설가인 마크 트웨인Mark Twain 조각상이 있다. 존 하워드John Howard에 의해 지어진 이 대학 대부분의 건축물은 국가 사적지로 지정되어 있다. 버클리 로고가 들어간 머그컵, 볼펜, 티셔츠 등의 다양한 기념품을 구매하고 싶다면, 학생 조합Student Union에 들러보자.

Data **Map** 273 C **Access** 바트 타고 버클리역에서 하차 후 도보 16분
Add 101 Sproul Hall, Berkeley **Tel** 510-642-6000 **Web** www.berkeley.edu

Tip ❶ 정식 명칭은 유니버시티 오브 캘리포니아 버클리University of California Berkeley이지만, 미국에서는 캘리포니아를 줄여서 '캘Cal-버클리', 또는 'UC 버클리' 라고 부른다.
❷ 학교 내부를 돌아볼 수 있는 무료 도보 투어(약 1시간 30분 소요, 월~토 10:00~, 일 13:00~)가 진행된다. 평일에는 스프라울 홀Sproul Hall에 있는 비지터 센터에서 주말이나 휴일에는 새더 타워에서 출발한다. 온라인 예약이 필수다.
투어 예약 Web visitors.berkeley.edu

버클리의 상징
새더 타워 Sather Tower

1914년 세워진, 버클리 대학교의 상징적인 종탑이다. 이 학교의 후원자였던 제인 새더Jane K. Sather의 이름에서 따왔다. 디자인은 이탈리아 베네치아의 산마르코San Marco 광장의 종탑을 모델로 한 것이다. 타워에 오르기 위해서는 입구에서 입장료를 지불하고, 백팩 등 큰 가방은 보관소에 맡겨야 한다. 꼭대기층 전망대까지 엘리베이터를 타고 올라간다. 타워를 돌면서 360도로 펼쳐지는 주변 풍경을 감상할 수 있다는 것이 이곳의 매력이다. 날씨가 좋은 날은 더 청명하고 깨끗한 풍경을 감상할 수 있다.

캠퍼스뿐만 아니라 멀리 알카트라즈 아일랜드와 골든 게이트 브리지, 샌프란시스코 다운타운의 전경까지 보인다. 탁 트인 풍경에 가슴까지 시원해진다. 평일 오전 7시 50분, 정오와 저녁 6시는 이 타워 꼭대기에 있는 61개의 종으로 연주하는 카리용 연주를 들을 수 있다. 일요일 오후 2시에는 긴 연주를 들을 수 있다.

Data Map 273 C
Access 바트 버클리역에서 하차 후 도보 20분 **Add** 101 Sproul Hall, Berkeley **Tel** 510-642-6000
Open 월~금 10:00~15:45, 토 10:00~16:45, 일 10:00~13:30, 15:00~16:45
Cost 성인 4달러, 65세 이상·17세 이하 3달러, 3세 이하 무료

> **Tip** 카리용Carillon 연주란?
> 4개로 된 1벌을 뜻하는 라틴어에서 비롯된 명칭이다. 주로 교회의 탑에 매단 종을 건반, 시계 장치 등으로 연주하는 것을 말한다.

창조적 공간
버클리 아트 뮤지엄 Berkeley Art Museum

1970년 샌프란시스코 건축가 마리오 치엠피Mario Ciampi에 의해 세워졌다. 도전적이고 창조적인 설계의 콘크리트 공간이 인상적이다. 어느 방향에서 보느냐에 따라 건축물의 구조가 달라진다.
고전적인 아시아 예술품부터 현대 예술 작품까지 다양한 전시가 진행되고 있다. 각국의 예술 영화도 감상할 수 있고, 영화 제작자, 작가, 비평가 등과 함께하는 토론회도 자주 개최된다. 전시 일정과 영화상영, 토론회 등에 대한 자세한 일정은 홈페이지 참고.

Data Map 273 C
Access 바트 타고 버클리역에서 하차 후 49, 51B번 버스로 환승해 뉴랜드 애비뉴&컬리지 애비뉴 하차 후 도보 3분(버클리역에서 도보 20분)
Add 2626 Bancroft Way, Berkeley **Tel** 510-642-0808
Open 수·목·일 11:00~19:00, 금·토 11:00~21:00
Web www.bampfa.berkeley.edu **Cost** 성인 13달러, 학생·65세 이상 11달러, 18세 이하·매달 첫째 주 목요일 무료

저렴하고 든든한 한 끼로 제격!
치즈 보드 The Cheese Board

정말 맛있는 피자를 맛볼 수 있는 곳. 피자 한 조각만으로도 든든하고 만족스러운 한 끼 식사를 할 수 있다. 넓지 않은 공간에서 가끔 피아노 연주도 감상할 수 있다. 고소하고 부드러운 치즈 토핑이 잔뜩 올라간 고소한 피자 한 조각은 주머니가 가벼운 학생들에게 더욱 인기 만점이다. 제공되는 피자의 종류는 하루 한 가지뿐이다. 그날의 재료에 따라 오늘의 피자가 선정된다. 매일 다른 피자를 맛볼 수 있다는 점이 버클리 대학교 학생들의 사랑을 받게 된 인기 비결. 단, 일요일과 월요일은 문을 열지 않는다.
내부가 넓지 않고 늘 사람들로 북적거리는 곳이라서 좌석이 항상 부족하다. 버클리 대학교 쪽에서 걸어서 가기에는 상당히 멀다. 버스나 택시를 이용하도록 하자.

Data Map 273 B
Access 바트 타고 버클리역에서 하차 후 7, 18번 버스 타고 셰턱 애비뉴&빈 스트리트 하차 후 도보 1분(버클리역에서 도보 20분)
Add 1504 Shattuck Ave, Berkeley
Tel 510-549-3183
Open 화~토 11:30~15:00, 16:30~20:00
Web cheeseboard-collective.coop
Cost 피자 한 조각 2.5달러, 피자 1판 20달러

> **Tip** 치즈 보드 바로 옆에는 400여 종의 치즈를 판매하는 치즈 상점이 있다. 사지 않아도 맛을 볼 수 있으니 이용해 볼 것.

© John Grau

미식가들도 반할
셰 패니스 카페&레스토랑 Chez Panisse Cafe&Restaurant

1917년 문을 열었다. 버클리에서 최고의 음식을 먹을 수 있는 곳으로, 미쉐린 1스타를 받은 레스토랑이다. 자연스러운 조리법으로 슬로푸드 스타일의 캘리포니아식 퀴진의 진수를 느낄 수 있다. 요일마다 제공되는 메뉴가 달라지므로, 홈페이지를 통해 메뉴를 체크하고 가는 것이 좋겠다. 품질 좋은 유기농 재료로 건강한 음식을 만드는 것은 기본이며 맛도 최고다. 주방이 훤히 들여다보이는 오픈 키친은 인테리어도 깨끗하고 전체적으로 스타일리시한 분위기이다.

가격대는 높은 편이다. 좀 더 저렴하고 간단한 식사를 즐기고 싶다면 카페 패니스Cafe Panisse를 이용하자. 예약하지 않았다면 오픈 시간 전에 도착하는 것이 좋겠다. 버클리 대학교 쪽에서 걸어서 가기에는 상당히 멀다. 차가 없는 여행자라면 다소 불편할 수 있다. 버스나 택시를 이용할 것.

Data Map 273 B
Access 바트 버클리역에서 하차 후 7, 18번 버스 타고 셰턱 애비뉴&빈 스트리트 하차 후 도보 1분
Add 1517 Shattuck Ave, Berkeley
Tel 510-548-5049
Open 월~목 11:30~15:00, 17:00~22:30, 금·토 11:30~15:30, 17:00~23:30
Web www.chezpanisse.com
Cost 1인당 75~125달러 정도 (날마다 다르며 보통 월요일이 가장 저렴함)

미술관과 향 좋은 커피
바베트 Babette

버클리 아트 뮤지엄에 있는 바베트는 향 좋은 커피를 마실 수 있는 커피숍이다. 초록 잔디가 있는 정원을 바라보며 부드러운 카푸치노와 함께하는 휴식은 돈을 따질 수 없을 만큼 값지다. 샌프란시스코의 유명한 카페인 리추얼 커피 로스터Ritual Coffee Roaster의 원두를 사용한다. 샌드위치, 수프, 샐러드 등을 점심 메뉴로 제공한다. 단, 실내가 비교적 넓지 않고 좌석이 한정적이다. 점심시간에는 자리가 부족할 수 있다.

Data **Map** 273 C
Access 버클리 아트 뮤지엄 내
Add 2625 Durant Ave., Berkeley
Tel 510-684-3046
Open 월~금 08:00~16:30, 토·일 11:00~16:00
Web babettecafe.com
Cost 카페라테 4달러

버블티의 명성이 자자한
스위트하트 카페 Sweetheart Cafe

버클리 대학교 학생들은 유독 버블티를 즐겨 마신다. 특히 이 집의 버블티는 버클리 학생들이 강력 추천하는 버블티다. 쫀득쫀득한 식감이 일품인 버블티는 어떠한 것을 먹어도 다 맛있다. 보통 1번 트로피카Tropica나, 15번 레드 빈Red Bean을 많이 추천한다. 버블티 외에도 스무디나 슬러시 등의 음료도 판매한다. 단, 가게 내부가 상당히 좁고 허름하다. 따라서 대부분의 사람들은 테이크아웃해 걸어다니며 먹는다.

Data **Map** 273 C
Access 바트 타고 버클리역 하차 후 49, 51B 버스 타고 듀랜트 애비뉴&텔레그래프 애비뉴 하차 후 도보 2분
Add 2523 Durant Ave
Tel 510-540-0707
Open 월~목, 일 11:00~00:00, 금 11:00~다음 날 02:00, 토 11:00~다음 날 01:00
Cost 버블티 3.50~4달러 정도

Theme

더 가보면 좋을 오클랜드 레스토랑

호랑이 기운이 불끈! 한국 사람들에게는 밥이 보약이다.
피로를 날려버리는 마법 같은 한식의 파워를 느껴보자.
유학생들과 교민들이 강추하는 코리안 레스토랑이니 맛은 보장한다.

오클랜드에서 느껴보는 엄마의 맛

오가네 코리안 레스토랑 Ohgane Korean Restaurant

버클리 옆 마을인 오클랜드에 자리 잡고 있는 한국 레스토랑이다. 버클리 대학교에 다니는 한인 유학생들이 입을 모아 추천하는 맛집으로, 어떤 음식을 먹어도 굉장히 맛있다. '한식은 정성'이라는 것이 주인 오미자 회장님의 말씀. 정성이 깃든 한국 음식 문화를 제공하면서 한식의 세계화에 앞장서고 있다. 평일 점심과 저녁 시간에는 각 13달러, 27달러 정도의 가격에 마음껏 한식을 먹을 수 있는 뷔페를 운영한다. 세금과 팁은 별도로 추가된다.

오클랜드는 버클리 지역에서 도보 15분 정도로 아주 가깝지만, 치안이 좋지 않다. 물론 오가네 레스토랑이 있는 곳은 위험 지역은 아니지만 조심하는 것이 좋겠다. 버클리 대학교를 방문한 후 이곳에서 식사를 할 예정이라면 택시를 이용해서 이동하도록 하자. 버클리 대학교 정문에서 택시로 15분 정도 걸린다.

Data **Access** 버클리 대학교 정문에서 차로 15분
Add 3915 Broadway, Oakland
Tel 510-594-8300
Open 11:00~23:00
Web www.ohgane.com
Cost 점심(11:00~15:00) 뷔페 13달러+세금, 단품 9달러~, 저녁 뷔페 27달러+세금, 단품 13달러~

San Francisco Suburbs By Area

03

나파 밸리 & 소노마 밸리

Napa Valley & Sonoma Valley

이제는 세계적인 와인 생산지가 된 나파 밸리와 소노마 밸리! 이곳의 와인은 샌프란시스코 만에서 불어오는 차가운 바람과 안개, 그리고 화산재로 이뤄진 비옥한 토양이 만들어 낸다. 자연의 힘으로 빚어낸 질 좋은 와인은 '신의 물방울' 이라고 불러도 좋을 만큼 깊은 맛을 지녔다. 게다가 와인 메이커들의 연구와 노력까지 보태져 미국 와인 중 가장 질 좋은 와인으로 한층 더 발돋음했다. 유럽 와인과 비교해 보는 재미도 쏠쏠할 것이다. 신대륙 와인의 자존심, 나파 밸리와 소노마 밸리의 와인 세계에 흠뻑 취해보자.

Napa Valley&Sonoma Valley
PREVIEW

샌프란시스코에서 북동쪽으로 약 1시간 20분만 가면 탐스러운 포도밭 풍경이 펼쳐진다.
캘리포니아 와인 중 가장 비싸고 유명한 와인들이 생산되는 곳이 나파 밸리다.
도도한 유럽 와인과는 또 다른 매력을 지닌 와인 산지로 멋과 여유를 마음껏 누릴 수 있다.

SEE

나파 밸리는 와이너리 밀집 지역이다. 나파 밸리는 화려하고 큰 규모의 와이너리가 많은 반면, 소노마 밸리는 아기자기한 와이너리가 즐비하다. 다양한 느낌의 와인을 만나고 싶다면 나파 밸리와 소노마 밸리 지역을 주목하라.

ENJOY

나파 밸리에서 세인트 헬레나 지역까지 왕복 운행하는 와인 트레인을 타보자. 열차 안에서 유기농 재료로 만들어진 식사와 와인을 즐길 수 있다. 또 열기구를 타고 하늘에서 포도밭 풍광을 내려다보는 특별한 체험을 해볼 수도 있다. 휴식을 위한 여행이라면 스파를 즐기는 것도 추천한다.

EAT

와인 산지에서는 신선한 지역 재료들로 만든 창의적인 요리도 발달하기 마련. 욘트빌의 프렌치 런드리, 에드 훅 등은 예약하지 않으면 자리 잡기 어려운 유명 레스토랑이다. 소노마 밸리 지역의 팜하우스 레스토랑 역시 식도락가들 사이에서는 인기 있는 곳. 보이 사쀠 와이너리에서 식재료를 구입한 후 마련되어 있는 테이블에서 피크닉을 즐기는 것도 추천한다.

어떻게 갈까?

❶ 차량 렌트를 하지 않을 경우

나파 밸리 와인 트레인을 이용하자. 샌프란시스코 페리 빌딩에서 페리를 타고 발레호 지역까지 이동한 후 셔틀버스로 와인 트레인역에 가면 된다. 열차 안에서 점심을 즐기고, 미리 선택한 와이너리 한 군데를 방문하여 시음하는 투어를 이용할 수 있다. 예산 1인당 230~300달러(**Web** www.winetrain.com)

• 골든 게이트 페리 터미널에서 발레호 지역으로 가는 페리 탑승(페리로 50분 소요)
• 와인 트레인행 셔틀버스로 환승(20분 소요)
• 와인 트레인 탑승(식사와 와인을 즐기며 풍경 감상→원하는 와이너리 방문→와인 트레인 탑승)
• 페리탑승장으로 돌아가 샌프란시스코행 페리 탑승(50분 소요)

❷ 렌터카 등 전용 차량으로 이동할 경우

방문할 수 있는 와이너리의 선택 폭이 넓다. 평소 가고자 했던 와이너리가 있다면 자가용을 이용하는 것이 훨씬 편리하다. 나파 밸리뿐 아니라 운치있는 소노마 밸리 지역까지도 다녀올 수 있다. 운전자는 와인을 시음할 수 없다.

Napa Valley & Sonoma Valley
ONE FINE DAY

계절마다 풍광이 사뭇 다른 포도밭의 모습들, 때론 모던하게, 때론 고성처럼 우아한, 각각의 특징들이 살아 있는 다양한 느낌의 와이너리들이 특별하게 느껴진다. 향긋한 향이 코끝을 스치고, 벨벳 같은 부드러운 감촉이 혀끝에 감도는 와인들을 우리의 오감을 매혹적으로 유혹하는 듯하다. 여유롭고 아름답고 황홀한 전원의 풍광들이 우리들의 마음을 포근하게 감싼다.

차량 1시간 30분

차량 15분

08:30
샌프란시스코에서 나파 밸리 방향으로 출발. 베이 브리지를 건너서 이동하기

10:00
미국 와인의 대부, 로버트 몬다비 와이너리 방문 및 시음하기

11:30
우아한 분위기의 베린저 와이너리 방문 및 시음하기

차량 17분

차량 15분

차량 35분

16:30
소노마 시청 방문 및 주변 가게에서 쇼핑 및 카페에 들러 휴식. 돌아올 때는 골든 게이트 브리지로 이동. 마린 헤드랜드에서 풍경 감상하기

15:00
풍경 좋은 비엔사 와이너리 방문 및 시음하기

13:00
맛집이 모여 있는 욘트빌에서 점심 식사하기

> **Tip** 나파 지역에서 소노마 지역으로 이동할 때 가능하다면 112번 도로를 이용하자. 낮은 언덕이 이어지는 풍경이 이색적이다.

> **Tip** 와인 애호가라면 알아둬야 할 상식!
> ### 파리의 심판 The Judgment of Paris
> 신대륙 와인의 품질이 전통 있는 유럽 와인에 비해 결코 뒤지지 않는다는 것을 보여준 사건이 있다. 바로 '파리의 심판'이다. 1976년 5월 26일, 블라인드 테스팅이 있었던 파리에서의 일이다. 블라인드 테스팅이란, 와인에 대한 정보 없이, 와인 그 자체만을 판단하는 시음회이다.
> 프랑스 최고의 전문가들이 참석한 이 시음회에서 와인 새내기인 미국 캘리포니아 와인이, 유서 깊고 역사 깊은 프랑스 와인을 제치고 우승을 한다. 자존심이 상할 대로 상한 프랑스는 1986년에 블라인드 테스팅을 다시 연다. 그러나 2차 시음회에서도 캘리포니아 와인이 1위에 선정되고 만다. '파리의 심판'이라 불린 이 두 번의 블라인드 테스팅은 미국 캘리포니아 와인의 품질을 전 세계에 알린 기회가 되었다.

| 나파 밸리 | Napa Valley |

와인과 함께하는 피크닉을 즐기자
브이 사튀 와이너리 V. Sattui Winery

와인을 곁들인 간단한 피크닉까지 즐길 수 있어서 더욱 좋은 곳. 브이 사뛰 와이너리는 공원같은 정원을 예쁜 피크닉 공간으로 제공한다. 피크닉 테이블도 마련되어 있어 돗자리를 준비하지 못했어도 괜찮다. 와이너리 안 상점에서는 와인뿐 아니라 빵과 치즈, 살라미, 샐러드, 올리브, 달콤한 디저트까지 다양한 식품들을 판매한다. 아름다운 정원에서 와인 피크닉을 만끽해보자.

Data Map 285 B
Access 샌프란시스코 도심에서 1시간 20분 정도
Add 1111 White Ln, Saint Helena **Tel** 707-963-7774
Open 09:00~18:00
Web www.vsattui.com **Cost** 다섯 가지 와인 시음 20달러

지역 주민들에게 더욱 인기 있는
페주 프로방스 와이너리 Peju Province Winery

1983년 설립된 와이너리. 풍미가 좋은 수준 높은 와인을 만들어내는 곳으로 지역 주민들에게 더욱 인기가 많은 곳이다. 생산하는 와인의 80% 이상이 이곳에서 판매되기 때문에 미국의 다른 주는 물론 다른 나라에서는 찾기 힘들다.
일반 시음 투어는 와인을 구입할 경우, 일정 금액의 시음비를 면제해준다. 일반 시음은 따로 예약하지 않아도 되지만 와이너리 내부를 돌아보는 프라이빗 투어를 원한다면 방문 전 홈페이지를 통해 꼭 예약해야 한다.

Data Map 285 B
Access 샌프란시스코 도심에서 1시간 20분 정도
Add 8466 St Helena Hwy, Rutherford
Tel 707-963-3600 **Open** 10:00~18:00 **Web** www.peju.com
Cost 클래식 테이스팅 40달러, 리저브 테이스팅 75달러

유럽의 어느 고성에 온 듯
베린저 와이너리 Beringer Winery

숲속의 고성 같은 베린저 와이너리는 1920년대 미국 금주법 기간에도 합법적인 미사용 와인 생산을 했던 곳이다. 이 와이너리에서 꼭 마셔야 하는 화이트 진판델 로제와인White Zinfandel Rose Wine. 화이트 진판델은 시장 점유율 1위를 자랑하는 멋진 와인이다. 상큼한 레몬향과 향긋한 꽃향기가 풍부하면서 딸기향이 느껴진다. 달콤하면서도 신선한 향이 사랑스러워 여성들에게 큰 사랑을 받고 있다. 좋은 와인 품질과 아름다운 주위 풍경 덕분에 관광객뿐 아니라 지역 주민들에게도 사랑받는 와이너리다.

Data Map 285 B
Access 샌프란시스코 도심에서 1시간 20분 Add 2000 Main St, Staint Helena
Tel 866-708-9463
Open 6~10월 10:00~18:00, 11~5월 10:00~17:00
Web www.beringer.com
Cost 베린저 와인 투어 50달러, 세 가지 와인 시음 40달러 정도

꼭 한번 맛보고 싶은 와인!
헤이츠 와인 셀러 Heitz Wine Cellars

가격대비 훌륭한 퀄리티의 와인을 찾을 수 있는 곳으로 1961년 설립된 와이너리. 나파 밸리의 이름 있는 와이너리 중에서 무료로 시음할 수 있는 곳은 여기가 유일하다. 자신의 와인을 맛보기 위해 찾아오는 손님에게 돈을 받을 수 없다는 설립자의 뜻이다. 와인 마니아라면 반드시 들러야하는 강력 추천 와이너리이다.

Data Map 285 B
Access 샌프란시스코 도심에서 1시간 20분 정도 Add 436 St. Helena Hwy, St. Helena
Tel 707-963-3542
Open 11:00~16:30
Cost 시음 무료
Web www.heitzcellar.com

> **Data** Map 285 B
> **Access** 샌프란시스코 도심에서 1시간 20분
> **Add** 7801 St Helena Hwy, Oakville **Tel** 888-766-6328
> **Open** 10:00~17:00
> **Web** www.robertmondavi.com
> **Cost** 90분 투어 40달러, 베이직 와인 테이스팅 25달러(시음 와인의 품질에 따라 추가 비용 발생)

미국 와인의 전설을 찾아서
로버트 몬다비 와이너리 Robert Mondavi Winery

미국 와인의 전설, 로버트 몬다비가 1966년에 세운 와이너리이다. 그는 40년 만에 샌프란시스코 와인을 세계적인 와인으로 끌어 올렸다. 이곳은 나파 밸리에서 와인 투어를 만든 최초의 와이너리이기도 하다. 늘 새로운 기술들을 접하면, 주변 와이너리와 함께 나눴던 로버트 몬다비의 경영 철학은 높이 살만하다. 이런 그의 노력은 나파 밸리 전체 와인의 품질 향상에 밑거름이 되었다.
유명한 만큼 관광객도 끊이지 않는다. 와이너리의 외관은 지나치게 단조로운 스페인의 미션 스타일. 캘리포니아에 와인을 처음 가지고 왔던 스페인 선교사를 기리는 의미로 설계되었다.

최고급 와인의 진수
오퍼스 원 와이너리 Opus One Winery

오퍼스 원, 이미 너무나도 유명해진 와인이다. 한국에서는 빈티지에 따라 가격이 다르지만, 한 병당 40만~100만 원대의 후덜덜한 가격을 자랑한다. 현지에서는 조금 더 저렴하다. 1979년, 미국 와인의 대부로 불리는 로버트 몬다비 Robert Mondavi와 프랑스 보르도 지역의 유명 와이너리인 샤토 무통 로칠드 Chateau Mouton Rothschild의 주인인 필립 드 로칠드 Philippe de Rothschild 남작이 합작해 만들어낸 최고급 와인으로, 와인의 거장들이 만든 첫 번째 작품이라 할 수 있다.
벨벳처럼 부드러운 감촉과 블랙커런트의 향, 초콜릿과 바닐라의 향이 인상적이다. 클래식한 유럽의 멋과 모던한 미국의 감각이 조화롭게 녹아들어 있는 와이너리의 건물도 멋지다.

> **Data** Map 285 B **Access** 샌프란시스코 도심에서 1시간 20분 정도 **Add** 7900 St. Helena Hwy, Oakville **Tel** 707-944-9442 **Open** 10:00~16:00 **Web** www.opusonewinery.com
> **Cost** 시음 한 잔 50달러(홈페이지 예약 권장), 오퍼스 원 병당 265달러, 오베튜(세컨 라인) 병당 85달러

Data Map 285 A
Access 샌프란시스코 도심에서 1시간 30분 정도
Add 4045 N St Helena Hwy, Calistoga
Tel 707-967-6272
Open 3~10월 09:30~18:00, 11~2월 09:30~17:00
Web www.castellodi-amorosa.com
Cost 입장료와 여섯 가지 와인 시음이 포함된 기본 투어 성인 25달러, 5~20세(주스 시음) 15달러, 다섯 가지 프리미엄 와인 시음 및 투어 성인 40달러, 5~20세(주스 시음) 30달러

중세로 떠나는 시간 여행
카스텔로 디 아모로사 Castello di Amorosa

고풍스러운 분위기의 성곽이 장엄하다. 단단하게 쌓아올린 성곽 안으로 들어가면 중세 시대 장식품들이 가득하다. 마치 타임머신을 타고 과거로 돌아간 듯한 느낌. 어린이들 동반한 여행자들에게 더욱 인기 있다. 이 와이너리 건축물은 직접 이탈리아에서 공수해온 자재들로 지어졌다. 그 정성과 노력에 감탄이 절로 나온다.

곤돌라 타고 가는 와이너리
스털링 비니어드 Sterling Vineyards

산 중턱에 위치한 덕에 주변 풍경이 참 좋은 스털링 비니어드. 산 중턱까지는 곤돌라를 이용하여 올라간다는 점이 특이하다. 도착하면 친절한 직원들의 안내를 받으며 다섯 가지 정도의 와인을 시음할 수 있다. 홈페이지를 통해 5달러 할인 쿠폰을 프린트해서 가면 좀 더 저렴하게 이용 가능하다. 시음할 때 사용했던 와인잔은 기념으로 받을 수 있는 점이 솔깃하다.

Data Map 285 A **Access** 샌프란시스코 도심에서 1시간 35분 정도 **Add** 1111 Dunaweal Ln, Calistoga **Tel** 707-942-3345 **Open** 월~금 10:30~16:30, 토·일 10:00~17:00 **Web** www.sterlingvineyards.com **Cost** 할인 전 가격 성인 29달러, 21세 이하 15달러, 3세 이하 무료

영화 속 바로 그 장소!
샤토 몽텔레나 와이너리 Chateau Montelena Winery

2008년 영화 〈와인 미라클〉의 실제 배경이 되었던 장소로, 1882년 설립된 유서 깊은 와이너리이다. 1976년 프랑스에서 열린 파리의 심판(284p 참고)에서 이 와이너리의 샤르도네 1973년 와인이 화이트와인 1위를 차지하여 큰 이슈가 되었다.
일반적인 테이스팅룸에서의 시음은 25달러 정도의 시음비를 지불해야 한다. 100달러 이상 와인을 구매하면 시음비를 면제해주니 참고하자. 포도밭을 돌아보는 투어, 특별 빈티지의 와인을 마셔보는 투어 등 다양한 투어가 있으니 홈페이지를 참고하자.

Data Map 285 A
Access 샌프란시스코 도심에서 1시간 30분 정도 **Add** 1429 Tubbs Lane, Calistoga
Tel 707-942-5105
Open 09:30~16:00
Cost 네 잔 시음 25달러, 와이너리 내부 투어 40~50달러 (종류에 따라 다름)
Web www.montelena.com

놀라운 맛의 레드와인
스테그 립 와이너리 Stags Leap Winery

1976년 프랑스에서 열린 파리의 심판(284p 참고)에서 레드와인 1위를 차지했던 와이너리. 1893년에 설립된 이래 다양한 포도 품종으로 향이 뛰어나고 구조감이 좋은 와인을 생산하고 있다.
와이너리 내부까지 돌아보는 테이스팅 투어는 매일 오전 10시부터 오후 2시 30분까지 참석할 수 있다. 테이스팅룸에서 진행되는 시음은 네 가지 종류를 맛보고 25달러 정도를 지불하면 된다. 일정 금액 이상 와인을 구입하면 시음비를 면제해주니 와인을 구매할 생각이라면 참고할 것. 예약은 홈페이지에서 할 수 있다.

Data Map 285 B
Access 샌프란시스코 도심에서 1시간 15분 정도 **Add** 6150 Silverado Trail, Napa
Tel 800-395-2441
Open 월~금 08:00~17:00
Web www.stagsleap.com
Cost 기본 시음(네 가지) 25달러, 테이스팅 투어 및 시음 65달러 (90분 소요, 예약 필수)

| 소노마 밸리 Sonoma Valley |

언덕 위의 와이너리
비엔사 와이너리 Viansa Winery

아름다운 주위 풍경이 황홀하고, 자기 색깔이 잘 드러난 와인의 맛과 향이 매력적인 곳이다. 마치 이탈리아 토스카나 지방의 한 와이너리를 보는 듯한 느낌이 든다. 와인 품질도 아주 좋다. 개인적으로 강력 추천하는 곳. 언덕 위에 있어 확 트인 전망이 멋있다. 화이트와인은 에스테이트 미그리올 비노 비앙코Estate Miglior Vino Bianco, 레드와인은 바르베라Barbera를 추천한다. 시음 가능한 와인 종류가 다양하니 소믈리에의 도움을 받자.

Data Map 285 F Access 샌프란시스코 도심에서 1시간 정도 Add 25200 Arnold Dr, Sonoma Tel 800-995-4740 Web www.viansa.com Open 10:00~17:00 Cost 네 가지 와인 시음 10달러

맥주 애호가라면 꼭 들러보자
러시안 리버 브루잉 컴퍼니 Russian River Brewing Company

세계적인 맥주 플리니 디 엘더Pliny the Elder를 맛볼 수 있는 곳. 그 외에도 다양한 종류의 로컬 맥주를 판매한다. 간단한 안주로는 플리니 바이트Pliny Bite를 추천한다. 2월 첫째 주에는 시즌 한정으로 전설의 맥주 플리니 디 영거Pliny the Younger를 판매한다. 21세 이상임을 증명하는 여권 등의 서류를 지참해야 한다.

브루어리 옆에는 제주도 여인의 모습을 형상화한 석상과 한국어로 된 기념비가 있다. 이는 2006년 제주와 산타로사가 자매결연 10주년을 기념으로 제주도에서 기증한 것이다.

Data Map 285 A Access 샌프란시스코 도심에서 1시간 10분 정도 Add 725 4th St, Santa Rosa Tel 707-545-2337 Open 11:00~00:00(해피 아워 월~금 16:00~18:30, 일요일 24시간) Cost 플리니 디 엘더 파인트 5달러(해피 아워에는 주류 약 25% 할인) Web www.russianriverbrewing.com

💬 Talk

소노마 밸리 Sonoma Valley 지역에 대하여

와인 산지로 비교적 덜 알려진 소노마 밸리는 2010년 미국에서 첫 슬로 시티Slow City로 인정받은 곳이다. 나파 밸리에 비해 덜 유명한 탓에 조용하게 둘러볼 수 있다. 마야카마산Mayacamas Mountains과 소노마산Sonoma Mountains 사이에 위치하고 있다. 낮은 언덕들로 지역이 이루어졌다는 점도 특징. 지중해성 온난 기후로 일 년 내내 따뜻하다. 나파 밸리와 함께 질 좋은 와인 생산지로 손꼽힌다.

마이크로 소프트사 윈도우 XP의 배경 화면으로 유명해진 '초록 언덕과 구름이 떠다니는 파란 하늘이 있는 이미지'가 바로 이 지역. 1993년 사진 작가 찰스 오리어Charles O'rear가 소노마 밸리를 여행하던 중 우연히 촬영했다고 한다.

섬세한 스타일의 와인을 찾고 있다면!
조셉 스완 와이너리 Joseph Swan Winery

소박한 외관의 작은 와이너리. 나파 밸리와 소노마 밸리에서 만날 수 있는 와인들이 비교적 진하고 파워풀하거나 달콤한 와인들이 많은 편이기 때문에 미세하게 디테일이 강한 와인을 좋아하는 사람에게는 실망할 수 있겠다. 그런 사람들에게 꼭 추천하고 싶은 곳이 바로 조셉 스완 와이너리이다. 특히 섬세한 스타일의 버건디와인에 익숙한 사람이라면 꼭 한 번 들러볼 것.

Data Map 285 A
Access 샌프란시스코 도심에서 1시간 20분 정도 Add 2916 Laguna Rd, Forestville
Tel 707-573-3747
Open 토·일 11:00~16:30
Web www.swanwinery.com
Cost 일곱 가지 와인 시음 10달러

합리적인 가격대와 괜찮은 품질의 와인을 만날 수 있는 곳
캔달 잭슨 와인 센터 Kendall-Jackson Wine Center

미국 내에서 테이블 와인으로 선두주자를 달리고 있는 캔달 잭슨 와인은 합리적인 가격대와 좋은 품질의 와인을 생산하는 곳으로 유명하다. 백악관에도 납품이 될 정도로 이 와인의 마니아층도 두터운 편이다. 노오란 빛깔의 레이트 하비스트 샤르도네Late Harvest Chardonnay가 유명하니 시음할 예정이라면 이 와인도 선택해보기를 추천한다.

Data Map 285 A
Access 샌프란시스코 도심에서 1시간 15분 정도
Add 5007 Fulton Rd, Fulton
Tel 707-571-8100
Open 10:00~17:00
Web www.kj.com
Cost 네 가지 와인 시음 10달러

ENJOY

열기구 타고 하늘을 날아봐
나파 밸리 벌룬 Napa Valley Balloons Inc.

나파 밸리에서는 열기구 타고 하늘을 날아보는 경험을 할 수 있다. 열기구 안에서 발 아래로 펼쳐진 산과 포도밭, 나무들의 풍경을 감상하는 일은 참으로 특별하고 아름다운 추억이 된다.
열기구를 타고 두둥실 하늘로 떠오르는 체험은 특히 아이들이 좋아한다. 아이를 동반한 가족 단위 여행자들에게는 필수 코스. 열기구를 타고 싶다면 홈페이지를 통해 반드시 예약하도록 하자.

Data Map 285 D **Access** 샌프란시스코 도심에서 1시간 정도
Add 301 Post St, Napa **Tel** 707-944-0228
Open 09:00~16:00 **Web** www.napavalleyballoons.com
Cost 1인 239달러

진흙 마사지 스파로 다시 태어난다
인디언 스프링스 리조트&스파 Indian Springs Resort&Spa

나파 밸리 북쪽에 위치한 온천 마을인 칼리스토가는 화산재가 만들어낸 진흙을 이용한 마사지 스파가 유명한 곳이다. 이곳의 진흙은 광 물질이 다량으로 함유되어 있어 피부 미용과 피로 회복에 탁월하다. 원하는 날짜와 시간에 마사지를 받으려면 예약은 필수. 스파는 간단한 샤워 후 진흙이 가득찬 욕조에서 목부터 발끝까지 머드 바스를 하게 된다. 15분 정도 진흙 목욕을 한 후 샤워를 하고 다시 미네랄 워터에서 15분간 전신욕을 한다. 전신욕을 마치면 민트향이 나는 스팀룸Steam Room에서 5~10분 시간을 보낸다. 그 다음 프라이빗룸에서 15분 정도 미니 마사지로 마무리. 총 1시간 30분 소요된다. 스파가 끝난 후 리조트 전용 풀장에서 온종일 시간을 보내도 된다. 수영장 물은 온천수로 채워져 있다. 사시사철 따뜻한 온도를 유지하고 있다.

Data Map 285 A
Access 욘트빌에서 차로 30분 정도 **Add** 1712 Lincoln Ave, Calistoga
Tel 707-942-4913
Open 화~목 09:00~17:00, 금~월 09:00~21:00
Web indianspringscalistoga.com
Cost 클래식 머드 바스 85달러, 샤르도네 버블 바스 95달러, 미네랄 바스 80달러, 머드 바스+50분 마사지 230달러 (팁 15% 별도)

> **Tip** 칼리스토가 스파 핫 스프링스Calistoga Spa Hot Springs도 머드 스파로 유명한 곳이다. 예약 시 참고하자.
>
> **Data** **Add** 1006 Washington St, Calistoga
> **Tel** 707-942-6269 **Web** www.calistogaspa.com
> **Cost** 머드 바스 99달러, 미네랄 바스 45달러, 머드 바스+60분 마사지 183달러(팁 별도)

| 나파 밸리 | Napa Valley |

파리지앵처럼
부숑 베이커리 Bouchon Bakery

불어로 된 베이커리 이름에서도 느껴지듯 프랑스 스타일의 빵을 판매하는 베이커리&카페다. 프랑스를 대표하는 빵인 크루아상과 바게트뿐만 아니라 부드럽고 바삭한 맛이 일품인 마카롱까지 맛볼 수 있다. 간식으로 또는 간단한 식사로 적합한 다양한 페스트리를 경험할 수 있다. 베이커리 바로 앞에는 테이블이 마련되어 있어 음료와 빵을 즐길 수 있어서 좋다.
점심, 저녁 시간대에는 줄이 상당히 길다.

Data **Map** 284 **Access** 샌프란시스코 도심에서 1시간 15분 정도
Add 6528 Washington St, Yountville **Tel** 707-944-2253
Open 07:00~19:00 **Web** www.bouchonbakery.com
Cost 마카롱 4달러, 크루아상 4달러

가격이 착해도 럭셔리하게
에드 훅 Ad Hoc

나파 밸리의 욘트빌에는 럭셔리한 분위기의 고급 레스토랑이 많다. 대부분의 레스토랑은 고급스러운 만큼 가격대도 높은데, 에드 훅은 3코스 메뉴를 52달러 정도의 가격에 제공해 상대적으로 저렴하게 느껴진다. 푸짐한 양과 창의적인 요리를 선보이므로 만족도 또한 높다. 친절한 서비스는 기본! 매일매일 레스토랑에서 정하는 고정 메뉴가 제공되므로, 특별히 원하는 음식이 있어도 따로 주문하기가 쉽지 않다. 반드시 예약을 하도록 하자.

Data Map 284 Access 샌프란시스코 도심에서 차로 1시간 15분 정도 Add 6476 Washington St, Yountville Tel 707-944-2487 Open 월~목~토 17:00~22:00, 일 10:00~13:00, 17:00~21:00 Web www.adhocrestaurant.com Cost 3코스 52달러~, 와인 패어링 45달러, 선데이 브런치 34달러~

창의적인 이탈리안 요리
보테가 나파 밸리 Bottega Napa Valley

나파 밸리 욘트빌 지역의 소문난 이탈리안 레스토랑. 합리적인 가격대로 푸짐하고, 창의적인 요리를 경험할 수 있다. 따끈하게 제공되는 식전 빵도 일품! 메뉴는 당일 재료에 따라 달라질 수 있지만 전식 요리로는 장작에 구운 문어 요리인 폴포 알라 그릴리아Polpo Alla Griglia, 한치과의 오징어류인 칼라마리 프리티Calamari Fritti를 추천한다. 랍스터 리소토도 맛있다. 디저트도 다양하니 꼭 맛보도록 하자.

Data Map 284 Access 샌프란시스코 도심에서 1시간 10분 정도 Add 6525 Washington St, Yountville Tel 707-945-1050 Open 점심 화~일 11:30~15:00, 저녁 17:00~21:30 Cost 전식 12~14달러, 파스타 19~27달러 Web www.bottegananapavalley.com

©Deborah Jones

  내 생애 최고의 식사
프렌치 런드리 The French Laundry

나파 밸리에 위치한 작은 마을 욘트빌은 '식도락의 천국'으로도 불린다. 미쉐린 스타가 빛나는 유명 레스토랑들이 오밀조밀 모여 있기 때문이다. 최고급 식사를 경험해보고 싶다면 프렌치 런드리는 후회없는 선택이 될 것이다. 너무 유명한 곳이라 미식가들 사이에서는 죽기 전에 꼭 가보고 싶은 레스토랑으로 꼽힌다. 시각, 후각, 미각을 모두 만족시키는 최고급 식사와 서비스를 받을 수 있다. 와인 리스트 역시 환상적이다.
너무 유명한 곳이므로 최소 3개월 전에는 예약해야 이곳의 요리를 맛볼 수 있다. 미쉐린 3스타의 고급 레스토랑답게 상당히 비싸다.

Data Map 284
Access 샌프란시스코 도심에서 1시간 15분 정도
Add 6640 Washington St, Yountville
Tel 707-944-2380
Open 금~일 11:00~13:00, 월~일 17:30~21:30
Web www.frenchlaundry.com
Cost 코스 310달러

프랑스보다 더 프랑스처럼
비스트로 쟌티 Bistro Jeanty

욘트빌에 위치한 캐주얼 레스토랑으로 합리적인 가격대로 프랑스 요리를 즐길 수 있다. 겉은 바삭, 속은 촉촉한 바게트는 프랑스에서 먹는 것에 뒤지지 않는다. 쫄깃한 식전 빵도 인상적이다.
추천 음식은 레드와인에 홍합을 끓여서 내오는 물 오 방 루즈 Moules au Vin Rouge, 부드럽고 고소한 립아이 스테이크를 맛볼 수 있는 스테이크 프리트 Steak Frites가 있다. 항상 제공되는 것은 아니지만 계절에 따라 오늘의 요리로 제공되는 양고기 요리도 맛있다. 애피타이저인 토마토 수프 크램 드 토마트 엉 크루트 Creme de Tomate en Croute도 그 맛이 상당히 독특하다. 비교적 저렴한 하우스 와인들도 풍미가 좋다.

Data Map 284
Access 샌프란시스코 도심에서 차로 1시간 15분 정도
Add 6510 Washington St, Yountville **Tel** 707-944-0103
Open 11:30~20:30 **Web** www.bistrojeanty.com
Cost 토마토 수프 12달러, 물 오 방 루즈 19.5달러, 스테이크 프리트 32달러

예약하지 않아도, 만족스럽고 편안하게!
루더포드 그릴 Rutherford Grill

비교적 부담없는 가격대로 만족스러운 식사를 즐길 수 있는 캐주얼 식당. 예약하지 않더라도 자리 하나 차지하는 게 어렵지 않은 곳이다. 치즈버거나 바비큐포크립 Barbecue Pork Ribs과 같은 음식을 푸짐하게 즐길 수 있다. 수준 높은 고급 요리보다는 편안한 스타일의 요리 위주로 선보이는 곳이라는 점을 참고하자.

Data Map 285 B
Access 샌프란시스코 도심에서 1시간 15분 정도
Add 1180 Rutherford Rd, Rutherford
Open 월~목 11:30~21:30, 금 11:30~22:30, 토 11:00~22:30, 일 11:00~21:30
Web www.rutherfordgrill.com
Cost 버거 15달러, 립아이 33달러

기차를 타고 즐기는 특별한 식사
나파 밸리 와인 트레인 Napa Valley Wine Train

끝없이 펼쳐지는 포도밭 풍경, 현지에서 재배되는 유기농 재료들을 사용해 만드는 요리, 향기로운 와인. 이 삼 박자를 딱 맞게 구성한 나파 밸리 와인 트레인. 현지에서도 특별한 날을 기념하고자 하는 많은 사람들이 많이 이용하는 기차 레스토랑이다. 기차 안에서 아름다운 전원 풍경과 맛있는 식사와 디저트를 즐긴 후 원하는 와이너리 한 곳을 방문하고 돌아오는 일정으로 진행된다. 자가 운전을 하지 않기 때문에 와인 시음도 자유롭다.

가격대가 높은 편이다. 와인 트레인을 이용할 예정이라면 페리 왕복 티켓+와인 트레인 비용+와이너리 투어 비용+팁+세금을 예상해야 한다. 1인 기준 260~310달러 정도.

Data Map 285 D
Access 페리 빌딩에서 페리로 발레호까지 약 50분 이동 한 후 발레호역 앞에서 셔틀버스로 환승 후 와인 트레인역으로 이동
Add 1275 McKinstry St, Napa
Tel 707-253-2111
Open 08:00~18:00
Web www.winetrain.com(영어), www.winetrain.com/ko(한국어)
Cost 비스타 돔 카 230~260달러, 구어메 카 170달러
(팁과 15%의 세금 별도)

| 소노마 밸리 Sonoma Valley |

환상적인 마리아주를 경험하는
팜하우스 레스토랑 Farmhouse Restaurant

미쉐린 3스타 레스토랑 못지않다는 평가를 받는 레스토랑. 그 정도로 훌륭한 식사와 서비스를 기대해도 좋다. 캘리포니아 스타일의 창의적 요리를 마음껏 즐길 수 있다. 소믈리에의 추천 와인도 함께 즐겨보자. 와인과 음식의 좋은 궁합을 뜻하는 마리아주를 합리적인 가격대로 경험하기에 아주 좋은 곳이다.
토끼고기를 세 가지 방식으로 요리한 메뉴 레빗, 레빗, 레빗Rabbit, Rabbit, Rabbit은 이 레스토랑의 대표 메뉴. 좌석이 한정되어 있으니 홈페이지를 통해 예약 후 방문하도록 하자.

Data Map 285 A
Access 샌프란시스코 도심에서 1시간 20분 정도
Add 7871 River Rd, Forestville **Tel** 707-887-3300
Open 목~월 17:30~21:30 **Web** www.farmhouseinn.com
Cost 3코스 99달러, 4코스 116달러, 3코스 와인 페어링 78달러
(세금과 팁 별도)

합리적인 가격대가 매력인 소노마 맛집
더 걸&더 피그 The Girl&The Fig

신선한 로컬 재료를 이용한 프랑스 스타일 요리를 주로 선보인다. 주민들에게는 브런치 장소로 인기 있다. 브런치 메뉴로는 달콤하고 부드러운 식감의 키시와 샐러드, 감자튀김이 곁들여 나오는 키시 로렌Quiche Lorraine과 고소한 육즙의 패티의 맛이 일품인 소노마 마운틴 비프 버거Sonoma Mountain Beef Burger를 추천한다. 신선한 소고기 육회를 좋아한다면 그레이스 피드 스테이크 타르타드Grass Fed Steak Tartare가 전식 요리로 제격이다.

로컬 와인과 치즈 가격대가 합리적이다. 치즈를 3~6개 고를 수 있는 살롱 뒤 프로마주 샘플러Salon du Fromage Sampler, 고트 치즈 샘플러Goat Cheese Sampler 등은 맛도 좋고 푸짐해 만족스럽다. 합리적인 가격대로 편안하고 아기자기한 분위기에서 식사를 즐기고자 한다면 강력 추천하는 장소다.

Data Map 285 D **Access** 샌프란시스코 도심에서 차로 1시간 정도
Add 110 W Spain St **Tel** 707-933-3000
Open 월~목 11:30~22:00, 금·토 10:00~22:00, 일 08:00~22:00
Web www.thegirlandthefig.com **Cost** 고트 치즈 샘플러 18달러, 키시 로렌 15달러, 비프 버거 16달러, 덕 콩피 24달러

옛 집 그대로, 옛 맛 그대로
선플라워 카페 Sunflower Cafe

소노마 밸리 시청 앞에 위치하고 있는 이 집은 지역 주민들에게도 인기 있는 레스토랑이다. 오래된 주택을 개조하여 만든 레스토랑 뒤뜰에는 분수대와 테이블이 있어 분위기가 좋다. 이곳은 이 지역에서 나는 재료들로 소노마 스타일 음식을 선보이겠다는 자부심이 있다. 어떠한 음식을 먹더라도 후회없는 선택이 될 것이다.

에피타이저로는 식초에 절인 붉은 고추에 고트 치즈를 넣어서 만든 고트 치즈 필드 피퀴요 페퍼Goat Cheese Filled Piquillo Peppers, 샌드위치는 훈제한 오리 가슴살을 넣어 만든 스모크드 덕 브레스트 샌드위치Smoked Duck Breast Sandwich를 추천한다. 주말 식사 시간에는 사람이 몰리는 경우가 많다. 원하는 자리에 착석하는 것이 쉽지 않을 수 있으니 조금 이른 시간에 방문할 것.

Data **Map** 285 D
Access 샌프란시스코 도심에서 1시간 정도
Add 421 1st St W, Sonoma
Tel 707-996-6645
Open 07:00~16:00
Web www.sonoma-sunflower.com
Cost 고트 치즈 필드 피퀴요 페퍼 8달러, 스모크드 덕 브레스트 샌드위치 15달러, 버거 13달러, 블루베리 스무디 7달러

San Francisco Suburbs By Area

04

몬트레이
Monterey

달력 사진에서나 볼 수 있는 아름다운 경치가 눈 앞에 펼쳐지는 곳. 바로 몬트레이다. 샌프란시스코에서 차로 2시간 정도면 도착한다. 몬트레이 반도 여행은 몬트레이 도시와 카멜, 17마일 드라이브 길로 크게 나뉜다. 몬트레이 도시는 캘리포니아의 옛 수도. 도시의 분위기가 매우 활기차다. 17마일 드라이브 길은 황홀한 절경으로 유명하다. 캘리포니아 1번 해안 도로의 하이라이트! 유명한 골프 코스인 페블 비치도 있어 몬트레이 여행자들의 필수 코스다. 초록 융단을 깔아놓은 듯한 필드 위에서 코발트블루의 바다를 향해 골프 샷을 날려보는 것. 골퍼들에게는 그야말로 로망이다.

©Sierra Mar Kodiak Greenwood

Monterey
PREVIEW

아름다운 해안 도로를 따라 2시간 정도 내려가면 닿는 몬트레이. 세계적인 수준을 자랑하는 아쿠아리움이 있어서 항상 방문객이 많다. 특히, 17마일 드라이브 도로는 풍경이 빼어나 누구든 한 번쯤 달려보고 싶어하는 꿈의 드라이브 코스. 상상만으로도 흥분되는 여행의 절정을 맛보게 될 것이다.

SEE

17마일 드라이브 코스는 개인이 운영하는 유료 도로이기 때문에 차 한 대당 입장료(10.25달러)가 발생한다. 이곳에서는 펠리컨이나 바다새들이 연출하는 진풍경을 보는 것도 커다란 기쁨이다. 17마일 드라이브 길의 상징인 외로운 사이프러스 나무The Lone Cypress Tree도 놓쳐서는 안 될 여행의 핵심. 최고의 해안 드라이브 코스 카멜 바이 더 시의 빅 서어 구간도 놓치지 말 것.

ENJOY

몬트레이 베이 아쿠아리움에서는 해양 동물과 친해질 수 있는 기회들이 많다. 어린이들에게는 호기심을 자극할 만한 다양한 액티비티가 제공되고 있다. 10월 말에서 2월 말 사이에 방문했다면 퍼시픽 그로브 지역의 제왕나비 보호 구역을 방문해보자. 몬트레이에서 차로 15분 거리다. 매해 수십만 마리의 나비들이 캐나다에서 이곳까지 수천 마일을 날아와서 겨울을 보낸다.

EAT

몬트레이의 피셔맨즈 워프에는 신선한 해산물 요리를 잘하는 레스토랑이 즐비하다. 특이하게도 레스토랑 앞에서 수프를 시식할 수 있다. 먼저 맛을 본 후 입맛에 맞는 곳으로 결정하는 게 좋겠다.
카멜 바이 더 시에는 이국적인 레스토랑들이 많다. 분위기 좋고, 서비스도 친절하다. 빅 서어 지역의 고급 호텔인 포스트 렌치 인 안에 있는 시에라 마르 레스토랑은 태평양 바다를 내려다보며 로맨틱한 식사를 즐길 수 있는 곳이다.

 어떻게 갈까?

❶ 만약 렌터카로 갈 예정이라면

101 고속 도로를 이용하여 이동 시간을 최대한 단축하고, 하이라이트 구간을 여유 있게 즐길 것을 권한다. 길거리 주차 공간 이용을 대비하여 25센트 동전을 준비하자.

❷ 투어 회사를 이용하고자 한다면

투어 회사마다 조금씩 다르지만 보통 호텔 및 숙소 앞으로 투어 차량이 픽업을 온다.

Data 투어 회사

Web www.towertours.com,
www.grayline.com,
www.starlinetours.com,
www.sanfranciscosightseeing.com

Monterey
ONE FINE DAY

08:00
샌프란시스코에서
몬트레이로 출발하기

↓ 차량 2시간

10:30
몬트레이 베이 아쿠아리움
돌아본 후, 점심 식사하기

↓ 차량 15분

14:30
17마일 드라이브 길
달려보기

↓ 차량 30분

16:00
빅 서어 빅스비
브리지 들러보기

차량 30분 →

17:30
카멜 바이 더 시의
작은 상점들 돌아보기

17마일 드라이브&페블 비치 17 Mile Drive & Pebble Beach 입구 (통행료 징수하는 곳)

마너크 버터플라이 Monarch Butterflies
러버스 포인트 인 Lover's Point Inn
몬트레이 베이 아쿠아리움 Monterey Bay Aquarium
퍼시픽 그로브 Pacific Grove
포인트 조 Point Joe
몬트레이 Monterey
버드 록 Bird Rock
사이프러스 포인트 Cypress Point Lookout
페블 비치 Pebble Beach
17마일 드라이브&페블 비치 17 Mile Drive & Pebble Beach
카멜 바이 더 시 Carmel by the Sea
남부 근교
빅 서어 Big Sur
빅스비 브리지 Bixby Bridge
시에라 마르 Sierra Mar, 포스트 렌치 인 Post Ranch Inn (빅스비 다리에서 남쪽 방향으로 차로 25분)

Tip 몬트레이 베이 아쿠아리움을 꼭 가고자 하는 사람들에게 특히 추천하는 코스를 소개하니 참고해보자.

SEE

Editor's Pick! 다양한 해양동물을 만날 수 있는 수족관
몬트레이 베이 아쿠아리움 Monterey Bay Aquarium

세계 최초로 해류를 직접 끌어와 운영하는 수족관이다. 몬트레이 도시에서 가장 유명한 곳 중 하나로, 연간 180만 명 정도가 방문한다. 원래 정어리 통조림 공장이었던 곳을 아쿠아리움으로 개조했다. 초당 몇 백 갤런의 바닷물이 쏟아져 내려오는 모습이 장관이다. 해마와 해달, 자이언트 켈프 등 600여 종의 다양한 해양동물을 만날 수 있다. 각 관마다 편안한 음악이 흘러나와 관람을 돕는다는 점이 인상적이다. 2~3시간이면 다 돌아볼 수 있지만, 자세하게 보길 원한다면 온종일 시간을 보내도 좋다. 그럴 만한 퀄리티를 갖고 있는 아쿠아리움이다.

Data Map 305 A
Access 몬트레이 도시 내 위치, 샌프란시스코에서 몬트레이까지 1시간 40분 정도
Add 886 Cannery Row, Monterey Tel 831-648-4800
Open 09:30~18:00(매달 조금씩 다르다. 홈페이지 참고)
Web www.montereybay aquarium.org
Cost 성인 49.95달러, 3~12세 29.95달러, 13~17세 및 65세 이상 39.95달러(시티 패스 사용 가능), 3세 이하 무료

캘리포니아 옛 수도의 향수
몬트레이 Monterey

일 년 내내 온화한 기후 덕분에 휴양지로도 잘 알려진 아름다운 항구 도시 몬트레이는 캘리포니아의 옛 수도였다. 1777년부터 시작된 근대 도시 건설 계획에서 캘리포니아의 시작점으로 발전했다. 미국 서부 지역 정치, 문화, 경제의 중심지이기도 했으나 현재는 휴양 도시로 더 유명하다.
대중교통으로 방문하기에는 시간이 많이 소요된다. 차량을 빌려서 가는 것을 추천한다. 몬트레이 도시의 피셔맨즈 워프Fishermans Wharf역으로 가서 신선한 해산물 요리를 맛보는 것도 놓치지 말자.

Data Map 303 Access 샌프란시스코 도심에서 남쪽 방향으로 2시간 정도 Add 711 Cannery Row, Monterey

아주 특별한 드라이브 코스
17마일 드라이브&페블 비치 17mile Drive&Pebble Beach

미국에서 가장 경치 좋은 드라이브 코스로 손꼽히는 곳이다. 단, 페블 비치 사Pebble Beach Corporation의 사유지이기 때문에 통행료가 징수된다. 입장 시 지도가 있는 안내서를 주니 받아두자. 각 포인트마다 주차 공간이 잘 마련되어 있으므로 해안선을 따라가며 마음에 드는 곳에서 절경을 감상하면 된다. 최고급 리조트, 주택들이 있으며 세계적인 골프장으로 알려져 있는 페블 비치가 있어서 골프 매니아들에게는 더욱 특별한 장소로 여겨진다. 자연이 잘 보존되어 있어 야생동물도 많은 지역이다.

Data **Map** 303 **Access** 몬트레이 도심에서 차로 15분 정도 **Add** 17 Mile Dr, Pebble Beach **Open** 09:00~19:00 **Cost** 차 1대당 10.25달러 정도의 통행료

미서부 지역 최고의 절경을 자랑하는 해안 도로
빅 서어 Big Sur

카멜 바이 더 시에서 빅 서어로 이어지는 해안 도로는 미국 서부 지역 해안 도로 중 가장 아름다운 드라이브 코스다. 왼편에는 웅장한 산이, 오른편으로는 깎아 놓은 듯한 절벽과 태평양 바다가 동시에 펼쳐진다. 덕분에 광고 촬영지로도 애용되어 우리에게도 익숙하다. 이 지역 대표적인 명물은 1932년 완공된 빅스비 브리지로 계곡 위에 지어진 풍경이 상당히 아슬아슬해 보인다. 자연이 만들어낸 아름다움과 인간이 설계한 아치형의 콘크리트 다리가 멋지게 조화를 이뤄 감탄을 자아낸다.

시간적 여유가 있다면 빅스비 다리에서 약 40분 가면 볼 수 있는 줄리아 파이퍼 번스 주립공원Julia Pfeiffer Burns State Park에 있는 맥웨이 폭포Mcway Falls를 감상하러 가자. 해안으로 직접 내려가서 볼 수는 없지만 해변으로 떨어지는 폭포와 영롱한 바다색을 감상할 수 있는 400m 정도의 산책 코스가 있다. 시에라 마르Sierra Mar에서 간단한 음료 한 잔이나 식사를 하는 것도 추천한다. 벽면이 통유리로 되어 있어 태평양 바다가 끝없이 펼쳐지는 파노라마 오션뷰를 즐기며 식사를 할 수 있다.

Data **Map** 303 **Access** 카멜 바이 더 시에서 남쪽 방향 1번 해안 도로(25분 정도) **Add** Big Sur, California

피크닉을 즐기기에 참 좋은
러버스 포인트 인 Lover's Point Inn

점심 도시락을 준비해 왔다면 이곳에서 피크닉을 즐기자. 주변 풍경이 참 아름답고 여유롭다. 몬트레이 아쿠아리움이 있는 몬트레이 지역 중심가에서 차로 약 10분 소요된다. 자가용으로 방문을 했다면 길거리 주차를 하면 된다. 이 주변 지역의 주차 가능 시간은 보통 최대 2시간이며 무료 주차 공간이 많다.

Data Map 303
Access 몬트레이에서 차로 5분
Add 625 Ocean View Blvd, Pacific Grove

피크닉 세트를 준비해 가도 좋겠다.

수천 킬로미터 날아온 제왕나비들의 아지터
마너크 버터플라이 Monarch Butterflies

매년 10월 말, 퍼시픽 그로브 지역에는 특별한 손님이 찾아온다. 바로 제왕나비Monarch Butterfly다. 캐나다 로키산맥 쪽에 거주하고 있는 제왕나비는 마치 철새처럼, 해마다 가을이 되면 수천 킬로미터를 여행한다. 4천 800km정도 되는 긴 여정을 날아와 겨울을 보내고, 이듬해 2월 말에서 3월 초 다시 북쪽으로 돌아간다. 제왕나비들이 왜 이 지역에 와서 겨울을 나는지, 수명이 채 일 년도 되지 않는 이 나비들이 매년 새롭게 어디서 오는지도 미스터리다.
자원봉사자들이 가지고 있는 망원경을 통해 나비의 모습을 자세히 관찰할 수 있다. 궁금한 점을 문의하면 설명해준다. 이 지역에서 제왕나비를 잡거나 죽이는 것은 엄격하게 금지되어 있다.

Data Map 303
Access 몬트레이에서 차로 7분 정도
Add 250 Ridge Rd, Pacific Grove
Tel 831-648-5716
Web www.pgmonarchconservancy.org
Cost 무료(10월 말~2월 말, 3월 초까지
제왕나비를 볼 수 있음)

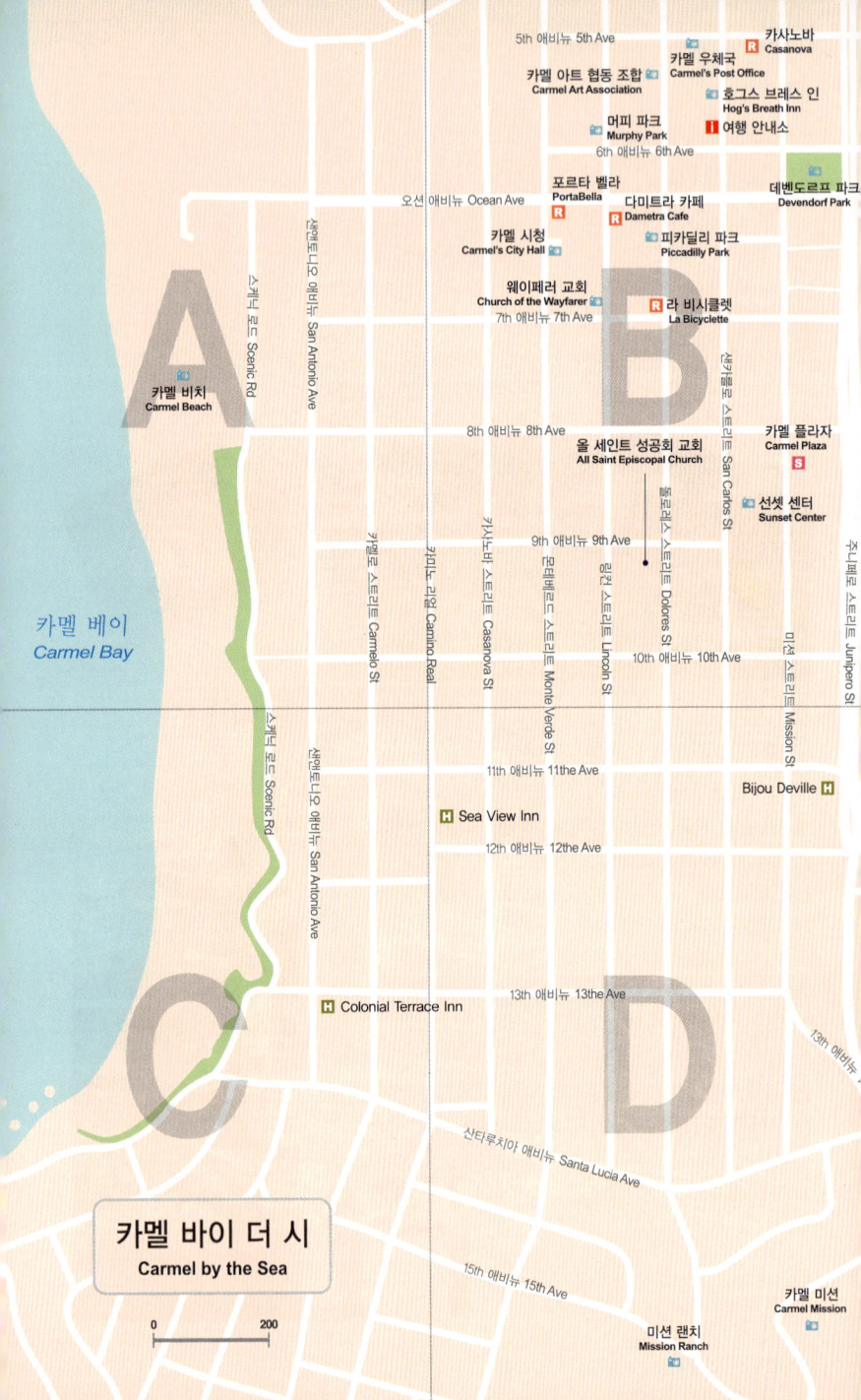

동화 속 마을 탐험
카멜 바이 더 시 Carmel by the Sea

미국답지 않은 이국적인 풍경으로 유명한 도시. 규모는 작지만 곳곳에서 아름다움과 자유로움이 물씬 풍긴다. 도시 주민의 60% 이상이 화가, 시인, 음악가, 극작가 등 창작 활동을 하는 예술인이다. 그래서 예술가 마을이라고도 불린다. 도시의 원래 명칭은 카멜 바이 더 시 이지만 보통 '카멜'로 줄여서 쓰고 말한다. 카멜에는 싱그러운 초록빛 녹지대가 많고, 동화 속에서 툭 튀어나온 듯 덩굴이 엉켜져 있는 작고 예쁜 건물들, 세련된 글씨체로 쓰여진 알록달록한 간판 등이 여행자의 눈길을 끈다.
예술가 마을답게 갤러리도 많다. 마을 끝에는 부드러운 흰 모래사장이 펼쳐지는 해변까지 있다. 그야말로 완벽한 곳. 도시 한복판을 가로지르는 오션 애비뉴Ocean Ave를 따라 걸어보자. 이 마을의 가장 중심가이며, 예술과 문화를 한껏 느낄 수 있는 곳이다. 보통 무료로 2시간 길거리 주차를 할 수 있다. 2시간 지나면 다른 곳으로 차를 이동해야 벌금을 물지 않는다.

Data Map 308
Access 몬트레이 도시에서 차로 10분 정도
Add Ocean Ave. Carmel by the Sea

Theme

더 보고 싶은 카멜 바이 더 시의 볼거리

구석구석 돌아다니면, 비밀스러운 장소들이 많은 카멜 마을. 소개한 모든 스폿들을 따라 다니다 보면 상냥하고 귀여운 정취들이 가득한 마을을 제대로 감상할 수 있다.

호그스 브레스 인 Hog's Breath Inn

영화배우이자 감독인 클린트 이스트우드Clint Eastwood가 설계한 건물. 지금은 레스토랑으로 이용된다. 약간은 터프한 듯한 건물 외관이 인상적이다. 건축 당시 이 지역의 아기자기한 다른 건물들과 어울리지 않는다는 이유로 주민들의 반대가 상당했다고 한다.

Data Map 308 B **Add** San Carlos&5th, Carmel

카멜 우체국 Carmel's Post Office

카멜 바이 더 시의 건물에는 번짓수가 없어서 우편물이 집으로 배달될 수 없다. 모든 주민들은 우체국에 일정 금액을 내고 P.O 박스P.O Box의 번호를 부여 받아 우편물을 수령한다.

Data Map 308 B **Add** Dolores St&5th Ave, Carmel

카멜 아트 협동 조합 Carmel Art Association

미국 전역에서 두 번째로 오래된 비영리 아티스트 협동 조합이다. 로컬 아티스트들의 작품을 감상할 수 있다.

Data Map 308 B **Add** Dolores&6th, Carmel

머피 파크 Murphy Park

이 공원 앞에는 상당히 인상적인 조각상이 있다. 노부부로 보이는 남자와 여자가 행복한 미소를 지으며 서로의 손을 꼭 잡고 있는 것. 아름다운 장면이다.

Data Map 308 B **Add** Lincoln&6th, Carmel

카멜 비치 Carmel Beach

부드러운 모래로 이루어진 백사장이 펼쳐져 있다. 수온이 낮은 편임에도 일 년 내내 파도타기를 즐기는 모습을 볼 수 있다. 카멜 바이 더 시의 중심 거리인 오션 애비뉴Ocean Ave에서 도보 15분 거리.

Data Map 308 B **Add** Carmel Beach, Carmel

피카딜리 파크 Piccadilly Park

크고 작은 나무에 둘러싸인 자그마한 공원이다. 다른 곳에서는 찾아볼 수 없고, 캘리포니아에서만 서식하는 식물이 많다. 공원 안쪽으로 가면 무료 화장실이 있다.

Data Map 308 B **Add** Dolores St&7th, Carmel

카멜 시청 Carmel's City Hall

카멜의 시청은 그 외관조차 전혀 시청 같지 않은 모습을 하고 있다. 뾰족한 지붕을 가진 아담한 크기의 시청은 그 분위기 또한 아기자기해 카멜의 풍경과 잘 어울린다.

Data Map 308 B **Add** Ocean&7th, Carmel

웨이페러 교회 Church of the Wayfarer

규모가 작고 고즈넉한 분위기가 돋보이는 카멜 지역의 교회이다. 100년 이상의 역사를 가진 건물로 예배는 물론, 결혼, 장례 등 마을의 크고 작은 행사들이 이루어지는 장소다.

Data Map 308 B **Add** Lincoln St&7th Avenue, Carmel

선셋 센터 Sunset Center

지역 주민들을 위한 공연장으로, 다채로운 각종 연주회와 공연 등이 펼쳐지는 센터다. 한쪽에는 사진 전시 등이 주로 열리는 전시 공간도 마련되어 있다.

Data Map 308 B **Add** San Carlos St&9th Ave, Carmel

카멜 플라자 Carmel Plaza

세련된 옷, 액세서리, 고급 가구, 보석류 등 다양한 쇼핑을 즐길 수 있는 복합 플라자 1층 광장에는 화단도 있다.

Data Map 308 B **Add** Ocean Avenue and Mission St, Carmel **Open** 월~토 10:00~18:00, 일 11:00~17:00

데벤도르프 파크 Devendorf Park

카멜에서 가장 큰 공원이다. 일 년 내내 크고 작은 행사가 열린다. 공원 안쪽에는 무료 화장실이 있다. 캘리포니아에 선교지를 세웠던 주니페로 세라 신부님을 기리는 나무 조각상이 있다.

Data Map 308 B **Add** Ocean Ave&Junipero St, Carmel

| 몬트레이 | Monterey |

최고의 클램 차우더
올드 피셔맨스 그라토 Old Fisherman's Grotto

몬트레이 피셔맨스 워프에서 가장 인기 있는 레스토랑이다. 친절한 서비스, 분위기, 음식 맛 모두 일품이다. 베이 지역에서 가장 맛있는 클램 차우더상을 받았다. 솔직히 샌프란시스코에서 먹는 클램 차우더보다 더 진하고 고소한 맛이다. 음식 종류가 매우 다양해서 고르는 재미가 있다. 레스토랑 분위기도 고급스러워 현지인들의 데이트 장소로도 사랑받는 곳이다.

단, 소스 맛이 강하고 전체적으로 약간 느끼한 편. 또한 항상 줄이 긴 레스토랑이다. 식사 시간대를 살짝 피해서 도착하면 기다리는 시간을 단축할 수 있다. 가격은 비싼 편이다.

Data Map 304 C
Access 몬트레이 베이 아쿠아리움에서 차로 15분 정도
Add 39 Fishermans Wharf, Monterey **Tel** 831-375-4604
Open 11:00~22:00 **Web** www.oldfishermansgrotto.com
Cost 브레드 볼 클램 차우더 12달러~, 해산물 요리 20~35달러

> **Tip 고래 관람 특별 유람선이 있는 곳**
> 피셔맨스 워프는 정어리, 고래잡이가 왕성했던 생선 시장이었다. 매년 12~3월에는 고래 관람 특별 유람선이 운행된다. 투어 회사가 여러 개 있으므로 가격과 조건을 비교한 후, 결정하면 된다. 가격대는 1인당 40~45달러 정도. 2시간 30분~3시간 소요된다. 배가 흔들릴 수 있으니 멀미약을 미리 준비할 것. 아래 사이트는 고래 관람 유람선 서비스를 제공하는 투어 회사다.
>
> **Data Web** www.montereybaywhalewatch.com, www.montereywhalewatching.com

가장 맛있는 클램 차우더를 맛보다
그라토 피시 마켓 Grotto Fish Market

신선한 해물 요리를 맛볼 수 있는 레스토랑이다. 앞서 소개한 몬트레이 인기 식당인 올드 피셔맨스 그라토의 자매 식당이다. 그러므로 음식 맛은 보장된 셈. 올드 피셔맨스 그라토의 인기 메뉴인 클램 차우더도 이곳에서 맛볼 수 있다. 음식 맛 대비 가격대가 저렴한 편이기 때문에 현지인들에게 더욱 인기 있는 음식점이다.
던지니스 크랩Dungeness Crab이나 랍스터가 맛있다. 해산물을 반씩 나눠서도 판매해 여럿이서 다양한 해산물을 즐길 수 있다. 캐주얼한 분위기의 레스토랑으로, 세련되고 고급스러운 분위기를 원하는 사람에게는 적합하지 않다.

Data Map 304 C
Access 몬트레이 베이 아쿠아리움에서 차로 15분
Add 42 Fishermans Wharf, Monterey
Tel 831-372-3769 **Open** 10:30~21:00
Web www.grottofishmarket.com
Cost 클램 차우더 7달러~, 해산물 요리 17~40달러

| 빅 서어 Big Sur |

절벽 위에서의 식사
시에라 마르 Sierra Mar

헐리우드 스타들이 결혼식 장소로 이용할 만큼 유명한 고급 리조트형 호텔인 포스트 렌치 인Post Ranch Inn. 시에라 마르는 그 호텔 안에 있는 레스토랑이다. 태평양 바다를 눈앞에 둔 절벽 위에 자리 잡고 있어서 황홀한 풍경을 보며 식사를 할 수 있다. 음식 맛 또한 뛰어나기 때문에 특별한 식사를 원한다면 여기가 딱이다.
아침 식사는 호텔 투숙객만 이용할 수 있고, 점심과 저녁 시간에는 일반인에게도 개방한다. 가격대가 높지만 그만큼 훌륭한 서비스를 받을 수 있는 곳으로 돈이 아깝지 않다. 식사를 하는 것이 부담스럽다면 가볍게 음료 한 잔하러 가도 좋겠다. 단, 음료도 가격대가 높은 편이라는 점을 염두에 두자.

Data Map 303 **Access** 빅스비 다리에서 차로 25분
Add 47900 Hwy 1, Big Sur
Tel 800-527-2200
Open 아침 08:00~22:30, 점심 12:15~15:00, 저녁 17:30~21:00
Web postranchinn.com/dining
Cost 점심 3코스 75달러, 4코스 저녁 메뉴 125달러, 음료 10~12달러

©Kodiak Greenwood

| 카멜 바이 더 시 Carmel by the Sea |

어떤 음식을 먹어도 실망하지 않는 곳
카사노바 Casanova

'카사노바에서는 어떤 음식을 먹어도 실망하지 않는다'라는 현지인들의 칭찬이 자자하다. 동화 속에 나오는 집처럼 예쁜 건물과 아기자기한 인테리어가 돋보인다. 신선한 재료만을 고집하기 때문에 건강까지 챙길 수 있는 이탈리안 스타일 레스토랑이다. 와인 리스트까지 완벽하게 갖춰져 있어서 더욱 즐겁다.

추천 메뉴는 홍합과 새우가 들어간 파스타 링기니 콘 스캄피 Linguini Con Scampi, 솥단지에 끓인 홍합탕과 감자튀김이 나오는 물 프리트 Moules Frites이다. 프랑스식 디저트인 크렘브륄레 Crème Brûlée도 맛있다. 점심 메뉴가 저녁 시간의 메뉴보다 훨씬 더 저렴하다는 점을 참고하자.

Data Map 308 B
Access 카멜 마을 중심지에 위치
Add 5th St&Mission St, Carmel
Tel 831-625-0501
Open 점심 월~일 11:30~15:00, 저녁 월~목·일 17:00~22:00, 금·토 17:00~22:30
Web www.casanova-restaurant.com
Cost 점심 단품 15~17달러, 저녁 단품 25~42달러

맛있는 자전거 가게
라 비시클렛 La Bicyclette

어떤 음식을 선택해도 괜찮지만 요리사가 직접 반죽한 도를 화덕에서 구워내는 피자는 꼭 먹어볼 것. 피자는 버터너트 스쿼시 Butternut Squash, 마르게리타 Margherita를 추천한다.

유럽피안 스타일의 식당 내부가 아기자기 귀엽다. 라 비시클렛 La Bicyclette은 자전거란 뜻의 프랑스어. 소품으로 가져다 놓은 자전거가 눈에 띈다. 식사뿐만 아니라 커피를 즐기기에도 좋은 곳이다.

Data Map 308 B Access 카멜 마을 중심지에 위치
Add Dolores St at 7th, Carmel Tel 831-622-9899
Open 월~목·일 08:00~22:00, 금·토 08:00~22:30
Web labicycletterestaurant.com
Cost 커피 4달러, 단품 14~17달러

흥거움이 느껴지는 지중해식 레스토랑
다미트라 카페 Dametra Cafe

친절함에 기분이 좋아지는 곳이다. 피타 브래드 위에 양고기, 소고기, 치킨 케밥, 라이스 샐러드, 훔무스와 요거트 소스 등이 한 접시에 나오는 그릭 콤비네이션 플래터Greek Combination Platter, 양꼬치 스타일의 램 시시 케밥Lamb Shish Kebab 등이 인기다.

지중해식 요리 전문 레스토랑이지만 뉴욕 스테이크New York Steak, 슈림프 앤드 크랩 라비올리Shrimp and Crab Ravioli, 슈림프 파스타 등과 같은 메뉴도 무난하다. 얇게 겹겹이 쌓은 페이스트리 반죽에 견과류를 채워 넣고 꿀을 얹은 파이, 바클라바Baklaba가 서비스 디저트로 제공되어 더욱 만족스럽다.

Data Map 308 B
Access 카멜 마을 중심지에 위치
Add Ocean Ave&Lincoln St, Carmel
Tel 831-622-7766
Open 11:00~23:00
Web www.dametracafe.com
Cost 램 시시 케밥 26달러, 이스탄불 케밥 19달러, 뉴욕 스테이크 27달러, 그릭 콤비네이션 플래터 24달러

아름다운 문에서 즐기는 지중해 식사
포르타 벨라 Porta Bella

너무 귀엽게 생긴 식당 외부가 마음을 사로잡는다. 지중해풍 요리 전문 레스토랑. 로맨틱한 분위기 속에서 식사를 즐길 수 있다. 이탈리아어로 포르타 벨라는 '아름다운 문'이라는 뜻. 유기농 재료를 사용하며, 몬트레이 바다에서 수확한 해산물을 주재료로 한다.

Data Map 308 B **Access** 카멜 마을 중심지에 위치
Add Ocean Ave&Monte Verde, Carmel
Tel 831-624-4395 **Open** 11:30~23:00
Web carmelsbest.com/portabella
Cost 점심 샌드위치 15달러~, 저녁 메인 25~36달러

> **Tip 컴스탁 Comstock 양식의 집**
>
> 마치 동화 속 오두막집을 보는 듯한 느낌! 포르타 벨라 건축물은 실제로 동화 〈헨델과 그레텔〉에서 영감을 얻은 휴 컴스탁 Hugh Comstock이 지은 것이다. 이런 오두막집 스타일을 그의 이름을 붙여 컴스탁 양식 이라고 부른다. 카멜 마을 곳곳에서 컴스탁 양식의 집을 볼 수 있다.

San Francisco Suburbs By Area

05

요세미티 국립공원
Yosemite National Park

화강암과 거대한 빙하가 만들어낸 한 폭의 그림. 대자연의 걸작품 앞에 서면 경이로움에 감탄을 연발하게 된다. 요세미티에는 세계 최고 화강암 절벽이 있고, 세계에서 여섯 번째로 큰 폭포도 있다. 요세미티 곳곳에는 야생동물의 울음소리와 발자취가 살아 있다. 자연이 온몸으로 느껴져 결국 자연과 하나가 되는 곳. 회색곰이 많이 산다고 하여 회색곰을 가리키는 요세미티라 이름 붙은 곳. 비록 지금은 회색곰이 사라졌지만, 사계절 내내 다른 매력을 뿜어내는 요세미티는 여전히 자연이 만들어낸 가장 성공적인 예술품이다.

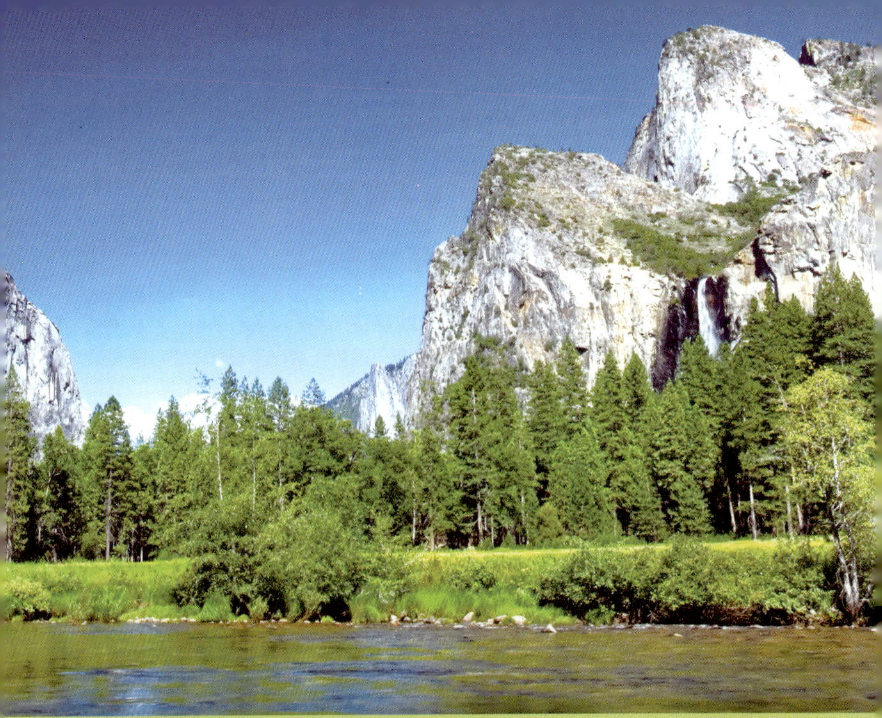

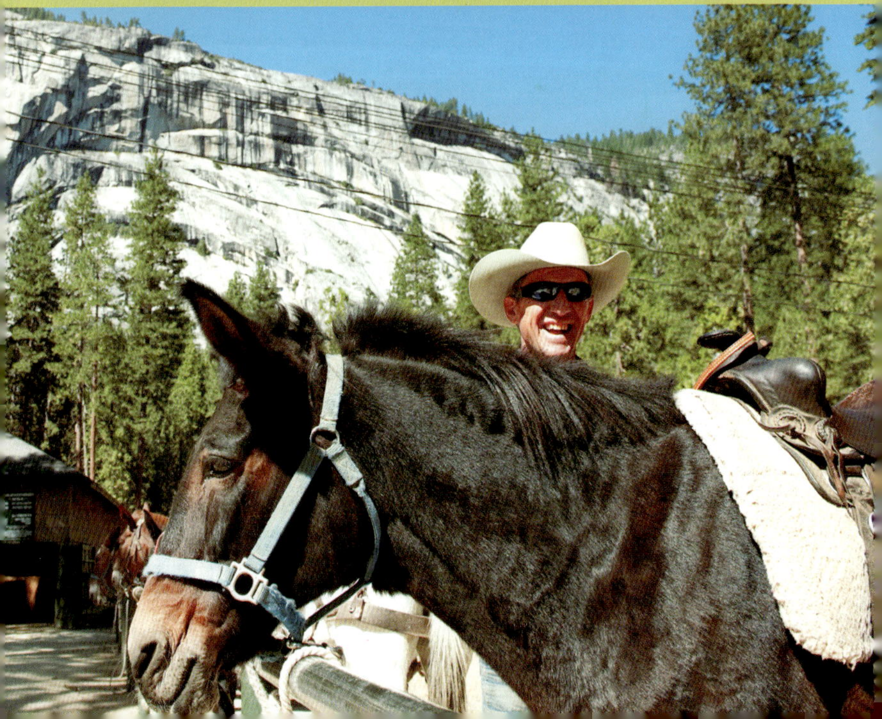

Yosemite National Park
PREVIEW

샌프란시스코 도심에서 약 320km 떨어진 곳에 위치해 있다. 자동차로 편도 약 4시간 걸린다. 요세미티 국립공원에서는 자연이 만들어낸 장엄한 풍경들을 마음껏 감상할 수 있다. 워낙 규모가 큰 공원이라 제대로 보려면 몇 날 며칠 머물러야 한다. 당일치기로 다녀올 예정이라면 요세미티 밸리를 중심으로 다닐 것을 추천한다. 언제 가더라도 날씨는 꼭 알아보고 가자. 고도가 높은 곳에 위치하고 있으므로 추위에 대비하는 것이 좋다. 여름철에는 천둥번개를 동반한 소나기가 내리기도 하니 우비나 우산 등도 준비해야 한다.

 ## 어떻게 갈까?

❶ 렌터카를 이용해서 갈 경우
샌프란시스코 도심에서 편도 약 3시간 30분~4시간 소요된다. 왕복 8시간 이상의 운전을 감당할 수 있다면 저렴하게 요세미티 국립공원을 둘러볼 수 있다. 겨울에는 날씨에 따라 차량 통행이 제한된다. 홈페이지를 참고할 것.

❷ 장거리 버스나 철도를 이용할 경우
시간이 많이 걸리고, 환승이 어려워 추천하지 않는다. 공원 내부에는 무료 셔틀버스가 있다. 무료 셔틀버스를 이용하고 싶다면 요세미티 밸리 비지터 센터(Add Yosemite Village Loop, Yosemite National Park) 앞에 주차를 해두고 이용하면 된다. 무료 셔틀버스(07:00~22:00 운행)는 10분 간격 순환 방식으로 운행된다.

❸ 투어 회사를 이용하는 경우
대부분 샌프란시스코 호텔까지 픽업을 온다. 비용은 1인 150달러 정도.

주요 투어 회사
Web www.towertours.com,
www.grayline.com,
www.starlinetours.com,
www.sanfranciscosightseeing.com

SEE

요세미티 국립공원을 하루 안에 모두 둘러본다는 것은 사실상 불가능하다. 당일 코스로 방문했다면 볼거리가 가장 많은 요세미티 밸리를 중심으로 다니면서 터널 뷰, 브라이달베일 폭포, 요세미티 폭포, 엘 캐피탄, 미러 호수, 하프돔 등을 보는 것을 추천한다. 어느 곳을 가든 상상했던 것 이상의 자연을 만나게 될 것이다.

ENJOY

승마, 리프팅, 물놀이, 스키, 암벽 등반 등 다양한 액티비티를 즐길 수 있다. 시즌에 따라 체험할 수 있는 것들이 다르므로 여행 안내소에 문의하거나 홈페이지를 참고하자. 기본적으로는 등산이나 하이킹을 많이 한다.

EAT

공원 내에 음식을 먹을 수 있는 카페테리아, 푸드 코트가 곳곳에 준비되어 있다. 깊은 산속에 위치한 국립공원이므로 맛있는 음식은 기대하지는 말자. 가격대는 8~12달러 정도. 피크닉을 즐길 수 있도록 테이블이 마련되어 있는 장소들이 많으므로 샌드위치 등의 도시락을 준비해와도 좋겠다. 장엄한 자연에 둘러싸여 맛보는 도시락은 특별한 추억의 맛이 될 것이다.

SLEEP

요세미티 국립공원 내에는 롯지 400여 개, 호텔은 100여 개의 방이 준비되어 있다. 가격은 150~1,000달러까지 천차만별. 방이 한정적이므로 되도록 빨리 예약하는 것이 좋다. 홈페이지 (www.yosemitepark.com/lodging.aspx)를 통해서 예약할 수 있다. 원하는 날짜에 방이 없더라도 수시로 체크해볼 것을 권한다. 의외로 취소하는 사람들이 많이 있다. 요세미티 국립공원에서 30분~1시간 정도 떨어진 인근 마을에 머무는 것이 가격대는 더 저렴한 편이다. 더 많은 숙소 정보를 원한다면 아래 사이트를 참고하자.
Web www.nationalparkreservations.com, www.redwoodsinyosemite.com

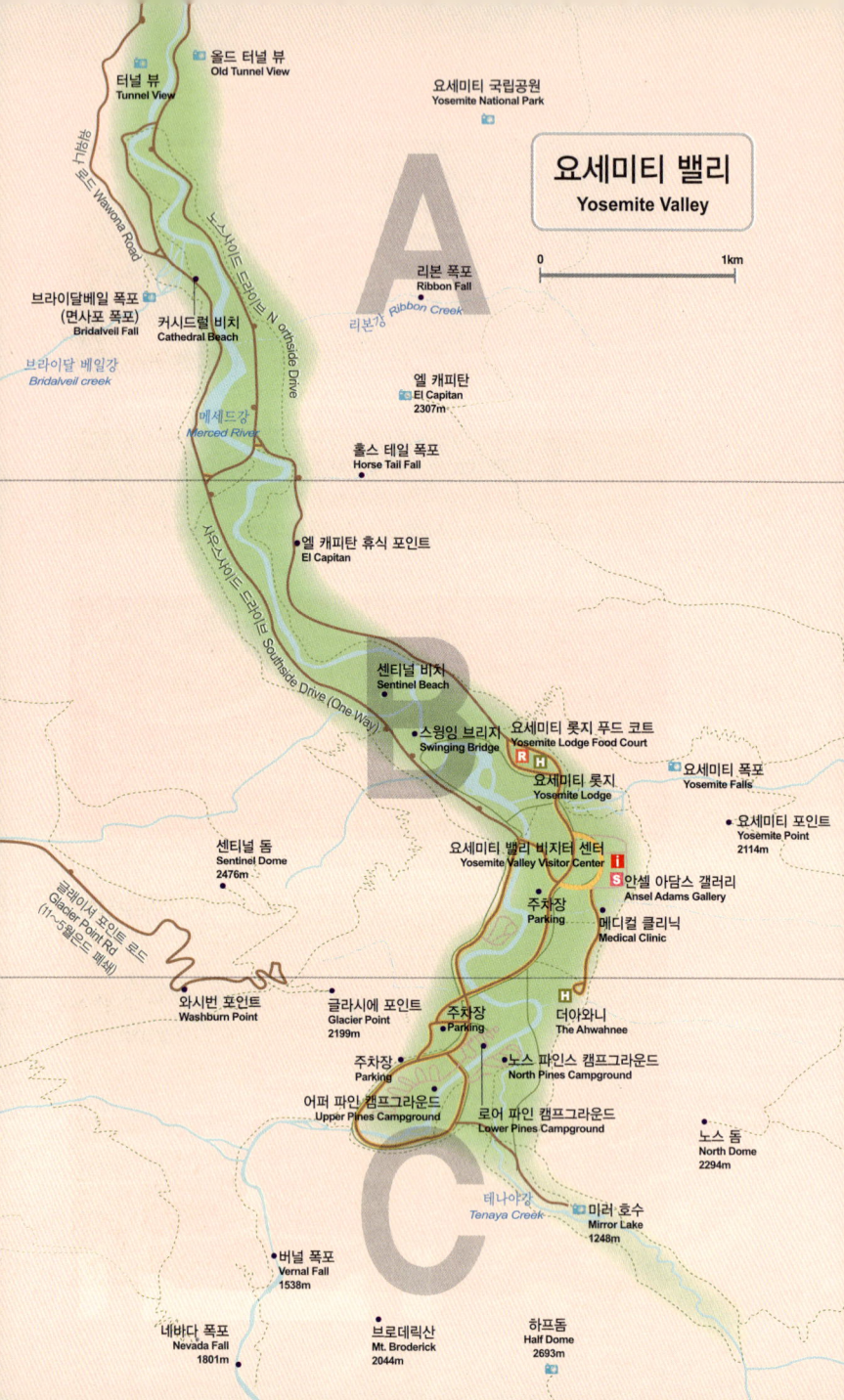

요세미티 국립공원 Yosemite National Park

화강암과 빙하의 침식 작용이 만들어낸 거대한 U자 계곡과 빙하가 녹은 자리에 남겨진 호수, 굽이굽이 만들어진 계곡들까지 천혜의 자연을 만끽할 수 있는 미국 서부 최대의 국립공원이다. 1984년 유네스코 세계자연유산에 등재되어 보호되고 있다. 환경 운동가 존 뮤어John Muir는 요세미티 국립공원에 아예 들어가서 살았고, 애플 창업자인 스티브 잡스Steve Jobs는 아내 로렌과의 결혼식을 요세미티 국립공원 내에 위치한 아와니 호텔에서 올린 것으로 유명하다.

요세미티 국립공원의 크기는 서울의 무려 5배이므로, 단 시간에 모두 둘러본다는 것은 불가능하다. 시간이 한정적인 대부분의 관광객은 요세미티 밸리를 중심으로 4시간 정도 돌아보는 일정을 갖는다. 요세미티 밸리는 국립공원 전체 면적의 1%도 안 되는 지역이지만 95% 이상의 관광객이 다녀가는 곳이다. 요세미티 폭포의 풍부한 수량을 감상하고 싶다면 4월에서 7월 사이에 방문하는 것이 좋다.

Data Map 320 A
Add Yosemite National Park **Web** www.nps.gov/yose **Cost** 차량 1대당 35달러, 7일간 유효

Tip 요세미티 국립공원에는 불곰들이 산다. 녀석들은 냄새를 아주 잘 맡기 때문에, 음식 냄새가 나면 그 음식을 먹기 위해 과격한 행동을 서슴지 않는다. 국립공원 안에서 캠프를 할 예정이라면 반드시 음식물을 캠프장 곳곳에 배치되어 있는 음식 보관함에 넣어두자. 요세미티 국립공원의 자세한 지도를 원한다면 아래 홈페이지를 참고할 것.
Web www.nps.gov/yose/planyourvisit/maps.htm

Theme
요세미티 밸리의 주요 볼거리

요세미티 폭포 Yosemite Falls

북미에서 제일 긴 폭포이자, 세계에서 다섯 번째로 높은 폭포다. 낙차 합계는 무려 739m. 장엄한 소리를 내며 물보라를 일으키는 자태가 인상적이다. 이 폭포는 한 줄기로 쭉 이어지지 않고, 로어 Lower, 캐스캐이드 Cascade, 어퍼 Upper 등 3개의 계단 폭포로 나뉘어 흐른다. 가장 아랫단인 로어 폭포까지는 주차장에서 800m 정도로 편하게 갈 수 있다. 제일 윗단인 어퍼 폭포까지 올라가려면 편도 약 1시간이 소요된다. 폭포 가까이에서는 물방울이 많이 날리므로 우비나 우산을 준비하는 것이 좋다.

요세미티 폭포는 계절에 따라 수량이 눈에 띄게 달라지는 것이 특징이다. 눈이 녹아 흐르는 4~5월은 굵은 물줄기가 떨어지는 가장 멋진 광경을 볼 수 있는 때이다. 하지만 8월만 되어도 물이 다 말라버려 폭포를 볼 수 없다. 최고의 폭포를 보고 싶다면 늦어도 7월 안에는 방문해야 한다.

Data Map 320 B

터널 뷰 Tunnel View

지상 최대 크기의 단일 화강암 암벽인 엘 캐피탄 El Capitan과 침엽수들이 어우러진 풍경이 근사하다. 요세미티 밸리의 전체적인 뷰를 감상하기 좋은 곳. 뷰 포인트 앞에 터널이 위치해 있어 터널 뷰 라고 부른다. 브라이달베일 폭포도 손에 잡힐 듯 또렷하게 보인다.

Data Map 320 A

엘 캐피탄 El Capitan

계곡 입구에 우뚝 솟은 모습. 바위 하나가 1,078m의 높이로 솟아오른 지상 최대 크기의 단일 화강암이다. 해발 2,307m에 위치하고 있다. 암벽 등반가들이 꼭 한 번은 정복하고 싶어하는 바위다. 바위라고 하기보단 하나의 산을 보는 듯하다. 요세미티 계곡에서 엘 캐피탄까지는 6km 정도 떨어져 있는데, 이곳까지는 셔틀버스가 운행이 되지 않기 때문에 자전거와 투어 버스를 이용해야 한다.

Data Map 320 A

요세미티 밸리 비지터 센터 Yosemite Valley Visitor Center

셔틀버스 운행 정보, 숙소, 지도 등을 받을 수 있다. 게다가 요세미티 계곡의 생성 과정, 동·식물에 대한 이야기, 역사 등을 알기 쉽게 전시해둔 작은 전시관이 있으므로 잠깐 들러 구경해보는 게 좋겠다. 여행 안내소 오른편에 위치한 안셀 애덤스 갤러리도 놓치지 말자. 그는 미국 풍경 사진의 대가로, 미국 서부 국립공원을 두루 다니면서 그 아름다움을 찍은 사진 작가로 유명하다. 그가 담은 흑백 사진 속 요세미티 국립공원의 모습도 특별하다. 요세미티 내에서 운행하는 무료 셔틀버스를 이용할 예정이라면 비지터 센터 앞 주차 공간에 주차해두자.

Data Map 320 B Add 9017 Village Dr, Yosemite National Park

올드 터널 뷰 Old Tunnel View

멀리 브라이달베일 폭포가 보이고, 암벽과 침엽수 나무들이 이루는 거대한 규모의 절경에 감탄이 절로 나온다. 요세미티 밸리가 한눈에 보이면서 빙하가 만들어낸 경이로운 풍경을 감상할 수 있다.

Data Map 320 A

미러 호수 Mirror Lake

수면이 잔잔하게 흐를 때는 주변의 화강암 절벽들이 거울처럼 비쳐져 보이는 거울 호수. 호숫가 주변을 돌아볼 수 있으며, 거리는 8km 정도다. 봄, 여름에는 호수 물의 양이 많아서 더 아름답다.

Data Map 320 C

하프 돔 Half Dome

요세미티의 상징물로 여겨지는 대표적인 명소다. 마치 바위를 반으로 쪼개놓은 듯한 모습이 특이하다. 날씨가 좋을 때는 고도 1,443m의 이 특이한 바위를 정복하고자 하는 암벽 등반가들의 모습도 볼 수 있다. 여름 한낮에는 바위 표면 온도가 100도까지 올라간다고 한다. 보기만 해도 아찔할 정도다.

Data Map 320 C

브라이달베일 폭포(면사포 폭포) Bridalveil Fall

폭포의 물줄기 모습이 마치 하얀 면사포 같아서 붙여진 이름. 일년 내내 물이 마르지 않는다. 주차장에서 약 400m 떨어진 곳에 위치하고 있어서 접근성도 좋다.

Data Map 320 A

요세미티 밸리 비지터 센터 Yosemite Valley Visitor Center

요세미티 국립공원은 규모가 크고 다양한 자연의 모습을 감상할 수 있기 때문에 여러 날 머물더라도 할 것이 많다. 계절마다 다르지만 보통 승마, 낚시, 골프, 암벽 등반, 자전거 타기, 하이킹 등을 할 수 있다. 계절과 날씨에 따라 즐길 수 있는 액티비티가 다르므로 자세한 내용은 요세미티 밸리 비지터 센터에 문의하도록 하자. 하이킹을 할 예정이라면 폭포 근처는 물안개로 인해 바닥이 미끄러울 수 있다는 것을 고려할 것. 기상이 수시로 바뀔 것을 대비해 우비나 비상 식량 등을 준비해야 하며, 늘 안전사고에 주의하자. 하이킹 코스가 자세히 안내되어 있는 홈페이지(www.nps.gov/yose/planyourvisit/hiking.htm)를 참고하자.

Data Map 320 B
Add Yosemite Village Loop, Yosemite National Park
Tel 209-372-0200

요세미티 롯지 푸드 코트 Yosemite Lodge Food Court

요세미티 국립공원 내에는 간단한 식사류와 음료를 파는 곳이 여럿 있다. 그중에서 가장 괜찮다는 평가를 받는 요세미티 롯지 푸드 코트. 샌드위치부터 피자, 스파게티 등 다양한 요리를 즐길 수 있다. 식사 후 도보로 요세미티 폭포까지 다녀올 수 있다는 위치적인 장점도 있다. 가격대비 맛이 뛰어난 정도는 아니다.

Data Map 320 B
Add Yosemite Lodge Dr., Yosemite National Park
Tel 209-372-1265
Open 06:30~14:00, 17:00~20:00
Cost 요리 8~12달러 정도

> Tip 공원 곳곳에 피크닉 장소가 마련되어 있다. 가능하다면 샌드위치 등 도시락을 준비해 갈 것을 추천한다.

San Francisco Suburbs By Area

06

그 외 추천 근교 지역
And Other Suburbs

스탠퍼드 대학교&헤븐리 마운틴 리조트&
리츠 칼튼 하프문 베이&레이크 타호&
린다 마르 비치&파이로리&파시피카 피어&
머슬 락 비치 파크

주요 여행 코스로 잡을 수는 없지만 빼기는 아쉬운 곳들. 주말 나들이 코스로도 제격인 곳들이다. 한 군데씩 정해 놓고 시간될 때 잠시 다녀올 수 있는, 바람 쐬기에 좋은 장소들을 소개한다. 짧은 일정으로 움직이는 여행자보다는 시간적 여유가 있는 장기 여행자 또는 남들이 안 가는 특별한 곳의 정취를 느끼고자 하는 사람들에게 더욱 유용할 정보다.

토말스 베이	Tomales Bay
포인트 레이스 라이트하우스	Point Reyes Lighthouse
소노마 밸리	Sonoma Valley
나파 밸리	Napa Valley
티뷰론	Tiburon
소살리토	Sausalito
버클리 대학교	University of California Berkeley
헤븐리 마운틴 리조트 방향	Heavenly Mountain Resort
레이크 타호 방향	Lake Tahoe
요세미티 국립공원	Yosemite National Park
머슬록 비치 파크	Mussel Rock Beach Park
린다 마르 비치	Linda Mar Beach
샌프란시스코	San Francisco
파시피카 피어	Pacifica Pier
샌프란시스코 국제공항	San Francisco International Airport
리츠칼튼 하프문 베이	The Ritz-Carlton Half Moon Bay
파이로리 (필로리)	Filoli
산호세 공항	San Jose Airport
스탠퍼드 대학교	Stanford University
태평양	Pacific Ocean
캐피톨라	Capitola
몬트레이	Monterey
카멜 바이 더 시	Carmel by the Sea
빅 서어	Big Sur
로스앤젤레스 방향	

근교 지역
Suburbs by Area

0   20km

색색의 꽃이 핀 스탠퍼드 대학교

SEE

Editor's Pick! 고즈넉한 느낌이 좋은 명문 사립대학교
스탠퍼드 대학교 Stanford University

마치 유럽의 어느 작은 도시를 보는 듯한 교정이다. 곳곳에서 낭만과 아름다움이 묻어난다. 로마네스크 양식으로 지어진 건물, 모자이크 벽화가 돋보이는 메모리얼데이 교회, 회랑의 모습들이 경건하게 느껴진다. 미국 제 31대 하버트 후버 대통령을 비롯하여 정치가, 학자, 노벨상 수상자, 실리콘 밸리의 유수한 기업인들을 배출한 세계 최고의 대학으로 알려진 명문 사립 대학교다.

대부분의 볼거리는 메인 쿼드를 중심으로 모여 있어 걸어서 충분히 다 돌아볼 수 있다. 무료 도보 투어도 진행된다(약 70분 소요, www.stanford.edu/dept/visitorinfo/tours 참조). 스탠퍼드 대학교 정문 앞 쪽에 위치해 있는 유니버시티 애비뉴University Ave는 카페, 레스토랑, 상점 등이 많이 모여 있는 번화가이다.

Data Map 328 **Access** 샌프란시스코에서 차로 45분(대중교통 이용 시 편도 2시간), 칼트레인역에서 팔로 알토행 열차 탑승 후 팔로 알토역 하차. 또는 유니버시티 애비뉴에서 스탠퍼드 무료. 셔틀버스 마거리트 타고 메인쿼드 정류장 하차 **Add** 450 Serra Mall, Stanford **Tel** 650-723-2300 **Web** www.stanford.edu

스탠퍼드 대학교 주요 볼거리

후버 타워 Hoover Tower

후버 타워 14층 전망대에서는 붉은색의 지붕 모습이 인상적인 스탠퍼드 대학교 전경이 한눈에 내려다보인다. 천상의 종소리라 불리는 카리용도 있다. 운 좋으면 연주를 들을 수 있다.

Data **Access** 메모리얼 교회에서 도보 3분 **Add** 550 Serra Mall, Stanford **Tel** 650-723-2053 **Open** 10:00~16:00 **Web** www.stanford.edu **Cost** 성인 4달러, 12세 이하·65세 이상 3달러(현금만 가능)

메인 쿼드 Main Quad

메인 쿼드는 스탠포드 대학의 중심에 위치한 가운데 정원이다. 각종 교내 행사가 진행되는 곳이다. 우리에게 잘 알려져 있는 19세기 조각가 로댕의 작품 칼레의 시민도 놓치지 말고 감상하자.

Data **Access** 샌프란시스코에서 차로 45분. 또는 팔로 알토 칼트레인역에서 무료 셔틀버스로 약 10분. 또는 정문에서 도보 20분 **Add** 450 Serra Mall, Palo Alto

메모리얼 교회 Memorial Church

스탠퍼드 대학의 창립자인 리랜드 스탠퍼드의 사망 후 그의 아내 제인 스탠퍼드가 남편을 기리기 위해 세운 교회다. 교회 외관을 장식하고 있는 반짝이는 모자이크 벽화가 멋있다. 화려한 모자이크 벽화와 스태인드 글라스와의 조화가 인상적인 교회 내부도 둘러보자. 2011년 애플의 창업자 스티브 잡스의 추모식이 있었던 곳이기도 하다.

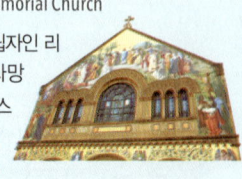

Data **Access** 메인쿼드에 위치 **Add** 450 Serra Mal, Palo Alto **Tel** 650-723-1762 **Open** 월~금 08:00~17:00, 일 11:30~15:30

캔터 아트 센터 Cantor Arts Center

작품의 수준이 높고 기획이 훌륭하다. 게다가 현대 작품도 많은데 무료입장이니 꼭 방문해보자. 샌프란시스코 출신인 세계적인 예술가 리차드 세라Richard Serra의 거대한 철판 반원형 작품도 놓치지 말자. 아트 센터 외부의 조각 정원에서는 19세기 조각가인 어거스트 로댕의 작품을 볼 수 있다. 로댕의 최고 걸작으로 꼽히는 작품인 〈지옥의 문〉도 전시되어 있다.

Data **Access** 메인 쿼드에서 도보 10분 **Add** 328 Lomita Dr, Palo Alto **Tel** 650-723-4177 **Open** 수·금~일 11:00~17:00, 목 11:00~20:00 **Web** museum.stanford.edu **Cost** 무료

타호 호수가 보이는 스키장
헤븐리 마운틴 리조트 Heavenly Mountain Resort

레이크 타호 주변으로 약 12개의 크고 작은 스키장들이 위치해 있다. 11~4월까지 스키를 탈 수 있다. 시설 좋은 여러 스키장이 있지만 단 한 곳의 스키장을 선택해야 한다면 아름다운 뷰를 가진 헤븐리 마운틴 리조트가 답이다. 산의 정상에서 호수의 전경을 바라볼 수 있다는 것이 이곳의 가장 큰 장점이다.

슬로프가 많이 가파르지 않아 중급 이상이면 충분히 정상의 슬로프까지 이용할 수 있다. 캘리포니아주와 네바다주 경계에 자리 잡고 있는 스키장이기 때문에 정상에서 내려올 때는 어느 주에 속한 슬로프를 탈 것인지 결정해야 한다. 캘리포니아주 쪽이 아름다운 레이크 타호가 보인다. 네바다주 쪽의 슬로프는 길이가 상당히 길고 이용할 수 있는 루트가 많아서 스키 마니아들에게 인기 있다. 샌프란시스코에서 당일치기로 가는 스키 투어 버스가 있고, 장비까지 대여해주므로 여행자들도 즐겨볼 만하다.

Data Map 328 Access 샌프란시스코 도심에서 북동쪽으로 차로 4시간 Add 4080 Lake Tahoe Blvd., South Lake Tahoe Tel 800-432-8365 Open 월~금 09:00~16:00, 토·일 08:30~16:00 Web www.skiheavenly.com Cost 1일 리프트권 성인 95달러(시즌에 따라 다름)

Tip 렌터카를 이용하거나 스키 회사의 버스 패키지 상품을 이용하는 것이 편리하다. 겨울에는 언제 폭설이 내릴지 예측할 수 없으므로 반드시 스노우체인을 준비해야 한다. 스키장만 이용할 예정이라면 오전 5시부터 오후 5시 30분 사이에 샌프란시스코 도심에서 출발하고, 오후 8시쯤 돌아오는 스키 회사의 버스 패키지 프로그램을 이용하자. 경제적이고 편리하다. 가격대는 왕복 버스비와 리프트권 비용을 포함해 80~140달러(시기마다 다름), 장비 대여 시 38~50달러가 더 추가된다.

Data 스키 투어 버스 회사 Web www.nacski.com, www.tahoesnowandsun.com

이보다 더 좋은 로맨틱 장소는 없다
리츠 칼튼 하프 문 베이 The Ritz-Carlton Half Moon Bay

지형이 반달 모양처럼 생겼다고 해서 붙은 이름이다. 조용하고 고즈넉한 분위기 때문에 '로맨틱 베이'라고도 불리며 연인들을 위한 장소로 인기가 높다. 하프 문 베이 지역에 위치한 리츠 칼튼 호텔. 샌프란시스코 도심에서 30분 정도 떨어진 이 호텔은 위치한 지형이 특이하고 아름답다. 푸른빛의 태평양 바다가 한눈에 내려다보이는 탁 트인 전망, 깎아놓은 듯한 기암절벽, 하얗게 부서지는 파도까지 천혜의 자연환경을 만끽할 수 있다. 게다가 골프장의 푸른 잔디밭까지 눈앞에 펼쳐져 환상적이다.

바다를 끼고 있는 산책로를 걷거나 호텔 야외 벤치에서 따뜻한 커피나 와인을 마시며 경치를 감상하는 것만으로도 행복하다. 해변의 피크닉을 즐기는 것도 이 멋진 풍경을 즐기는 방법 중 하나다. 투숙객이 아닌 방문자에게도 개방하고 있다. 리츠 칼튼 호텔의 골프장은 미국 내에서도 알아주는 골프 코스. 기암절벽과 바다를 끼고 라운딩을 즐기는 것은 사람이라면 꼭 하고 싶은 버킷 리스트 중 하나일 것이다.

Data Map 328 Access 샌프란시스코 도심에서 55km 정도 떨어진 곳에 위치 Add 1 Miramontes Point Road, Half Moon Bay Tel 650-712-7000 Web www.ritzcarlton.com

Tip 무료 주차를 하기 위한 팁!
리츠 칼튼 호텔에 가는 길에 미라몬테스 포인트 로드라는 조용한 길이 있다. 그 길을 그대로 따라가다가 호텔 도착 약 300m 전쯤 진행 방향 기준 왼편(바닷가쪽)에 작은 주차 공간이 있다. 그 주차장에 주차하자. 호텔 주차장 이용 시 시간당 10달러 정도의 이용 요금 발생.

Tip 리츠 칼튼 호텔에서 차로 15분 거리의 필러 포인트 항구Pillar Point Harbor(Add 1 Johnson Pier, Half Moon Bay / Tel 650-726-5727, 650-726-4723)에서는 갓 잡은 신선한 던지니스 크랩, 록 크랩, 새우 등의 해산물을 어부들에게서 직접 구입할 수 있다. 보통 이른 아침이나 점심, 저녁 시간 때 배가 들어온다. 미리 전화해서 배 들어오는 시간을 체크해볼 수도 있고, fishlineapp.com에 접속하면 시간마다 해산물이 들어온 상황이 업데이트되니 참고하자. 결제 시 현금을 준비하면 편리하다. 11~6월이 해산물 제철이다.

정원에서 보내는 달콤한 시간
파이로리 Filoli

울창한 숲 속에 비밀을 간직한 듯한 대저택이 있다는 게 놀랍다. 금광과 생수 사업으로 부를 쌓은 윌리엄 바우어스 본William Bowers Bourn이 1906년 대지진 후 남쪽으로 터전을 옮기기 위해 지었다. 현재는 1천여 명의 자원봉사자들이 정원을 가꾸고 있다. 호화로운 대저택도 아름답지만 사시사철 꽃이 피는 정원은 황홀하다. 단, 1년 중 2~10월만 문을 연다.

Data Map 328 Access 샌프란시스코 도심에서 남쪽으로 50km 정도 떨어진 곳에 위치 Add 86 Canada Rd, Woodside Tel 650-364-8300 Open 2~10월 화~토 10:00~15:30, 일 11:00~15:30 Close 월, 11~1월, 국경일 Web www.filoli.org Cost 성인 22달러, 학생 15달러(학생증 필수), 65세 이상 18달러, 5~17세 11달러(행사 있는 날은 요금이 오른다)

신비로운 물빛을 가진 호수
레이크 타호 Lake Tahoe

'타호Tahoe'라는 이름은 스페인 사람들이 탐험을 왔을 당시 이곳에 거주하던 와슈Washoe 인디언의 '많은 물'을 뜻하는 단어를 듣고 붙여진 이름이다. 해발 1,837m로 북미 대륙에서 가장 큰 고산 호수. 200만 년 전 빙하기 때 생성된 빙하가 녹으면서 만들어졌다고 한다. 호수의 둘레는 무려 114km나 된다. 바람이 많이 불기 때문에 한겨울에도 호수는 얼지 않는다. 수심과 날씨에 따라 시시각각 변하는 물 색깔로 유명하다. 에메랄드 베이 주립공원Emerald Bay State Park(**Add** Emerald Bay State Park, South Lake Tahoe)의 풍경은 최고다.

Data Map 328 Access 샌프란시스코 도심에서 북동쪽으로 차로 4시간 Add 100 North Lake Blvd, Placer

그림같은 풍경이 인상적인
캐피톨라 Capitola

알록달록한 파스텔 톤의 집들이 해변가를 따라 옹기종기 모여 있다. 날씨가 좋을 때에는 서퍼들이 많다. 주변으로 규모가 작은 갤러리, 커피숍, 레스토랑도 많아서 산책을 즐기기에도 좋다. 소소하지만 평화롭게 경치와 분위기를 즐기고 싶다면 추천할 만하다. 간단한 식사를 원한다면 이 마을 유명 피자집인 피자 마이 하트 Pizza My Heart(**Add** 209 Esplanade, Capitola **Web** www.pizzamyheart.com)를 추천한다. 해변 쪽으로는 저녁에 라이브 공연을 하는 레스토랑도 많다. 샌프란시스코에서 출발할 경우에는 1번 도로를 타고 가는 것을 추천한다.

Data Map 328 Access 샌프란시스코 도심에서 차로 1시간 40분 Add San Jose Ave& Esplanade, Capitola Web www.capitolavillage.com

서퍼들의 아지트
린다 마르 비치 Linda Mar Beach

파시피카 해안 마을에 위치한 아름다운 해변이다. 움푹 들어간 만의 형태로 이뤄진 곳이기 때문에 비교적 안정된 파도타기를 즐길 수 있는 곳이다. 연중 내내 서퍼들의 모습을 볼 수 있다.
이 해변에 위치한 유명 체인 레스토랑인 타코벨 Taco Bell은 경치가 좋은 자리로 손꼽힌다. 부리토와 타코 등의 간단한 식사가 가능하다.

Data Map 328
Access 샌프란시스코 도심에서 차로 30분 정도
Add 5100 Cabrillo Hwy, Pacifica
Web www.cityofpacifica.org

바다낚시를 원한다면
파시피카 피어 Pacifica Pier

파시피카 해안 마을 낚시터. 어찌나 고기가 잘 잡히는지 사계절 내내 낚싯꾼들의 발길이 끊이지 않는다. 물고기뿐만 아니라 크랩도 많이 잡힌다.
서쪽 해안에 자리한 덕에 환상적인 일몰을 감상하며 낚시를 즐길 수 있다. 미끼나 낚싯대는 개인적으로 준비해 와도 되고 근처 낚시 상점에서 구입할 수도 있다.

Data Map 328
Access 샌프란시스코 도심에서 차로 20분 정도
Add 2100 Beach Blvd, Pacifica
Web www.pacificapier.com

패러글라이더들이 사랑하는 공원
머슬 록 비치 파크 Mussel Rock Beach Park

델리 시티Daly City에 속한 공원이다. 공원이 바닷가 해안까지 이어져 있어서 풍경을 즐기며 산책하기에 알맞다. 해안선을 따라 나 있는 산책길은 편도 약 50분 거리. 깎아지른 절벽이 이루는 해안선의 모습이 특이하다. 바다 위를 자유롭게 날아다니는 패러글라이더들의 모습도 자주 볼 수 있다.
조용한 분위기 속에서 자연 풍경을 즐기며 감상하고자 하는 사람들에게 추천할 만한 공원이다. 주차장이 잘 정비되어 있어서 차로 방문하는 사람들의 편의를 더한다. 대중교통으로는 방문이 어렵다.

Data Map 328 **Access** 샌프란시스코 도심에서 차로 20분 정도 **Add** Skyline Dr&Westline Dr, Daly City

여행 준비 컨설팅

낯선 곳을 여행한다는 것은 언제나 두려움 반, 설렘 반! 누구나 처음에는 다 막막하다. 그러나 걱정 대신 열정으로! 자, 지금부터 하나하나 날짜에 맞춰 여행 준비를 제대로 시작해보자. 열심히 잘 준비한 만큼 여행이 알찰 것이다. 샌프란시스코 여행은 공항에서 시작되는 게 아니라, 여행을 준비하는 그날부터 이미 시작되는 것이다.

D-50
MISSION 1 여행 일정을 계획하자

1. 여행의 형태를 결정하자
지피지기면 백전백승. 우선 자기 자신을 알아야 한다. 자신이 정해진 일정에 딱 맞춰 단체로 움직이는 것이 편한 사람인지, 내 맘대로 일정을 결정해서 자유롭게 다니는 것이 편한 사람인지 스스로에게 질문부터 던져보자.

단체 패키지 여행은 자유 여행에 비해 저렴하고 특별한 준비 없이 가이드만 따라다니면 된다는 게 장점. 자유롭지 못하다는 단점이 있다. 단체 패키지 여행을 선택했다면 항공권과 일정, 호텔 옵션 투어 등 포함 조건을 꼼꼼히 살펴보자.

항공권에서 숙박까지 알아서 해결할 개별 자유 여행자라면, 패키지 여행에 비해 준비하고 결정해야 할 것들이 많다. 하지만 자신의 스타일에 맞는 여행을 계획할 수 있다는 장점이 있다.

2. 출발일을 결정하자
아무 때나 출발할 수 있는 자유인이라면 샌프란시스코의 날씨와 예산에 따라서 출발일을 결정한다. 일년 내내 화창한 날씨를 자랑하는 샌프란시스코이기 때문에 언제라도 여행하기에 괜찮다.

그러나 기왕이면 일조량이 긴 4~11월 초를 추천하며, 특히 10~11월 초순의 인디언 섬머 기간도 좋다. 인디언 섬머란, 계절상으로는 분명히 가을인데 갑자기 훈풍이 불어오며 비정상적으로 따뜻한 날이 계속되는 기간을 말한다. 12~1월 초에는 우기 기간이라 간간이 비가 올 때가 있고, 해가 많이 짧아진다. 여행 성수기인 7~8월, 12~1월은 항공권이 비싸지는 시기라는 점은 참고하자.

3. 여행 기간을 결정하자
며칠을 머물러야 샌프란시스코를 다 볼 수 있을까? 이 질문의 답은 개개인의 성향에 따라 천차만별이다. 도시의 구석구석 다 돌아보려면 몇 달도 모자라지만, 도시의 유명한 건축물과 길거리를 중심으로 구경한다면 2박 3일도 가능하다.

하지만 관광지에서 조금 벗어나, 문화적 탐방을 하고 현지인들의 삶도 자세히 엿보고 싶다면 도시 여행 계획을 4박 5일 정도 잡는 게 좋겠다. 하루 이틀쯤은 도시를 떠나 근교 지역으로 가보는 것도 좋다. 나파 밸리의 와인에 취하고, 몬트레이와 카멜 지역의 아름다운 자연 경관을 감상하는 일정을 추천한다. 총 일정은 7박 8일 정도 잡을 것을 권한다.

샌프란시스코를 여행한다면 최소 4박 5일의 일정을 추천한다.

D-47

MISSION 2 여행 예산을 짜자

1. 항공권은 얼마나 할까?

항공권의 가격은 성수기와 비수기에 따라서 달라진다. 특히 한국 여행객이 많은 여름 휴가철과 방학 기간, 연말 연시를 전후로 요금이 급상승하는 추세. 이코노미 클래스의 경우 초특가 90만 원대부터 250만 원까지 가격차가 매우 크다.

비수기의 경우, 대략 80~120만 원 정도가 보통이다. 요일이나 시즌에 따라 항공 요금이 달라지므로 미리 준비하면 좀 더 저렴하다. 수화물, 날짜 변경 등에 대한 비용이 추가로 발생하는지도 잘 따져보자.

2. 숙박비는 얼마나 들까?

체류하는 날짜만큼 정확하게 올라가는 비용이 바로 숙박비. 각자 선택하는 숙소의 수준에 따라서도 엄청난 비용 차이가 난다. 배낭 여행자들이 묵는 호스텔의 도미토리는 하루 28~40달러 정도. 공동 침실에서 침대 1개를 빌려 사용하는 형태의 숙소다.

하지만 위치 좋고, 깔끔하고 안락한 호텔 숙박을 원한다면 더블룸 기준으로 150~250달러 정도는 예상해야 한다. 저렴한 호텔의 경우에는 100달러 이하도 있으나 좋은 퀄리티를 기대하기는 어렵다.

가족 단위의 여행객에게는 취사가 가능한 레지던스 호텔이나 현지인의 집을 빌리는 것도 인기가 있다. 가격대는 천차만별. 여행 예산에 맞는 숙소를 선택하는 게 중요하다.

3. 식비는 얼마나 들까?

여행자의 취향에 따라 식사 가격도 천차만별이다. 슈퍼마켓의 식료품은 저렴한 편인데, 레스토랑에서 식사를 하게 되면, 음식값에 세금과 팁을 내야 하기 때문에 비용이 상당히 올라간다.

세금과 팁을 따로 계산하는 데 익숙하지 않은 한국인들에게는 피부 물가가 더 높게 느껴질 수 있다. 간단한 패스트푸드 식사는 6~8달러 정도. 카페나 패밀리 레스토랑의 경우 20~30달러, 중급 레스토랑을 이용하면 30~50달러 정도 예산을 잡으면 된다. 꼭 한 번 이용하고 싶은 고급 레스토랑은 100~200달러 정도 든다.

4. 교통비는 얼마나 들까?

샌프란시스코는 차보다는 대중교통을 이용해서 다니기에 좋은 도시다. 대중교통 이용 비용은 하루 10~13달러 정도. 여러 가지 교통권이 있는데, 일정이 길어질수록 하루당 가격은 더 저렴해진다. 버스는 1회 이용 시 2달러 정도다.

렌터카를 이용할 예정이라면, 렌트 비용과 보험, 주차비, 주유비 등을 고려해야 한다. 차종에 따라 다르겠지만, 보통 일일 100~150달러 정도 예상한다. 렌트 기간이 길어질수록 하루당 적용되는 비용은 좀 더 저렴해진다.

5. 입장료는 얼마나 들까?

개인의 취향에 따라 다르겠지만, 공연, 영화, 미술관, 박물관 등을 좋아한다면 여행 비용이 꽤 추가된다. 박물관, 미술관 등은 12~15달러 정도, 전망대 10달러 정도. 유람선을 타거나 공연 혹은 영화 감상을 위한 비용도 만만치 않다.

전시 공간을 많이 방문할 계획이라면, 대중교통권에 박물관의 입장료가 포함되거나 할인 혜택이 있는 시티 패스City Pass를 구입하자.

6. 비상금은 얼마나 필요할까?

여행을 하다 보면 얘기치 않은 지출이 발생한다. 다치거나 아파서 병원을 간다거나 도난을 당할 수도 있다. 비상금은 총 경비의 10% 정도를 따로 챙겨두자. 또 만약을 위해 신용카드를 준비하자. ATM 기계에 따라 오류가 발생하기도 하므로 현금카드는 2개 이상 가져가는 것이 좋다.

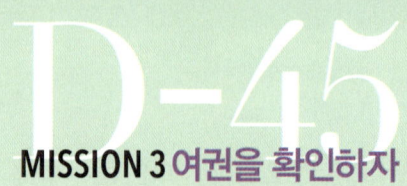

MISSION 3 여권을 확인하자

1. 어디에서 만들까?

여권은 외교통상부에서 주관하는 업무이지만 서울에서는 외교통상부를 포함한 대부분의 구청에서, 광역시를 비롯한 지방에서는 도청이나 시구청에 설치되어 있는 여권과에서 편리하게 발급받을 수 있다. 인터넷 포털 사이트에서 '여권 발급 기관'을 검색하면 서울 및 각 지방 여권과에 대해 자세한 안내를 받을 수 있으니 가까운 곳을 방문하자.

2. 어떻게 만들까?

전자여권은 타인이나 여행사의 발급 대행이 불가능하기 때문에 본인이 신분증을 지참하고 직접 신청해야 한다.

여권 종류에 따른 필요 서류와 여권 사진 챙기기
→ 거주지에서 가까운 관청의 여권과로 간다
→ 발급신청서 작성
→ 수입인지 붙이기
→ 접수 후 접수증 챙기기
→ 3~7일 경과
→ 신분증 들고 여권 찾기

여권 발급 신청 준비물
여권 발급 신청서(해당 기관에 구비되어 있음)
여권용 사진 2매(가로 3.5cm×세로 4.5cm)
신분증(주민등록증이나 운전면허증)
발급 수수료 전자여권(10년) 5만 원

여권을 잃어버렸거나 기간이 만료됐다면?
재발급 신청을 한다. 절차는 여권 발급 때와 비슷하지만 재발급 사유를 적는 신청서가 더 추가되고, 분실했을 경우 분실신고서를 구비해야 한다. 25세 이상의 군미필자는 병무청 홈페이지에서 신청서를 작성하며, 신청 2일 후 홈페이지에서 국외여행허가서와 국외여행허가증명서를 출력할 수 있다. 국외여행허가서는 여권 발급 신청 시 제출하고, 국외여행허가증명서는 출국할 때 공항에 있는 병무 신고 센터에 제출한 후 출국 신고를 마치면 된다.
만 18세 미만의 미성년자는 부모의 동의 하에 여권을 만들 수 있다. 여권을 신청할 때는 일반인 제출 서류에 가족관계증명서를 지참해 부모나 친권자, 후견인 등이 신청할 수 있다.

3. 전자여행허가제(ESTA)는 뭘까?

비자 VISA

2008년 11월부터 실행된 미국비자 면제 프로그램 덕분에 관광 목적이라면, 최대 90일간 비자없이 방문이 가능해졌다. 단, 유효기간이 6개월 이상 남은 전자여권을 소지하고 있어야 하며, 전자여행허가제(ESTA)를 신청한 후, 승인받아야 한다.

비자 면제 프로그램 이용하는 순서

❶ 전자여권 발급받기(유효 기간이 6개월 이상 남은 전자여권을 소지하고 있다면, 이 단계는 생략). 개인 정보가 전자칩의 형태로 내장되어 있는 여권이다. 대리 신청이 불가능하므로 직접 신분증을 가지고 가까운 여권 신청 기관에서 발급받을 수 있다.

❷ 전자여행허가제(ESTA) 홈페이지(esta.cbp.dhs.gov)에 접속 후 절차에 따라 전자여행허가 승인 신청하기(1인 당 10달러, ESTA 신청서 처리 수수료 4달러 별도)

❸ 입국 승인 받기. 입국승인허가서는 2년 동안 유효하다(만약, 미국 입국 거부 또는 추방되었거나 비자가 거절된 적이 있는 여행자는 비자 면제 프로그램을 이용할 수 없다. 주한 미국대사관에서 비자를 직접 받아야 한다).

❹ 신청 번호 확인 및 해당 내용 프린트하기

주한 미국대사관
Web www.korean.seoul.usembassy.gov

MISSION 4 항공권을 확보하자

1. 어떻게 살까?

같은 항공권이라도 항공사나 여행사마다 판매 가격이 다르다. 항공권을 구입할 때는 항공사와 여행사 사이트 등을 두루 살피는 것이 한 푼이라도 아끼는 방법이다. 여러 여행사에서 내놓은 항공권 가격을 한꺼번에 비교해 볼 수 있는 사이트도 있다. 대기자 명단에 들어간다면 2~3개의 항공사에 이름을 올려놓고 확약이 되기를 기다리는 것이 좋다.
단, 예약하는 여행사가 다르더라도 동일 항공사에 이중으로 예약하면 사전 경고 없이 예약이 모두 취소되므로 주의하자.

2. 어떤 표를 살까?

가장 단순하고 편리한 노선은 직항편이다. 현재 인천공항과 샌프란시스코를 바로 연결하는 직항편을 대한항공과 아시아나항공, 유나이티드항공, 델타항공, 에어캐나다 등 여러 항공사에서 운항하고 있다.
프로모션 행사를 자주 하기 때문에 경유하는 표 못지않게 저렴한 가격대가 나온다. 여름 방학, 겨울 방학 시즌과 같은 성수기와 비수기 때의 항공료 차이가 2배 이상 나기도 한다는 점을 참고하자.

3. 주의할 점은?

티켓의 조건을 확인하자
항공권을 구입하기 전에 유효 기간을 확인하고 날짜 변경이나 귀국 일자 변경, 환불 등에 대한 조건도 꼼꼼하게 체크하자. 저렴하게 나온 항공권일수록 출발과 귀국일 변경이 불가능하거나 많은 수수료를 요구하는 경우가 많다.

공항세 TAX를 확인하자
항공사와 경유지에 따라서 공항세의 차이가 많이 난다. 액면가는 저렴하지만 공항세까지 합하고 나면 오히려 비싸지는 경우도 많다.

경유지에서의 체류 시간을 확인하자
항공사에 따라서는 당일 연결이 어려운 경우도 있다. 이때 경유지에서 들어야 할 숙박비와 공항 이동 비용 등을 항공권 가격과 비교해보도록 하자. 배보다 배꼽이 더 큰 경우가 생길 수도 있다.

발권일을 지키자
아무리 예약을 해두었어도 발권하지 않았으면 내 표가 아니다. 특히 좌석이 넉넉하지 않은 성수기에는 발권을 미루다가 좌석예약이 취소될 수도 있으니 주의하자.

좌석 확약을 받았는지 확인하자
좌석 확약이 안 된 상태로 출국하면 돌아오는 항공편을 구하기가 어려울 수 있다. 항공권의 'Statue'란에 'OK'라고 적혀 있는지 확인하고 미심쩍으면 해당 항공사에 직접 전화해 좌석 확약 여부를 확인하자.

항공권의 이름을 확인하자.
항공권의 이름은 반드시 여권상의 이름과 일치하여야 한다. 만약 스펠링 하나라도 잘못 입력하였을 경우, 반드시 해당 항공사에 연락하여 이름 변경을 하도록 하자.

할인 항공권 취급 업체
온라인 투어 Web www.onlinetour.co.kr
웹투어 Web www.webtour.com
에어몰 Web www.airmall.co.kr
투어익스프레스 Web www.tourexpress.com
인터파크 투어 Web www.tour.interpark.com
여행박사 Web www.tourbaksa.com

D-35

MISSION 5 숙소를 예약하자

1. 샌프란시스코에는 어떤 숙소가 있나?

호텔 Hotel
샌프란시스코의 호텔은 별 등급(★)이 매겨져 있다. 같은 별 등급의 호텔이더라도, 위치에 따라 가격이 20~100달러 가량 차이가 나는 경우가 많다.
신혼 부부나 출장자들은 1박에 280~500달러 가격대의 별 3~4개 등급 호텔을 주로 이용하고, 일반 여행자들은 별 2~3개의 120~180달러 정도 호텔을 많이 이용한다.

레지던트 호텔 Resident Hotel
취사가 가능한 호텔이다. 시설이 좋은 곳은 세탁실까지 갖추고 있다. 가족 단위 여행자나 장기 거주자들이 선호하는 숙박 형태이다. 시내 중심보다는 공항 근처나 도시 외곽 쪽에 위치한 경우가 많다.
Web www.extendedstayamerica.com, www.marriott.com/residence-inn/travel.mi

호스텔 Hostel
가장 저렴하게 이용할 수 있는 숙박 형태이다. 공동 침실을 사용할 경우, 각국의 여행자들과 친해질 수 있다는 게 큰 장점. 보통 조식과 무선 인터넷Wifi은 포함이며, 세탁실(유료)이 마련되어 있다.
공동 침실 사용 시 1박 기준(침대 1개당) 25~40달러 정도이며 시즌마다 가격이 조금씩 다르다. 프라이빗룸도 선택할 수 있다.
Web www.hosteltimes.com, www.hostel.com

모텔 Motel
보통은 호텔보다 모텔 가격이 저렴한 편이다. 운전자Motorist들을 위한 숙박 형태로 고속 도로 주변에 저렴하게 형성된 숙박 형태가 모텔의 시초. 간단한 조식, 커피 등의 음료가 포함되어 있는 경우가 많다. 보통은 가격 면에서 상당히 경제적이나, 위치나 시설이 좋은 경우 웬만한 호텔 가격을 넘는 곳도 있다. 요즘에는 전국적으로 많은 지점을 가진 체인 모텔도 있다.
Web www.super8.com, www.motel6.com www.econolodge.com

현지 주민의 집 빌리기
요즘 상당히 많이 이용되고 있는 숙박 형태이다. 현지인처럼 일반 집에 거주하면서 지내보고자 하는 사람들에게 인기. 호텔보다 가격이 저렴하고 취사가 가능하다는 게 장점이다. 어린이를 동반한 가족 단위, 친구 단위로 많이 이용한다. 한국에서는 비싸지만, 미국에서는 비교적 저렴한 치즈나 와인, 유기농 채소와 과일이 함께하는 식사를 준비해도 좋을 듯. 현지인들의 집을 빌릴 수 있도록 중간 역할을 해주는 사이트도 많다. 검색창에 도시명을 입력하면 선택 가능한 다양한 집이 소개된다.
Web www.wimdu.com, www.airbnb.co.kr www.vrbo.com, www.homeaway.co.uk www.sfkorean.com

2. 어떻게 예약할까?

CHECK1 가격비교 사이트, 호텔 가격 경매 사이트 적극 활용. 잘 찾아보면 좀 더 저렴하게 이용 가능하다.
CHECK2 호텔 내의 자체 프로모션 항상 체크! 가끔씩 호텔 내의 프로모션이 더 나을 때가 있다
CHECK3 영어와 흥정 실력이 된다면 호텔 세일즈 매니저와 직접 협상! 생각보다 만족스러운 형태로 흥정이 되는 경우가 있다.

숙소 할인 예약 사이트
호스텔스닷컴 **Web** www.hostels.com
호스텔월드 **Web** www.hostelworld.com
아고다 **Web** www.agoda.com
부킹닷컴 **Web** www.booking.com
호텔스닷컴 **Web** www.hotels.com

MISSION 6 여행 정보를 수집하자

1. 책을 펴자

'샌프란시스코'라는 주제로 가장 집약된 정보를 담은 것이 가이드북이다. 가이드북을 통해 샌프란시스코 라는 지역에 대한 기본줄기를 우선 잡고, 관심이 가는 부분은 추가로 다른 서적을 찾아보자.
샌프란시스코에 호기심을 가지다 보면 비트 문학, 히피 문학, 골드러시, 대지진, 서양철학, 서양미술, 현대 미술, 패션 등 다양한 키워드들이 생길 것이다.

2. 인터넷을 열자

다수의 사람들이 실시간으로 쏟아내는 정보들이 넘쳐나는 인터넷 공간. 본인들이 직접 체험한 생생한 느낌을 전해 들을 수가 있어 도움이 된다. 단, 개인 블로그의 특성상 지극히 주관적인 경험이나 선입견에 기반한 경우가 많다는 점은 알아둘 것.
여행 정보를 얻을 수 있는 인터넷 카페에도 가입하자. 여행사들이 운영하는 홈페이지나 카페에도 좋은 정보들이 많다.

3. 사람을 만나자

그곳을 미리 체험한 이들의 조언도 무시할 수 없다. 책이나 인터넷으로 상상하는 것과는 또 다른 차원의 샌프란시스코 이야기를 들을 수 있다. 인생은 어떤 사람을 만나느냐에 따라 달라지는 법. 소소하게 놓치기 쉬운 준비 사항들부터 폭넓은 여행에 이르기까지 즐겁게 대화하면서 삶과 여행을 배워보자.

4. 영화를 보고 음악을 듣자

샌프란시스코를 배경으로 한 영화를 여행 전에 미리 챙겨보자. 여행의 감동이 두 배가 될 것이다. 도시를 여행할 때 들을 음악도 선곡해서 미리 스마트폰에 저장해두자. 산책할 때 유용하게 사용할 수 있다.

5. 스마트폰에 유용한 앱(어플)을 다운받자

Google Maps   Navfree   waze

내비게이션 앱 차로 여행 시 사용할 수 있다.

 **511 Transit** 샌프란시스코 대중교통 앱이다. 출발지와 도착지를 입력하면, 실시간으로 대중교통에 대한 안내가 나온다.

 **구글 번역앱** 급하게 번역이 필요할 경우 사용할 수 있다. 언어지원

> **Tip** 차량 운전 시, 본인의 스마트폰을 내비게이션으로 이용할 예정이라면, 스마트폰 차량용 거치대와 차량용 충전기를 한국에서 미리 구입해 가는 게 편리하다.

와인 산지인 나파 밸리는 차량을 이용해 가는 것이 편리하다.

D-10

MISSION 7 각종 증명서를 발급받자

1. 국제학생증

국제학생증의 종류는 ISIC, ISEC 두 가지가 있다. 미국 내에서는 ISEC가 좀 더 유용하다고 알려져 있다. 학생인 경우 박물관 등의 할인 혜택이 있다.
ISEC Web www.isecard.co.kr
필요 서류 재학증명서 등의 학생증명 서류, 여권, 주민등록증 등의 신분증, 증명사진
수수료 1년 1만 7,500원, 2년 3만 500원

2. 국제운전면허증

렌터카를 이용할 계획이라면 국제운전면허증은 필수다. 캘리포니아주의 경우, 국제운전면허증과 국내운전면허증을 함께 가지고 다녀야하므로 반드시 두 개 모두 챙기자. 유효 기간은 1년이다.
발급 장소 운전면허시험장 또는 지정된 경찰서
필요 서류 국내운전면허증, 여권, 여권용 사진 또는 증명사진 1매, 수수료 8,500원

3. 여행자 보험

미국의 의료비는 엄청나게 비싸다. 만약을 생각해서 가입하는 것이 좋다. 여행 시 보험증서의 복사본을 지참하자. 해외에서 질병, 또는 사고로 병원에서 치료를 받을 경우, 보통 진단서와 영수증 등을 귀국 후 보험 회사에 제출해야 보험금 지급이 된다.
또한 휴대품 도난이나 파손 시 20만 원 정도 보상되는 경우가 있는데, 이때에는 경찰서의 리포터가 필요할 수 있다. 보험 회사마다 규정이 다르니, 콜센터를 통해 문의하도록 하자.

여행자 보험은 왜 들까?

여행을 하면서 어떤 일을 겪게 될지는 예상할 수 없는 일. 더구나 야외 활동이 많아지는 만큼 다치거나 아파서 병원에 가게 될 확률도 높아진다. 귀중품을 도난당하는 일도 생길 수 있다. 이런 경우를 대비하는 것이 바로 여행자보험이다. 미국에서 보험 없이 병원을 가게 된다면 사소한 진료라도 매우 비싸다는 것을 잊지 말자.

보상 내역을 꼼꼼하게 따져보자

패키지 여행 상품을 신청하면 보통 포함되는 것이 '1억 원 여행자보험'. 얼핏 대단해 보이지만 사망할 경우 1억 원을 보상한다는 뜻일 뿐 도난이나 상해 보상금이 1억 원이라는 것은 아니다. 여행자가 겪게 되는 일은 도난이나 상해가 대부분. 이 부분에 보장이 얼마나 잘 되어 있는가를 꼼꼼히 확인해보자.
보험비가 올라가는 핵심 요소는 바로 도난 보상 금액! 보상 금액의 상한선이 올라가면 내야 할 보험비도 비싸진다.

보험 가입은 미리하자

여행자보험은 인터넷이나 여행사를 통해 신청할 수도 있고 출발 직전 공항에서 가입할 수도 있다. 당연히 공항에서 드는 보험이 가장 비싼 편. 여유 있게 가입해서 한 푼이라도 아끼자.
항공사 마일리 지적립 등 보험에 들면 혜택을 주는 상품도 많다. 보험 혜택이 불가능한 항목들(고위험 액티비티 등)도 있으니 잘 체크할 것.

증빙 서류는 똑똑하게 챙기자

보험증서와 비상 연락처는 잘 챙겨두자. 도난이나 사고로 다쳤을 경우 경찰서나 병원에서 받은 증명서와 영수증 등은 잘 보관해야 한다. 도난을 당했다면 가장 먼저 경찰서에 가서 도난증명서부터 받을 것. 서류가 미비하면 제대로 보상받기 힘들다.

보상금 신청은 제대로 하자

귀국 후에는 보험 회사로 연락해 제반 서류들을 보내고 보상금 신청 절차를 밟는다. 병원 치료를 받은 경우 병원 진단서와 병원비 영수증 등을 첨부한다.
도난을 당했을 경우 '분실Lost'이 아니라 '도난Stolen'으로 기재해야 한다. 도난 물품의 가격을 증명할 수 있는 쇼핑 영수증도 함께 첨부하는 것이 좋다.

MISSION 8 알뜰하게 환전하자

현금 Cash

신분증을 확인하거나 수수료 붙는 일 없이 지갑에서 바로 꺼내 쓸 수 있다. 급격한 환율 상승 시기라면 여행 중에 미리 확보해둔 현금 덕을 톡톡히 볼 수 있다. 그러나 분실이나 도난 등 사고를 당하면 보상받을 길이 없으니 각별히 주의하자.
여행지에 도착하자마자 사용할 현금은 한국에서 미리 환전할 것. 100달러짜리 고액 지폐보다는 10달러, 20달러 지폐가 유용하다. 호텔, 택시에서 팁으로 사용할 1달러 지폐도 여러 장 준비하자.

신용카드 Credit Card

현금에 비해 안전하고 부피도 적다. ATM 기계에서 급할 때 현금서비스를 받을 수도 있다. 환율 하락 시기에는 내가 쓴 금액보다 적은 금액이 청구되기도 한다. 그러나 해외에서는 신용카드 복제 위험에 노출되는 수도 있으니 주의해야 한다.
해외에서 사용한 금액에 비례해서 은행에서 정한 요율(보통 1~2.5%)로 수수료가 부과되니 염두에 두자. 렌터카를 이용할 경우라면 특히 신용카드는 반드시 필요하다. 해외에서 사용할 수 있는 카드(비자VISA, 마스터MASTER 등)로 준비하자. 만약 현지에서 도난이나 분실한 경우에는 바로 해당 카드사에 신고해야 불상사를 막을 수 있다.

현금카드 Debit Card

내 통장에 있는 현금을 현지 화폐로 바로 인출할 수 있다. 현지 은행 ATM 기계에서 그때 그때 필요한 만큼만 출금, 미리 환전할 필요도 없다. 해외에서 사용할 수 있는 비자VISA나 마스터MASTER 등의 마크가 찍힌 국제 현금카드를 준비하자. 카드 뒷면에 'PLUS, CIRRUS'가 있는지 확인하고, 해당 은행에 해외 인출 가능 여부를 한 번 더 문의하면 확실하다. ATM 기계에 따라서 1회당 2~5달러의 수수료가 붙는다. 1회 인출 가능 금액은 ATM 기계마다 다르지만, 보통 1,500달러까지 가능하다.
마그네틱이 손상되거나 비밀번호 입력 오류로 정지될 수도 있으니, 2장 이상의 카드를 분산하여 보관하는 것이 좋다. 인출 수수료를 아끼고 싶다면 EXK 서비스를 이용을 추천한다. 발급 가능한 은행, 현금 카드 정보는 홈페이지(www.exk.kr)에 자세하게 나와 있다. 금융 결제원에서 제공하는 서비스로 MYCE 마크가 있는 ATM 기계에서 인출하면 네트워크 수수료가 면제되어 수수료가 적은 편이다.

여행자 수표 Traveler's Check

도둑맞거나 분실했을 때 재발급이 가능하다. 한국에서는 현찰보다 조금 더 좋은 환율로 환전할 수 있다. 여행자 수표는 주로 고액권이고, 작은 가게나 식당에서는 받지 않기 때문에 사용 시 불편함이 있다. 주로 대형 상점, 호텔에서 사용하거나 은행에 가서 환전을 통해 현금화한 후 사용해야 한다. 이 점이 약간 번거롭긴 하다.
여행자 수표에는 2개의 사인 공란이 있다. 한 곳은 수표를 구입하자마자 서명해 두는 자리, 다른 한 곳 Countersign은 환전할 때 서명하는 자리다. 이 두 서명과 여권 서명이 일치해야만 환전할 수 있다. 신분증 지참도 필수! 수표의 일련번호를 적어서 따로 보관하고 수표를 사용할 때마다 하나씩 지워가자.

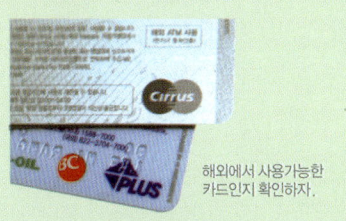

해외에서 사용가능한 카드인지 확인하자.

MISSION 9 완벽하게 짐 꾸리자

꼭 가져가야 하는 준비물

여권 없으면 출국부터 불가능. 사진 부분의 복사본을 2~3장 따로 보관해두고, 여권용 사진도 몇 장 챙긴다. 자신의 이메일이나 휴대폰에 여권 스캔본을 저장해두면 비상 시 유용하다.

항공권 전자티켓이라도 예약확인서를 미리 출력해 두자. 공항으로 떠나기 전 여권과 함께 반드시 다시 확인할 것.

여행 경비 현금, 여행자 수표, 신용카드, 현금카드 등 빠짐없이 준비. 현지에 도착해서 바로 사용할 현금도 챙기자.

각종 증명서 국제+국내운전면허증(렌터카 운전 시 둘 다 필요), 국제학생증, 여행자보험 등.

스마트폰 로밍을 해가면 비상 시 편리하다. 알람시계로 쓰기에도 좋다.

의류&신발 반팔, 긴팔, 바람막이점퍼 같은 겉옷도 챙기자. 고급 식당에 갈 때 입을 정장 등 상황에 맞는 옷과 신발을 챙기자. 공동 샤워실을 이용하는 호스텔 등의 숙소 이용 예정자라면 샤워 시 사용할 슬리퍼도 준비하면 편리하다.

가방 여권, 지갑, 책, 카메라 등을 넣어다닐 수 있는 가볍고 작은 가방도 별도로 준비하자.

우산 우기라면 3단 접이식 우산 준비하자.

전대 도미토리를 주로 이용할 배낭 여행자라면 필요하다. 여권과 현금을 보관하기에 숙소 사물함이 100% 안전하지는 않다. 중요 물품은 몸에 지니자.

세면 도구 호텔에서 묵으면 샴푸, 보디 샤워젤, 비누 등을 기본적으로 제공한다. 세안젤, 칫솔, 치약만 챙겨도 된다.

화장품 작은 용기에 덜어서 가져갈 것.

비상 약품 감기약, 소화제, 진통제, 지사제, 반창고, 연고 등 기본적인 약 준비.

생리 용품 평소 자신이 사용하던 것을 발견하기가 쉽지 않다. 한국에서 미리 챙겨가자.

카메라 충전기와 메모리 카드도 잊지말자.

어댑터 일명 '돼지코'. 미국에서 사용하는 플러그 모양이 우리나라와 다른 11자 모양이다. 110/220V 겸용인 노트북, 휴대전화 등을 충전하기 위해서는 '돼지코' 모양의 어댑터는 반드시 필요하다.

가이드북 정보가 없으면 여행이 힘들어진다.

가져가면 편리한 준비물

자외선 차단제 햇빛이 강렬하기 때문에 날씨가 선선해도 피부가 쉽게 그을린다. 귀찮다고 건너뛰면 나중에 후회한다.

수영복 호텔 수영장을 이용해보자.

반짇고리 단추가 떨어지거나 가방이 망가졌을 때 유용하다.

소형 자물쇠 소매치기 방지를 위해 가방의 지퍼 부분을 잠궈 두면 든든하다.

지퍼백 젖은 빨래거리나 남은 음식 보관 등 용도는 무궁무진하다.

목베개&안대 항공기 안에서 보내는 10시간 넘는 비행 시간 동안 편안한 수면을 도와준다.

소형 변압기 프리볼트(100~240V에 자유롭게 사용 가능)가 아닌 가전 제품을 사용할 예정이라면 필요하다.

손톱깎기&면봉 없으면 꽤나 아쉽다.

물티슈 작은 것으로 준비하면 유용하다.

소음 제거 귀마개 소음에 민감하다면 호스텔의 도미토리를 이용할 경우나 비행기 안에서 잠을 청할 때 유용하다.

D-Day

MISSION 10 샌프란시스코로 입국하자

공항 도착
샌프란시스코 공항에 비행기가 무사히 도착하면 짐을 챙겨서 내린다.

입국심사 (보통 1~2분 소요)
입국심사를 하기 위해 줄을 설 때에는 방문자Visitor와 미국시민권자US Citizenship의 줄로 구분되어 줄을 서게 된다. 입국심사대에 가면 여권을 제시한다. 몇 가지 질문을 하는데 보통 여행 목적, 머무는 기간 등에 관한 것이다. 이때 심사관이 출국 항공권을 보여 달라고 할 수도 있으니, 꺼내기 쉬운 곳에 보관하자. 질의문답이 끝나면 심사관이 카메라를 보라고 하는데, 그때 사진을 찍는다. 지시에 따라 양쪽 검지손가락을 하나씩 기계 위에 대고 지문을 채취한다. 여권에 입국 스탬프을 찍어준다.

수하물 찾기
해당 항공편이 표시된 레일로 이동해 짐을 찾는다. 수하물이 분실됐다면 배기지 클레임 태그Baggage Claim Tag를 가지고 분실신고를 한다. 만약 달러 현금을 준비해 오지 않았다면, 근처의 ATM을 이용하자.

세관
신고할 것이 없으면 녹색 사인Nothing to Declare 쪽으로 나간다. 한국인 여행객들은 세관원들의 주요 타깃이므로 면세 금액을 초과하지 않도록 주의하자.

MISSION 11 샌프란시스코 공항에서 도심으로 이동하기

바트 Bart
교외와 샌프란시스코 도심을 잇는 고속지하철이다. 다운타운 파웰역까지는 30분 정도 소요, 요금은 거리에 따라 다르다. 보통 8~9달러 정도 예상하면 된다. 공항에서 도심으로 이동할 때 가장 저렴한 수단이다. 정류장까지 가거나 숙소까지 가기 위해 계단을 오르내리거나 걸어야 한다는 단점이 있다. 'Bart Station'이정표를 따라가면 찾을 수 있다. 현금 또는 신용카드로 티켓을 구매할 수 있다.
Web www.bart.gov

셔틀밴 Door to Door Shuttle Van
공항문에서 숙소 문까지 데려다 주는 서비스. 목적지가 다른 사람들을 하나하나 목적지까지 데려다주는 시스템이기 때문에 시간이 오래 걸릴 수 있다는 단점이 있다. 요금은 1인당 16~20달러.
셔틀밴 예약 사이트
슈퍼셔틀 www.supershuttle.com
샌프란시스코 시티 셔틀 www.sanfranciscocityshuttle.com
에어포트익스프레스 www.airportexpressf.com

택시 Taxi
공항에서 다운타운까지 20~30분 소요. 공항 앞에 여러 대의 택시가 기다리고 있어서 탑승이 편리하다. 다운타운까지의 요금은 최소 50달러. 가방 1개당 1~2달러가 추가되며, 팁은 15% 별도. 미터 요금과 별도로 요금에 2달러의 공항 이용료가 추가.

리프트 · 우버 Lyft · Uber
자동차 승차 공유 앱App이다. 앱을 통해 실시간으로 운전자와 승객의 위치 추적이 가능하고, 일반 택시보다 가격이 저렴해서 인기 있다.
리프트 www.lyft.com
우버 www.uber.com

꼭 알아야 할 샌프란시스코 필수 정보

NO.1

이건 알아두자!
샌프란시스코에 대한 기본 상식

샌프란시스코는 미국 캘리포니아 주에 위치한 대도시. 태평양 연안에서는 LA에 이은 제2의 도시로 불린다. 면적은 600.7km²로 서울특별시의 크기와 비슷하다. 1906년 대지진으로 인해 도시의 75% 이상이 파괴되었으나 빠르게 재건에 성공했다.
2차 세계대전 이후에는 본격적으로 여러 나라의 이민자들이 대거 유입되었다. 현재도 샌프란시스코는 다양한 인종과 문화를 가진 사람들이 어울려 살고 있는 도시로 알려져 있다. 샌프란시스코 도심에서 산호세까지의 지역은 '실리콘밸리'로 불리며, 세계 소프트웨어산업의 중심지로 여겨진다.
시차 한국보다 17시간 늦다. 단 일광 절약 시간제(일명, 서머타임Summer Time 기간에는 16시간 늦다. 일광 절약 시간제Daylight Saving Time는 3월 둘째 주 일요일에 시작되고, 11월 첫째 주 일요일에 종료된다).
언어 영어를 사용한다.
인구 미국 전체가 약 3억 1,634만명, 샌프란시스코는 약 85만명(2014년 기준)
기후 최고 온도 21~27도, 최저 온도 8도 정도로 일 년 내내 큰 기후 변화가 거의 없다. 맑고 쾌청한 하늘을 볼 수 있는 날이 많다. 여름에는 안개가 끼는 경우가 많으며 보통 오전 11시 정도에는 사라진다. 일년에 28일 정도 비가 오며, 주로 겨울에 보슬비처럼 내린다. 낮과 밤의 기온차가 큰 편이다.
통화 미국 달러United States Dollar(USD)를 사용한다. 1달러는 1,209원(2019년 9월 기준)

비자 2008년 실행된 미국비자 면제 프로그램Visa Waiver Program을 통해 최대 90일간 비자 없이 방문이 가능해졌다. 단, 유효기간이 6개월 이상 남은 전자여권을 소지해야 하며 전자여행허가제(ESTA)를 신청한 후, 승인받아야 한다.
전압 110~120V, 플러그는 구멍이 2개인 것과 3개인 것이 있다. 일명 '돼지코' 라고 불리는 어댑터 준비 필수. 노트북, 휴대전화 등은 보통 110/220V 겸용이므로 어댑터만 준비하면 되고, 220V 전용 전자기기 사용 시에는 변압기가 필요하다.
전화 로밍을 하거나 스마트폰의 경우 현지 유심을 사서 금액 충전 후 끼우면 바로 사용 가능하다. 현지 휴대폰(심카드 충전식)을 빌리거나 구입하는 것도 편리하다.
국가번호 1
긴급번호 911 구급차. 소방서. 경찰 샌프란시스코 총 영사관(여권을 분실했을 때, 이용 가능)

> **Tip 주요 연락처**
>
> 샌프란시스코 총 영사관
> **Add** 3500 Clay Street, San Francisco
> **Tel** +1 415 921 2251
> **Open** 월~금 09:00~17:00
> (12:00~13:00 점심시간)
> **Close** 미국 법정 공휴일, 한국 국경일
> **Web** usa-sanfrancisco.mofa.go.kr
>
> 외교통상부 영사 콜센터(24시간)
> **Tel** 011-800-2100-0404(무료)
> **해외 안전여행 Web** www.0404.go.kr
> **외교통상부 Web** www.mafat.go.kr

> NO.2

샌프란시스코의 축제?

계절마다 다양한 이벤트가 펼쳐지는 샌프란시스코. 행사 날짜는 해마다 조금씩 달라지고, 매월 크고 작은 이벤트가 자주 열린다. 자세한 정보는 샌프란시스코 베이 가디언(www.sfbg.com)이나 샌프란시스코 위클리(www.sfweekly.com) 홈페이지를 참고하자.

2월 중국 신년 축제
미국 최대 규모의 차이나타운에서 음력 설날 기준으로 2주 정도 진행된다. 불꽃놀이, 장터 등의 행사가 진행되는데, 대부분 무료로 참여와 관람이 가능하다.

3월 성 패트릭 데이
샌프란시스코 주민들이 녹색으로 된 모자나 옷 등을 입고 거리에 나선다. 아일랜드 부족을 통합하고 기독교 전파에 크게 공헌한 패트릭 신부를 기리는 날. 아일랜드 이민자가 많은 미국에서는 꽤 큰 규모의 행사가 이뤄진다. 3월 17일과 가장 가까운 일요일에 축제가 열리고, 화려한 퍼레이드를 볼 수 있다.

4월 벚꽃 페스티벌
일본 이민자들이 많은 재팬타운에서 이뤄지는 축제. 전통의상을 입은 일본인들의 모습을 볼 수 있다. 축제는 보통 3일 정도 지속된다. 기간은 4월 초~중순 사이에 열린다.

6월 레즈비언, 게이, 트렌스젠더 퍼레이드
성적 소수자들의 축제. 전 세계에서 샌프란시스코의 축제가 가장 큰 것으로 알려져 있다. 샌프란시스코 시청 앞에서부터 엠바카데로역까지 축제가 이어진다. 거리 곳곳에서 음악이 울리고 흥겨움이 느껴진다. 마켓 스트리트에서 진행되는 화려한 퍼레이드도 놓치지 말자. 보통 기간은 6월 말. 해마다 날짜가 조금씩 다르다.

7월 미국독립기념일
7월 4일은 미국인들에게 역사적인 날. 다양한 행사가 거리 곳곳에서 펼쳐진다. 밤하늘을 아름답게 수놓는 화려한 불꽃놀이를 감상할 수 있는 날이기도 하다.

9~10월 말 샌프란시스코 오픈 스튜디오
샌프란시스코 예술가들의 끼와 창의력 넘치는 작품을 구경할 수 있는 오픈 스튜디오가 진행되는 때. 현재 활동하는 작가들의 작품을 볼 수 있다는 것이 상당히 신기하다. 시내 곳곳에서 이뤄지고 있으며, 자세한 위치는 샌프란시스코 위클리에 소개된다.

10월 말~11월 초
거리 곳곳에서 음악이 들리는 재즈 축제기간이다. 유명 재즈 아티스트들도 볼 수 있다. 도시 곳곳에서 열린다.

12월 31일
새해 전야제. 엠바카데로 페리 빌딩 마켓 플레이스 옆쪽 광장으로 화려한 불꽃놀이가 이뤄진다. 자정의 새해 카운트다운을 하기 위한 사람들로 북적인다. 상당히 흥겨운 분위기. 최소한 밤 11시 정도에는 도착해야 좋은 자리를 맡을 수 있다.

이건 꼭 읽자! 샌프란시스코 여행 주의사항 TOP10

NO.1

여권 소지는 필수! 꼭 지참한다

국제신분증으로 사용할 수 있는 여권은 가급적 어딜가든 지참하도록 하자. 경찰이 신분 확인을 위해 여권 제시를 요청할 수도 있다. 알코올이 함유된 음료를 마실 예정이라면, 신분증 확인을 하는 경우가 많으니 꼭 갖고 다니자. 만일 여권을 분실했다면, 영사관(415-921-2251)에 가서 재발급받을 수 있다.

NO.2

한적한 골목길은 가지 않는다

여행객이 자주 가게 되는 지역들 중에서도 치안이 안 좋은 곳이 있다. 특히 텐더리옹Tenderlion, 시빅 센터Civic Center, 미션Mission 지역 근처는 늦은 밤 혼자 다니는 것을 절대 삼가자. 한적한 골목길은 어느 지역이든 피해야 한다. 스마트폰 등의 고가기기는 소매치기당할 위험이 있으니 소지품 관리에 주의를 기울이자.
화재, 경찰, 구급차 911 **샌프란시스코 경찰국** 415-553-8090 **병원** 415-821-8200

NO.3

팁을 잊지 말자!

서비스를 받았다면 팁을 주는 것이 관례다. 레스토랑의 경우 음식값의 15~20%, 호텔 이용 시 하루 2~3달러의 팁을 주는 것을 잊지 말자.

NO.4

한 여름에도 카디건이나 바람막이가 필수!

도시의 3면이 바다로 둘러싸인 샌프란시스코의 밤은 상당히 쌀쌀하다. 일교차도 심한 편. 한여름에도 카디건이나 점퍼는 필수품이다. 지퍼 달린 후드, 버버리류의 겉옷도 유용하다. 안개가 낄 때가 많고 일교차가 심한 편이니 얇은 옷을 여러 겹 따뜻하게 입고 더우면 벗는 습관을 갖는 게 좋다.

NO.5

물건을 구입하면 소비세Sales Taxes가 붙는다

물건 구입하거나 식당에서 음식값을 지불할 경우 8.25~10.75% 정도의 판매세가 추가로 징수된다. 원래 가격에서 약 10% 정도 더한 가격을 준비하도록 하자. 단, 식료품점에서는 판매세가 붙지 않는다.

NO.6

길에서 술을 마시면 안 된다

샌프란시스코에서는 공공장소에서 술을 마시는 것을 금지하고 있다. 공원 등에서 가볍게 맥주 한 캔을 마시고 싶다면, 반드시 상표가 보이지 않도록 종이봉투 등에 넣은 후 마셔야 한다. 음주가 법적으로 가능한 나이는 만 21세. 흡연도 레스토랑, 바, 상점, 공원과 같이 사람들이 모이는 공공장소에서는 불가하다는 것을 알아두자.

NO.7

마약은 범죄 행위 임을 기억한다

클럽이나 술집, 또는 어두운 밤거리를 조금만 걸어도 마약상들이 접근하는 경우가 많다. 하지만 섣부른 호기심에 접근했다가는 크게 패가망신. 마약에 대해 엄격하게 처벌하는 국가라 외국인도 감옥 신세를 질 수 있다.

NO.8

신용카드는 믿을 만한 곳에서만 꺼낸다

대부분 안전하긴 하지만 가끔씩 카드 복제사고가 일어나곤 한다. 현금카드 인출도 확실한 ATM 기계에서만 하도록 하자. 신용카드로 결제 후, 영수증에 사인을 할 때, 금액을 확인하는 습관을 갖자. 금액이 잘못된 것을 나중에 확인해서 해결하려고 하면 여러모로 상당히 힘들다.

NO.9

대중교통에 안내 방송이 없을 때가 많다

케이블카, 버스, 스트리트카, 바트, 메트로 등 다양한 대중교통이 있는 샌프란시스코. 하지만 정류장에 대한 안내가 없는 경우가 많다. 주변 사람들에게 도움을 청하거나 지도와 길 이름을 번갈아보며, 내리고자 하는 도착지를 놓치지 않도록 유의하자.

NO.10

미국에서 사용하는 무게, 길이 단위가 다르다

우리나라는 미터법 도량형을 사용하는 것과 달리 미국은 피트, 마일, 파운드 등의 단위를 사용한다. 화장품이나 세제 등의 용량을 볼 때, 운전 시 이정표를 통해 도착 장소와의 남은 거리 등을 환산할 때 단위를 알아야 한다.
1피트 ft = 30.48cm, 1마일 mile = 1.61km, 1야드 yard = 91.44cm,
1파운드 lb = 453.6g, 1온즈 oz = 28.35g, 1갤런 gallon = 3.8liter
(미국의 휘발유 값은 1갤런당 가격으로 제시되어 있다)
미국의 모든 온도는 화씨(°F)로 표시한다.
우리나라는 섭씨(°C)를 사용한다.
40°F = 4°C, 50°F = 10°C, 70°F = 21°C, 80°F = 27°C, 212°F = 100°C

INDEX

SEE

17마일 드라이브&페블 비치	84, 306
AT&T 파크	91, 220
골든 게이트 파크	70, 242
골든 게이트 포천 쿠키 팩토리	131, 192
그레이스 성당	195
기라델리 스퀘어	097
기라델리 초콜릿	135, 197
뉴 선 홍콩 레스토랑	193
뉴 피플	223
더치 윈드밀	244
데케이드 오브 패션	153, 222
돌로레스 파크	71, 225
드 영 뮤지엄	94, 243
랜즈 엔드	254
러시안 리버 브루잉 컴퍼니	291
레이크 타호	333
로라 오브 노스 비치	197
로버트 몬다비 와이너리	288
롬바드 스트리트	61, 194
리버스 포인트 인	307
리전 오브 아너	95, 254
리츠 칼튼 하프 문 베이	332
린다 마르 비치	334
링컨 파크	200
마너크 버터플라이	307
마린 헤드랜드	58
머슬 록 비치 파크	334
모라가 스텝	63, 244
몬트레이 베이 아쿠아리움	66, 305
몬트레이	305
뮤어 우드 국립기념지	80, 269
뮤지 메카니크	199
미션 돌로레스	225
발미 스트리트 뮤럴	62, 225
버클리 대학교	96, 274
버클리 아트 뮤지엄	275
베린저 와이너리	287
브이 사튀 와이너리	286
비스타 포인트	59
비엔사 와이너리	291
빅 서어	83, 306
새더 타워	275
샌프란시스코 공공 도서관	219
샌프란시스코 동물원	67, 255
샌프란시스코 레일웨이 뮤지엄	67, 189
샌프란시스코 아트 인스티튜트	55, 194
샌프란시스코 현대 미술관	93, 220
샤토 몽텔레나 와이너리	290
세인트 피터 앤드 폴 가톨릭 교회	191
소살리토 바이크 렌털	265
소살리토 비지터 센터&히스토리컬 디스플레이	265
소살리토	78, 264
스탠퍼드 대학교	97, 329
스털링 비니어드	289
스테그 립 와이너리	290
시청	218
시티 라이트 북스토어	72, 191
아메바 뮤직	222
아시안 아트 뮤지엄	219
아쿠틱 파크 피어	63

알라모 스퀘어	70, 223
알카트라즈 아일랜드	77, 201
어린이 창의성 뮤지엄	221
오션 비치	255
오퍼스 원 와이너리	288
요세미티 국립공원	321
월트 디즈니 패밀리 뮤지엄	67, 253
웰스 파고 히스토리 뮤지엄	190
유니언 스퀘어	69, 143, 188
유대인 현대 박물관	221
익스플로라토리움	201
재패니즈 티 가든	242
재팬 센터	223
조셉 스완 와이너리	292
차이나타운 게이트	192
카멜 바이 더 시	309
카스텔로 디 아모로사	289
카스트로 시어터	90, 224
캐피톨라	333
캔달 잭슨 와인 센터	292
캘리포니아 아카데미 오브 사이언스	65, 89, 243
컨서버토리 오브 플라워	244
케이블카 턴어라운드 포인트	188
코잇 타워	54, 195
클레리언 앨리	62
트랜스아메리카 피라미드 빌딩 오피스	190
트레저 아일랜드	55
트윈 픽스	53, 223
티뷰론	79, 269
파시피카 피어	334
파이로리	333
팰러스 오브 파인 아트	71, 196
페리 빌딩 마켓플레이스	200
페주 프로방스 와이너리	286
포인트 레이스 라이트하우스	85, 268
포트 포인트	57, 252
프레시디오	252
플로팅 홈 협동 조합	264
피셔맨즈 워프	198
피어 39	199
하우스 오브 에어	253
하이드 스트리트 피어	198
헤븐리 마운틴 리조트	331
헤이츠 와인 셀러	287
헤이트&애시버리	73, 222

ENJOY

나파 밸리 벌룬	293
샌프란시스코 발레	90
어거스트 홀	90
요세미티 밸리 비지터 센터	324
인디언 스프링스 리조트&스파	293
클럽 후가지	89

EAT

R&G 라운지	206
게리 단코	209
골든 게이트 베이커리	131, 206
그라토 피시 마켓	313
나파 밸리 버거 컴퍼니	267
나파 밸리 와인 트레인	297

노이 밸리 베이커리	232	선플라워 카페	299
노파	107	셰 패니스 카페&레스토랑	277
다미트라 카페	315	소토 마레	118, 205
대호	230	슈퍼 두퍼 버거	123
더 걸&더 피그	298	스미텐 아이스크림	227
라 마르 세비체리아 페루아나	211	스완 오이스터 디포	119, 207
라 비시클렛	314	스웬슨스 아이스크림	135
래퍼트 아이스크림	267	스위트 메이플	230
러브조이스 앤티크&티 룸	232	스위트하트 카페	278
루더포드 그릴	297	스피니커	137, 266
리추얼 커피 로스터	105, 234	슬랜티드 도어	126, 210
리틀 스타 피자	235	시에라 마르	313
마마스	107, 204	아우터랜즈	245
매그놀리아 펍&브루어리	229	아웃 더 도어	121, 210
미션 파이	234	아크메 브레드 컴퍼니	130
바베트	278	앵커&홉	127, 228
바이 라이트 크리머리	134, 233	양크 싱	203
밥스 도넛&패스트리	134, 207	에드 훅	295
베수비오 카페	73, 204	오가네 코리안 레스토랑	279
보딘 사워도우 베이커리&카페	130, 208	오샤 타이	127, 203
보테가 나파 밸리	295	올드 피셔맨스 그라토	312
부에나 비스타 카페	138, 208	와이즈 선스 주이시 델리커테슨	108, 235
뷰숑 베이커리	294	요세미티 롯지 푸드 코트	325
브렌다스 프렌치 소울 푸드	108, 226	워터 바	118
블루 보틀 커피	104, 211	이스턴 베이커리	206
블루바드	112, 203	인 앤 아웃 버거	123, 209
비너리	105, 245	재지	109, 245
비스트로 잔티	296	주니 카페	227
비어드 파파 크림 퍼프	228	치즈 보드	276
사이트글라스 커피	104, 226	치즈케이크 팩토리	133, 203
산 왕 레스토랑	230	카라스 컵 케이크	133, 208

카사노바	314
카페 트리에스테	205
캔디 배런	209
크랩 하우스 앳 피어 39	119, 209
클리프 하우스	137, 255
타르틴 베이커리&카페	129, 233
타쿼리아 바랄타	122, 234
테즈 스테이크하우스	122, 202
톱 오브 더 마크	139
팜하우스 레스토랑	114, 298
포 배럴 커피	103
포르타 벨라	315
포린 시네마	125, 235
포지오	267
포크 스토어 카페	229
프랜시스	113, 231
프렌치 런드리	111, 296
피제리아 델피나	109, 233
필즈 커피	103, 231
하우스 오브 프라임 립	126, 206
핫 쿠키	231
햄버거 소살리토	266
호그 아일랜드 오이스터	117, 211
힝 왕 베이커리	121

SHOP

구린 브라더스	150
로스	145
마샬	146
셀 라 테이블	155
알스 어타이어	150
앤트로폴로지	145
앨러매니 벼룩시장	153
얼반 아웃피터스	144
에덴&에덴	149
웰컴 스트레인저	151
크레이트&배럴	155
크로스로드 트레이닝 컴퍼니	153
포에버 21	144

SLEEP

노스 네스트 비앤비	168
리츠 칼튼	171
만다린 오리엔탈	170
바이테일 호텔	170
빌레이지오 인&스파	177
샌프란시스코 인터내셔널 호스텔	173
스트랫퍼드 호텔	169
오렌지 빌리지 호스텔	172
웨스턴 세인트 프랜시스	167
인 어보브 타이드	176
인터콘티넨탈 마크 홉킨스	169
카사 마드로나	177
코바 호텔	168
팜하우스 인	176
포스트 렌치 인	175
하얏트 리젠시 샌프란시스	171
호스텔링 인터내셔널	173

나만의
샌프란시스코 여행 미션 My Travel Mission

❶
❷
❸
❹
❺
❻
❼
❽
❾
❿
⓫
⓬
⓭
⓮
⓯

나만의
샌프란시스코 만들기 Make My Trip in San Francisco

-
-
-

일차	아침	점심	저녁
1일			
2일			
3일			
4일			
5일			
6일			
7일			

Memo

"당신의 여행 컬러는?"

샌프란시스코 홀리데이

2018년 10월 29일 개정 3판 1쇄 펴냄
2019년 9월 16일 개정 3판 2쇄 펴냄

지은이	이미랑
지도	글터
발행인	김산환
책임편집	성다영 · 유효주
디자인	윤지영 · 기조숙
영업 마케팅	정용범
펴낸곳	꿈의지도
인쇄	두성 P&L
종이	월드페이퍼

주소	경기도 파주시 경의로 1100, 604호
전화	070-7535-9545
팩스	031-947-1530
홈페이지	www.dreammap.co.kr
출판등록	2009년 10월 12일 제82호

ISBN 979-11-89469-07-8-14980
ISBN 979-11-86581-33-9-14980(세트)

지은이와 꿈의지도 허락 없이는 어떠한 형태로도 이 책의 전부, 또는 일부를 이용할 수 없습니다.
* 잘못된 책은 구입한 곳에서 바꿀 수 있습니다.